Colloquial

Yiddish

Specially written by an experienced teacher, *Colloquial Yiddish* offers a step-by-step approach to Yiddish as it is spoken and written today.

Colloquial Yiddish provides the first widely available, easily accessible, comprehensive Yiddish course designed primarily for the twenty-first-century international English-speaking independent learner and suitable for use in Yiddish classes worldwide.

Each unit presents numerous grammatical points that are reinforced with a wide range of exercises for regular practice. A full answer key, a grammar summary and glossaries can be found at the back as well as useful vocabulary lists throughout.

Key features include:

- graded development of speaking, listening, reading and writing skills
- realistic and entertaining dialogues
- jargon-free and clearly structured grammatical explanations
- a range of dynamic and appropriate supporting exercises
- supplementary texts presenting many of the most significant and relevant aspects of Yiddish culture.

By the end of this rewarding course you will be able to communicate confidently and effectively in Yiddish in a broad range of situations.

Audio material to accompany the course is available to download free in MP3 format from www.routledge.com/cw/colloquials. Recorded by native speakers, the audio material features the dialogues and texts from the book and will help develop your listening and pronunciation skills.

THE COLLOQUIAL SERIES
Series Adviser: Gary King

The following languages are available in the Colloquial series:

Afrikaans
Albanian
Amharic
Arabic (Levantine)
Arabic of Egypt
Arabic of the Gulf
Basque
Bengali
Breton
Bulgarian
Burmese
Cambodian
Cantonese
Catalan
Chinese (Mandarin)
Croatian
Czech
Danish
Dutch
English
Estonian
Finnish
French
German
Greek
Gujarati
Hebrew
Hindi
Hungarian
Icelandic
Indonesian
Irish
Italian
Japanese
Kazakh
Korean
Latvian
Lithuanian
Malay
Mongolian
Norwegian
Panjabi
Persian
Polish
Portuguese
Portuguese of Brazil
Romanian
Russian
Scottish Gaelic
Serbian
Slovak
Slovene
Somali
Spanish
Spanish of Latin America
Swahili
Swedish
Tamil
Thai
Tibetan
Turkish
Ukrainian
Urdu
Vietnamese
Welsh
Yiddish
Yoruba
Zulu (forthcoming)

COLLOQUIAL 2s series: *The Next Step in Language Learning*

Chinese
Dutch
French
German
Italian
Portuguese of Brazil
Russian
Spanish
Spanish of Latin America

Colloquials are now supported by FREE AUDIO available online. All audio tracks referenced within the text are free to stream or download from www.routledge.com/cw/colloquials. If you experience any difficulties accessing the audio on the companion website, or still wish to purchase a CD, please contact our customer services team through www.routledge.com/info/contact.

Colloquial Yiddish

The Complete Course for Beginners

Lily Kahn

Routledge
Taylor & Francis Group
LONDON AND NEW YORK

First published 2012
by Routledge
2 Park Square, Milton Park, Abingdon, Oxon OX14 4RN

Simultaneously published in the USA and Canada
by Routledge
711 Third Avenue, New York, NY 10017

Routledge is an imprint of the Taylor & Francis Group, an informa business

British Library Cataloguing in Publication Data
A catalogue record for this book is available from the British Library

Library of Congress Cataloging in Publication Data
Kahn, Lily.
Colloquial Yiddish : the complete course for beginners /
Lily Kahn. — 1st ed.
p. cm. — (The colloquial series)
Includes bibliographical references and index.
1. Yiddish language—Textbooks for foreign speakers—English.
2. Yiddish language—Spoken Yiddish. I. Title.
PJ5116.K24 2011
439′.182421—dc22

2010039644

ISBN 978-1-138-96042-8 (pbk)

Typeset in Avant Garde and Helvetica
by Graphicraft Limited, Hong Kong

Contents

Acknowledgements

I would like to express my deepest gratitude to the many people who have made so many positive contributions to this book.

I wish to thank the editorial team at Routledge, particularly Andrea Hartill, Gary King, and Samantha Vale Noya, for their expert guidance and encouragement throughout the writing and publication process. I would additionally like to thank Christopher Moseley for raising the idea of *Colloquial Yiddish* with Routledge in the first place.

I am greatly indebted to Khayele (Helen) Beer for inspiring me with her passion for Yiddish, as well as for her unstinting dedication in examining the entire manuscript and for her countless invaluable comments and recommendations.

I am grateful to my students over the years, who have contributed in so many ways to the creation of this book.

Special thanks go to James Holz for drawing the illustrations, as well as for his unflagging support, companionship, and numerous insightful contributions.

Finally, I would like to express my gratitude to Kai Kahn for her continual enthusiasm and encouragement, as well as for her myriad excellent suggestions that have played such a crucial role in the development of the manuscript.

Lily Kahn

Introduction

The Yiddish language

Yiddish is the traditional language of the Ashkenazi, or Eastern European, Jews. It is a fascinating language reflecting a rich history, a vibrant culture, and a vast and diverse literature. The origins of Yiddish are not entirely clear; however, it is commonly believed that the earliest roots of the language can be traced to approximately 1000 CE, when Jews speaking the Jewish Romance languages Judaeo-French and Judaeo-Italian settled in the Germanic-speaking regions of Central Europe and adopted the local Germanic dialects. They infused their speech with Semitic elements deriving from Hebrew, the primary Jewish language, and from Aramaic, which is closely related to Hebrew and was a Jewish lingua franca in the early Common Era. When the Jews migrated east into Poland and Russia over the next few centuries, they took this language with them and it acquired a large infusion of Slavic vocabulary and structure. This mix of components combined to form a fusion language in which Germanic, Slavic, Semitic, and Romance elements can all be found in the same sentence, and sometimes even within the same word. Yiddish vocabulary reflects this diversity: approximately 70 per cent is Germanic, 25 per cent derives from the Hebrew-Aramaic component (termed *loshn-koydesh*, literally 'holy tongue' in Yiddish), and the remaining 5 per cent is Slavic, with a few Romance elements traceable to Judaeo-French and Judaeo-Italian. The grammar bears similar witness to this diversity: while many basic structures are Germanic, much of Yiddish grammar differs markedly from German and instead reflects a strong influence from the Slavic languages. The close links between the Yiddish language and Jewish culture are evident not only in the large *loshn-koydesh* component, but also in the fact that Yiddish has always been written in the Hebrew alphabet.

The earliest dated example of written Yiddish is a sentence appearing in a Jewish prayer book from 1272. During the medieval period a diverse body of Yiddish literature developed, including Bible translations and commentaries, poetry, parables, tales, adaptations of European epics, medical texts, and more. In addition, Yiddish served as the central vehicle of a vibrant folk culture with a rich array of songs, folktales, proverbs, and jokes. Starting in the nineteenth century it evolved into a modern literary language with an extensive output of novels, short stories, and novellas as well as theatre, original and translated works of non-fiction, and a thriving press. This literature includes the work of the three classic authors of the late nineteenth and early twentieth centuries: Mendele Moykher Sforim, Sholem Aleichem, and Y. L. Peretz, and was the cultural basis for later Yiddish writers such as Isaac Bashevis Singer, who won the Nobel Prize for literature in 1978.

On the eve of the Second World War Yiddish was spoken by 11–13 million people, roughly 75 to 80 per cent of the entire Jewish population globally. Despite its extensive use and literary wealth, however, Yiddish has often been held in low esteem both by its speakers and others: common misperceptions of Yiddish include the view that it is not a real language, that it has no grammar, that it is a corrupt form of German, and that it is merely a vehicle for colourful curses and idiomatic expressions but is unsuitable for use either as a medium of everyday communication or as a language of high culture.

A variety of interconnected factors, chiefly the Holocaust, widespread immigration to Israel, Western Europe and North America, and Stalinist repression in the Soviet Union led to a dramatic reduction in the number of Yiddish speakers during the twentieth century, and it is now an endangered language with an (approximately) estimated 1–2 million speakers. This sudden decline in native speakers has been negatively compounded by the facts that Yiddish has always been a stateless language, that its speakers are geographically dispersed worldwide, and that in most countries it receives no official recognition or support, but is often subject to the old stereotypes suggesting that it is unworthy of preservation.

However, Yiddish is still used actively by two main groups. The first, and largest, consists of Haredi (strictly Orthodox), mostly Hasidic (followers of a Jewish spiritual movement emphasizing mysticism and centred around a *rebbe*, or spiritual leader) Jewish communities, where Yiddish frequently continues to thrive as an everyday language in both speech and writing and is widely transmitted to the younger generations. Notable metropolitan areas with a high concentration of Haredi Yiddish speakers include Brooklyn, Antwerp, London's Stamford Hill, the Bnei Brak suburb of Tel Aviv and the Meah Shearim neighbourhood of Jerusalem. In these areas Yiddish is regularly used to perform all types of daily activities like ordering in a café and conducting transactions in shops.

The second group of Yiddish speakers includes non-Haredi Jews from all types of backgrounds who learned Yiddish as their first language either in Eastern Europe or in one of the immigrant destinations (Israel, North and South America, Western Europe, South Africa, and Australia). This group is heir to the legacy of the flowering of secular Yiddish culture in the late nineteenth and early twentieth centuries. Such speakers are generally more dispersed than the Haredi Yiddish speakers and have a much lower rate of passing the language down to the younger generations. However, in recent years many of the descendants of this group have begun to rediscover an interest in the heritage of their Yiddish-speaking ancestors.

Motivations for learning Yiddish

The past twenty-five to thirty years have seen a heightened interest in the language among adult students. This trend is attributable to a combination of factors. Firstly, there is a degree of newfound appreciation among Jewish students of Eastern European backgrounds of the cultural significance of their ancestral language. Thus, many students are heritage learners who have been exposed to some Yiddish through their grandparents or older-generation extended family and would now like to be able to communicate with them in their native language. Similarly, others who have never had any direct contact with Yiddish through immediate family members nevertheless know that it was spoken by their ancestors and want to be able to tap into this key aspect of their identity. In some cases Yiddish was actually the students' first language but they stopped using it actively at a young age, either through their own choice or due to circumstances beyond their control.

Others decide to study Yiddish because they are interested in or professionally involved with traditional Eastern European Jewish klezmer and folk music and would like to be able to understand the lyrics. Moreover, there is a growing interest among the general population in the traditions of the Yiddish-speaking Jews, and many students would like to be able to acquire insight into this culture.

In addition, there is a certain degree of interest among non-Orthodox Jews in the culture and traditions of the Hasidic communities. Those who would like to be able to interact with Hasidic communities for either professional or personal reasons recognize that knowledge of Yiddish will enable them to gain a unique access to and perspective on this population.

Conversely, many students decide to study Yiddish for academic purposes. Some are interested in being able to appreciate the rich body of Yiddish literature, little of which has been translated into any other language. Finally, a proportion of students are interested in researching Eastern European Jewish history and recognize that knowledge of Yiddish is a key prerequisite for serious work in this field, as many historical documents, biographies and memoirs were written in this language and have not been translated.

Colloquial Yiddish

Course content

This course is designed as a complete resource for the independent learner who wishes to acquire the ability to speak, understand, read, and write basic Yiddish for any or all of the motivations discussed above. The course starts with an introduction to the Yiddish alphabet and pronunciation. It then moves on to introduce the basics of contemporary Yiddish vocabulary, grammar, and culture, covering roughly the equivalent of a one-year university-level Yiddish course. The lessons are built around topics of immediate relevance for Yiddish students (greetings, family, food, work, health, travel, etc.). They centre on the experiences of three friends, *Khane*, *Rokhl*, and *Dovid*, who meet at an intensive Yiddish summer course in London and keep in contact as they continue learning Yiddish. Each lesson contains two or three dialogues introducing high-frequency vocabulary and new grammatical structures. The grammatical structures are then explained and you will be given the opportunity to practise them through a variety of exercises. The Yiddish alphabet will be used throughout the book, but in the first five units transliteration in the Roman alphabet (following the official YIVO* transliteration system, which is almost universally recognized) will be provided for the dialogues and lists of new vocabulary. Most units conclude with a supplementary listening or reading comprehension text. These texts include folk tales and articles on a wide variety of topics that have been selected in order to give you an idea of the rich array of classic and contemporary Yiddish culture. At the end of the book you will find suggestions for further study of Yiddish, a grammar summary, a key to the exercises, and a two-way glossary containing all of the vocabulary introduced in the course. All of the materials in the book are accompanied by audio recordings made by native Yiddish speakers, which gives you a chance to hear and internalize the language as spoken naturally and authentically.

Yiddish dialects and Standard Yiddish

Yiddish has three main dialects. These constitute Northeastern or Lithuanian Yiddish (traditionally spoken in what is now Lithuania, Latvia, Estonia, Belarus, Northern Ukraine, and Russia), Central or Polish Yiddish (spoken chiefly in what is now Poland), and Southeastern or Ukrainian Yiddish (spoken in Eastern Ukraine and Romania). Moreover, within these three main divisions there are further dialect variations. Northeastern, Central, and Southeastern Yiddish are mutually intelligible, but exhibit significant differences in pronunciation (chiefly the pronunciation of vowels), grammar, and vocabulary. In addition, during the twentieth century a standardized language, called Standard Yiddish, developed. Standard Yiddish is largely based on the pronunciation of the Northeastern dialect, which more closely resembles the written language, while retaining certain key elements

* YIVO, which stands for *yidisher visnshaftlekher institut* (YIVO Institute for Jewish Research), is a leading centre for the study of Yiddish and Ashkenazi culture. Founded in Vilnius in 1925, it is now based in New York and contains an extensive library and archives in addition to offering Yiddish language classes, cultural events, and an intensive summer course.

of Central and Southeastern pronunciation and grammar. This variety of Yiddish became widespread throughout the secular Yiddish school system and, because of its greater correspondence to written Yiddish, has become the standard language taught in academic environments. This course thus teaches Standard Yiddish. This means that if you are familiar with or specifically want to learn one of the dialects, particularly the Central and Southeastern varieties, the pronunciation Nevertheless, you will be able to make yourself fully understood by Yiddish speakers and, after having acquired a solid grounding in Standard Yiddish, will be able to familiarize yourself much more easily with the dialect that is of specific relevance to you. Finally, it is important to note that this course is largely geared towards the type of Yiddish associated with the modern secular literary tradition and the current predominantly non-traditional, academic milieu rather than the Hasidic environment in which it is additionally spoken today. However, the course includes dialogues, texts, and cultural information centring on Hasidic Yiddish speakers, and can be used equally by those whose primary motivation for studying Yiddish is communication with Hasidic speakers.

It is hoped that this course will make learning Yiddish a fun and satisfying experience, and that it will constitute the first step in your subsequent long-term involvement with this endlessly fascinating and rewarding language.

The Yiddish alphabet and pronunciation

Yiddish is written in the Hebrew alphabet. The use of the Hebrew alphabet instantly marks Yiddish as a specifically Jewish language and links it inextricably to an ancient canon of classic Jewish literature in Hebrew and Aramaic including the Hebrew Bible, the Mishna, the Talmud, and medieval rabbinic writings, all of which share this alphabet. In addition, the use of the Hebrew alphabet connects Yiddish to a wide variety of other languages of the Jewish Diaspora including Ladino, Judaeo-Arabic, and Judaeo-Persian, which are all traditionally written in the same alphabet.

Here are a few key points that you need to know about the Yiddish alphabet before you start learning the letters themselves:

- It is written from right to left.
- It has 22 basic letters.
- It has several other letters that are formed by adding marks to these basic 22 letters.
- There is no distinction between capital and lower-case letters.
- Five letters have a different shape when they appear at the end of a word. This is a historical quirk inherited from Hebrew; there is no difference in pronunciation between the usual form of a letter and its final form.
- Each letter has a printed version and a handwritten version. The printed version is used in all published materials, so you need to be able to recognize printed letters. However, you won't need to learn to write them.
- The handwritten version is, as the name suggests, used for writing by hand and so is found in a wide variety of contexts (e.g. letters and postcards, lists, journal entries, writing on the board in a classroom, etc.). Therefore you will need to learn to read as well

as write these letters. Note that although most of the Yiddish in this book appears in printed letters, approximately one exercise per unit appears in handwritten letters so you will have the opportunity to practise reading them.

- Don't worry – in many cases the printed and handwritten letters are extremely similar to each other, so it's not as though you have to learn two completely different versions of the alphabet.
- The Yiddish alphabet is almost completely phonetic: each letter has only one sound, and each sound has only one letter (or specific combination of letters). The only exception to this is words deriving from the *loshn-koydesh* component of the language, which are written in the same way as in Hebrew and Aramaic and will be addressed separately below.
- Each Yiddish letter has a name that may be used to refer to that letter or when reciting the alphabet. The Yiddish alphabet itself is called the *alef-beys*, after the names of its first two letters.

Here is a complete chart of the Yiddish alphabet in dictionary order. It includes final forms, both printed and handwritten variants, the name of the letter, and transliteration in Roman script according to the YIVO system.

(Audio 1:2)

YIVO transliteration	Name of letter	Handwritten letter	Printed letter
silent (see point 3 below)	*shtumer alef*	א	א
a (as in English 'f**a**ther')	*pasekh alef*	אַ	אַ
o (as in English 'f**o**r')	*komets alef*	אָ	אָ
b	*beys*	ב	ב
v (used only in words of *loshn-koydesh* origin; see point 7)	*veys*	בֿ	בֿ
g	*giml*	ג	ג
d	*dalet*	ד	ד
h	*hey*	ה	ה
u (as in Spanish '**u**no')	*vov*	ו	ו
v	*tsvey vovn*	וו	וו

YIVO transliteration	Name of letter	Handwritten letter	Printed letter
u (see point 5)	*melupm vov*	וּ	וּ
z	*zayen*	ז	ז
kh (as in 'Ba**ch**') (used only in *loshn-koydesh* words; see point 7)	*khes*	ח	ח
t	*tes*	ט	ט
y (before or after a vowel)	*yud*	י	י
i (elsewhere) (as in English 'k**ee**p' or sometimes 's**i**t') (see point 2)			
i (see point 4)	*khirek yud*	יִ	יִ
ey (as in English 'gr**ey**')	*tsvey yudn*	ײ	ײ
ay (as in English 'm**y**')	*pasekh tsvey yudn*	ײַ	ײַ
oy (as in English 'b**oy**')	*vov yud*	וי	וי
k (used only in *loshn-koydesh* words; see point 7)	*kof*	כּ	כּ
kh (as in 'Ba**ch**')	*khof*	כ	כ
kh (final form; see point 1)	*langer khof*	ך	ך
l	*lamed*	ל	ל
m	*mem*	מ	מ
m (final form; see point 1)	*shlos-mem*	ם	ם
n	*nun*	נ	נ
n (final form; see point 1)	*langer nun*	ן	ן
s	*samekh*	ס	ס
e (as in English 'g**e**t')	*ayen*	ע	ע
p	*pey*	פּ	פּ
f	*fey*	פֿ	פֿ

YIVO transliteration	Name of letter	Handwritten letter	Printed letter
f (final form; see point 1)	*langer fey*	ף	ף
ts	*tsadek*	צ	צ
ts (final form; see point 1)	*langer tsadek*	ץ	ץ
k	*kuf*	ק	ק
r (usually pronounced gutturally; rolled by some speakers)	*reysh*	ר	ר
sh	*shin*	ש	ש
s (used only in *loshn-koydesh* words; see point 7)	*sin*	שׂ	שׂ
t (used only in *loshn-koydesh* words; see point 7)	*tof*	תּ	תּ
s (used only in *loshn-koydesh* words; see point 7)	*sof*	ת	ת

The pronunciation of most of these letters is straightforward: each letter has one sound and each sound has one letter (or combination of letters). For example, the word וואָס *vos*, (what), is composed of the three letters וו *v*, אָ *o*, and ס *s*. As the Yiddish alphabet is phonetic, letters are not doubled unless the two letters together represent a single sound, e.g. וו = v, or both letters are pronounced individually, e.g. פֿאַרריכטן *farrikhtn*, (to fix), which is pronounced with two distinct *reysh* sounds, i.e. *far-rikhtn*.

However, there are a few small points to add.

1. Final forms

The following five letters have final forms that appear only at the end of a word. These final forms are pronounced exactly the same as their non-final counterparts. They must be used instead of the non-final form whenever that sound appears at the end of a word.

Final form	**Standard form**
ך *kh*	כ *kh*
לאָך *lo**kh*** (hole)	כאַפּן ***kh**apn* (grab)
ם *m*	מ *m*
היים *hey**m*** (home)	מויל ***m**oyl* (mouth)
ן *n*	נ *n*
שיין *shey**n*** (beautiful)	נישט ***n**isht* (not)
ף *f*	פֿ *f*
טיף *ti**f*** (deep)	קויפֿן *koy**f**n* (to buy)
ץ *ts*	צ *ts*
שוואַרץ *shvar**ts*** (black)	צו ***ts**u* (to)

2. Pronunciation of י *yud*

The letter י, called *yud*, is pronounced as the consonant *y* when appearing directly before or after a vowel, and as the vowel *i* when appearing elsewhere.

Examples	before/after a vowel	מאַיאָנעז *ma**y**onez* (mayonnaise)
	elsewhere	מיד *m**i**d* (tired)

3. *Shtumer alef*

The first letter, א, called *shtumer alef* (silent alef), is placed at the beginning of a word whose next letter is one of the following vowels or diphthongs:

ו *u*	און ***u**n* (and)
וי *oy*	אויך ***oy**kh* (also)
י *i*	אין ***i**n* (in)
יי *ey*	איי ***ey*** (egg)
ײַ *ay*	אײַז ***ay**z* (ice)

Note that if a prefix is added to a word beginning with a *shtumer alef*, the *shtumer alef* remains even though it is no longer at the beginning of a word.

Example פֿאַראייניקט *fareynikt* (united)
This is composed of the prefix פֿאַר- *far-* and
the base -אייניקט *-eynikt*.

■ 4. *Khirek yud*

When a word starts with the consonant sound *y* followed by the vowel sound *i*, it is written with two *yuds* and a dot is placed under the second one. This dotted *yud* is called *khirek yud*.

Example ייִדיש ***yi**dish* (Yiddish)

Khirek yud is also used to indicate that a *vov* directly followed by a *yud* should be read as two separate vowels, *u* and *i*, rather than as the expected diphthong *oy*.

Example רויִק *ruik* – not *r**oy**k* (calm)

Finally, *khirek yud* is found directly preceding or following another vowel in order to show that the *yud* should be pronounced as the vowel *i* rather than as the consonant *y*.

Examples בליִען *bl**i**en* – not *bl**y**en* (to blossom)
העברעיִש *hebre**i**sh* – not *hebre**y**sh* (Hebrew)

■ 5. *Melupm vov*

When the consonant וו *v* directly precedes or follows the vowel ו *u*, the vowel is marked with a dot so that you can tell that the other two *vovs* represent the consonant *v*. This dotted *vov* is called *melupm vov*.

Examples וווּ *v**u*** (where)
פּרוּוו *pr**u**v* (try)

Exercise 1 **(Audio 1:3)**

Practise reading the following Yiddish words and place names and try to work out their meanings.

1 ניו-יאָרק
2 קאָמפּיוטער
3 שאָקאָלאַד
4 לאָנדאָן
5 בייגל
6 ענגלאַנד
7 טעלעפֿאָן
8 סטודענט
9 אויסטראַליע
10 אַמעריקע
11 ראַדיאָ
12 מוזיק
13 טעלעוויזיע
14 האָנג קאָנג
15 קאַנאַדע
16 מאַטעמאַטיק
17 עראָפּלאַן
18 אַפֿריקע
19 אייראָפּע
20 מעלבורן

6. Combinations of letters **(Audio 1:4)**

A few sounds in Yiddish are spelt with a combination of two or three letters. They are often found in words of Slavic derivation and in English loan words.

Example	YIVO transliteration and English equivalent	Combination
טשײַניק ***tsh**aynik* (teapot)	*tsh* (like English **ch**eap)	טש
זשאַבע ***zh**abe* (frog)	*zh* (like English bei**ge**)	זש
דזשעז ***dzh**ez* (jazz)	*dzh* (like English **j**oke)	דזש

Exercise 2 **(Audio 1:5)**

Practise reading the following Yiddish words and place names containing two- or three-letter combinations and try to work out their meanings.

1 זשורנאַליסט
2 דזשאָנגל
3 טשעק
4 פּרעסטיזש
5 טשעלאָ
6 דזשענטלמען
7 לאָס אַנדזשעלעס
8 זשאַקעט
9 טשערנאָבל
10 אינזשעניר

■ 7. Reading *loshn-koydesh* words

Yiddish words deriving from the *loshn-koydesh* component are spelt the same as they are in Hebrew or Aramaic. This means that they are not subject to the phonetic rules governing other Yiddish words. For example, in Hebrew and Aramaic vowels are not always written, and when they are written, the same letter may have more than one possible pronunciation. Similarly, certain sounds can be written with more than one letter (this is comparable to English, in which, for example, the sound 'k' can be written with c, k, or q). This means that it is often difficult to predict the spelling and pronunciation of new *loshn-koydesh* words; instead, it is easier just to memorize them. In this course new *loshn-koydesh* words will always be accompanied by a phonetic transcription. In Units 1–5 this consists of Roman transliteration; in Units 6–15 and in the glossary it consists of a phonetic transcription in Yiddish letters inside square brackets. (Note that this phonetic transcription is for study purposes only; *loshn-koydesh* words should never actually be spelt this way.) The following example illustrates these conventions:

Meaning	YIVO transliteration (Units 1–5)	Phonetic transcription (Units 6–15 and glossary)	*Loshn-koydesh* word
the Jewish Sabbath	*shabes*	[שאַבעס]	שבת

In addition, there are a few pointers that can help you work out the pronunciation of new *loshn-koydesh* words.

There are 6 letters that appear *only* in *loshn-koydesh* words. These letters all have the same sound as another letter that is used more widely for spelling Yiddish words of both *loshn-koydesh* and other derivations. The following chart illustrates this:

YIVO transliteration	Letter with same sound used in both *loshn-koydesh* and other words	Letter used only in *loshn-koydesh* words
v	וו	בֿ
kh	כ	ח
k	ק	כּ
s	ס	שׂ
t	ט	תּ
s	ס	ת

In addition, several widely used letters and combinations of letters may have a different pronunciation (or indeed more than one possible pronunciation) when appearing in *loshn-koydesh* words. Here are the most common ones:

YIVO transliteration	Pronunciation equivalents in phonetic Yiddish	Letter
e	ע	א (at end of word)
e	ע	ה (at end of word)
v, u, oy, o, e	וו, ו, וי, אָ, ע	ו
e	ע	י (at end of word)
a, o, ay	אַ, אָ, ײַ	ע

The following examples illustrate some of these possibilities, as well as some of the other characteristics of *loshn-koydesh* spelling discussed above.

Meaning	YIVO transliteration	Phonetic transcription	*Loshn-koydesh* word
flat/apartment	*dir**e***	[דירע]	דירה
relatives	*kr**oy**vim*	[קרויווים]	קרובֿים
voice	*k**o**l*	[קאָל]	קול
peace	*shol**e**m*	[שאָלעם]	שלום
story	*m**ay**se*	[מײַסע]	מעשׂה

Exercise 3 **(Audio 1:6)**

Practise reading the following *loshn-koydesh* words, names, and place names and try to work out their meanings. Don't worry if this is a bit more difficult than the previous exercises – just have a go and check the answer key if you get stuck.

1 שבת
2 לשון-קודש
3 אסתּר
4 ראָש-השנה
5 ישׂראל
6 חנוכּה
7 יום-כּיפּור
8 מרים
9 תּורה
10 מזל-טובֿ

■ 8. Stress

Finally, a word about stress. Yiddish words are generally stressed on the penultimate (second-to-last) syllable. When this is not the case, the symbol ˜ will be placed above the word's stressed syllable in the vocabulary lists and glossary, as well as in new words introduced in grammar explanations and exercises. Again, this is just a study aid, not an actual part of the Yiddish writing system. For example:

Meaning	YIVO transliteration (Units 1–5)	Yiddish word
student	*studẽ̲nt*	סטודע̃נט

Exercise 4

Here are the handwritten letters with arrows showing you the steps to follow in order to form them correctly. Practise writing out the letters in the spaces provided. (As you continue to study Yiddish and are exposed to different types of handwriting, you will almost certainly encounter stylistic variations on these letters – this is nothing to worry about!)

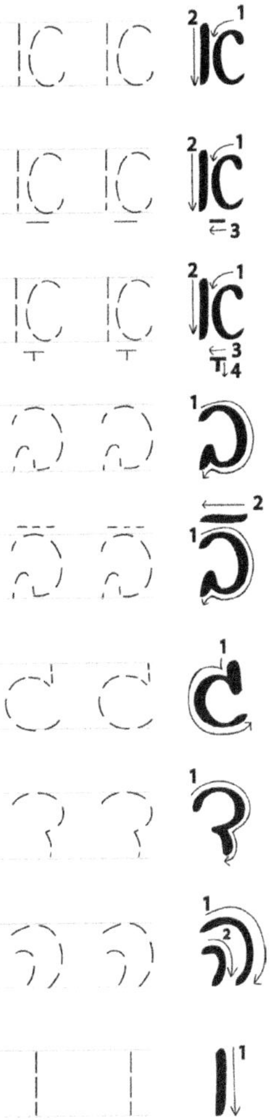

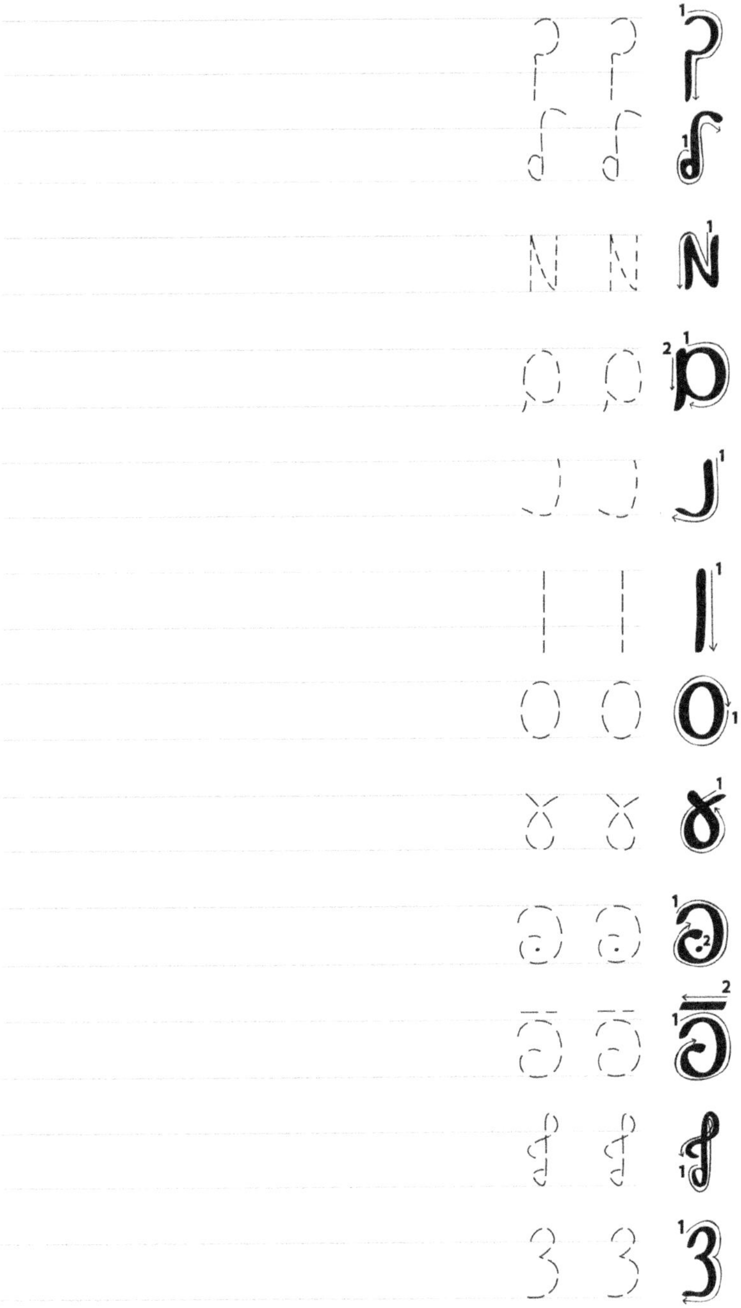

Unit One

שלום עליכם! וואָס מאַכסטו?

Hello! How are you?

In this unit you will learn:

- how to introduce yourself and others
- how to ask how someone is
- how to ask and answer yes/no questions
- how to ask and answer open-ended questions
- how to use the indefinite article (a/an)
- pronouns
- the present tense of the verbs זײַן (to be) and האָבן (to have)

Dialogue 1

(Audio 1:7)

Khane (the Yiddish equivalent of Hannah) is a new student on an intensive week-long Yiddish course. After one of the lessons she wants to try out some of the greetings that she has learned. She introduces herself to Rokhl (Rachel), a more advanced student.

חנה שלום עליכם!

רחל עליכם שלום!

חנה איך הייס חנה. ווי הייסטו?

רחל איך הייס רחל. וואָס מאַכסטו?

חנה זייער גוט, אַ דאַנק. וואָס מאַכסטו?

רחל פֿרעג נישט! איך בין זייער מיד און איך האָב אַ סך אַרבעט!

KHANE sholem aleykhem!

ROKHL aleykhem sholem!

KHANE ikh heys khane. vi heystu?

ROKHL ikh heys rokhl. vos makhstu?

KHANE zeyer gut, a dank. vos makhstu?

ROKHL freg nisht! ikh bin zeyer mid un ikh hob a sakh arbet!

KHANE *Hello!*

ROKHL *Hello!*

KHANE *My name is (literally: I am called) Khane. What's your name (literally: how are you called)?*

ROKHL *My name is Rokhl. How are you?*

KHANE *Good, thanks. How are you?*

ROKHL *Don't ask! I'm very tired and I have a lot of work!*

Vocabulary

Hannah	*khane*	חנה [כאַנע]
hello	*sholem aleykhem*	שלום עליכם [שאָלעם אַלייכעם]
Rachel	*rokhl*	רחל [ראָכל]
hello (in reply)	*aleykhem sholem*	עליכם שלום [אַלייכעם שאָלעם]
I	*ikh*	איך

am called	*heys*	הייס
What's your name (literally: how are you called)?	*vi heystu?*	ווי הייסטו?
how	*vi*	ווי
How are you?	*vos makhstu?*	וואָס מאַכסטו?
what	*vos*	וואָס
very	*zeyer*	זייער
good	*gut*	גוט
thanks	*a dank*	אַ דאַנק
Don't ask!	*freg nisht!*	פֿרעג נישט!
am	*bin*	בין
tired	*mid*	מיד
and	*un*	און
have	*hob*	האָב
a lot, much	*a sakh*	אַ סך [סאַך]
work	*arbet*	אַרבעט

Language points

1 Greetings

There are two main ways of saying hello in Yiddish. The first, שלום עליכם, comes from the *loshn-koydesh* (Hebrew-Aramaic) component, in which it literally means 'peace upon you'. The response to this is עליכם שלום, literally 'upon you peace'.

You can also say גוט מאָרגן, which literally means 'good morning' but can be used in the afternoon too. If someone greets you this way, you can respond either by repeating גוט מאָרגן or with גוט יאָר *gut yor* (literally: good year). You can also say גוט מאָרגן, גוט יאָר, a combination of the two.

These greetings are equally common and can be used relatively interchangeably.

'Goodbye' is זײַ געזונט *zay gezuñt* (literally: be healthy) when speaking to one person or זײַט געזונט *zayt gezuñt* when speaking to more than one person.

2 Asking and answering how someone is

'How are you' in Yiddish is וואָס מאַכסטו. This is composed of וואָס, literally 'what', and מאַכסטו, which is a verb that literally means 'are you doing', but the whole expression is idiomatic and means only 'how are you'.

The following are possible answers to וואָס מאַכסטו?

(very) well	*(zeyer) gut*	(זייער) גוט
all right; OK	*in õrdenung*	אין אָרדענונג
so-so (literally: neither here nor there)	*nisht ahĩn nisht ahẽr*	נישט אַהין נישט אַהער
not (so) good	*nisht (azõy) gut*	נישט (אַזוי) גוט
at least I've got my health (literally: as long as healthy)	*abĩ gezũnt*	אַבי געזונט
I'm getting by (literally: one drags oneself)	*me shlept zikh*	מע שלעפּט זיך
Don't ask!	*freg nisht!*	פֿרעג נישט!

Some of these responses have precise equivalents in English, e.g. גוט (good) and אין אָרדענונג (all right); however, many of them may sound a bit negative from an English-speaking perspective. In Yiddish-speaking culture, however, expressions like פֿרעג נישט and מע שלעפּט זיך are considered quite acceptable and are commonly heard in response to וואָס מאַכסטו.

Exercise 1

Fill in the gaps in the following conversation.

1 ______________!
2 עליכם שלום!
3 ______________?
4 איך הייס חנה.
5 ______________?
6 פֿרעג נישט!

Dialogue 2

(Audio 1:9)

Khane wants to find out some more about Rokhl. She wonders whether Rokhl is a teacher or a student, what she thinks of the course, and who else she knows there.

חנה ביסטו אַ לערערקע דאָ?

רחל ניין, איך בין אַ סטודענטקע. און דו?

חנה איך בין אויך אַ סטודענטקע. איך בין אַן אָנהייבער. זענען דײַנע לעקציעס שווער?

רחל יאָ, זייער שווער!

חנה ווער איז דאָס?

רחל דאָס איז דוד. ער איז אויך אַ סטודענט דאָ.

חנה זײַט איר אין דעם זעלבן קלאַס?

רחל יאָ, מיר זענען אין דעם זעלבן קלאַס, אָבער ער איז קלוג און איך בין פֿויל!

KHANE bistu a lererke do?

ROKHL neyn, ikh bin a studentke. un du?

KHANE ikh bin oykh a studentke. ikh bin an onheyber. zenen dayne lektsyes shver?

ROKHL yo, zeyer shver!

KHANE ver iz dos?

ROKHL dos iz dovid. er iz oykh a student do.

KHANE zayt ir in dem zelbn klas?

ROKHL yo, mir zenen in dem zelbn klas, ober er iz klug un ikh bin foyl!

KHANE *Are you a teacher here?*

ROKHL *No, I'm a student. And you?*

KHANE *I'm also a student. I'm a beginner. Are your lessons hard?*

ROKHL *Yes, very hard!*

KHANE *Who's that?*

ROKHL *That's Dovid. He's also a student here.*

KHANE *Are you in the same class?*

ROKHL *Yes, we're in the same class, but he's clever and I'm lazy!*

Vocabulary

are you (see language point 6)	*bistu*	ביסטו
a (see language point 5)	*a*	אַ
(female) teacher	*lérerke*	לערערקע
here	*do*	דאָ
no	*neyn*	ניין
(female) student	*studentke*	סטודענטקע
you (singular)	*du*	דו
also	*oykh*	אויך
an (see language point 5)	*an*	אַן
beginner	*ónheyber*	אָנהייבער
(we/they) are	*zenen*	זענען
your	*dayne*	דײַנע
lessons	*lektsyes*	לעקציעס
difficult (can also mean 'heavy' or 'hard' in other contexts)	*shver*	שווער
yes	*yo*	יאָ
who	*ver*	ווער
is	*iz*	איז
that	*dos*	דאָס
David	*dovid*	דוד [דאָוויד]
he	*er*	ער
student (male)	*studént*	סטודענט
(you plural) are	*zayt*	זײַט
you (plural)	*ir*	איר
in	*in*	אין
the	*dem*	דעם
same	*zelbn*	זעלבן
class	*klas*	קלאַס
we	*mir*	מיר
but	*ober*	אָבער
clever	*klug*	קלוג
lazy	*foyl*	פֿויל

Language points

3 Pronouns

Pronouns are words that can be used in place of nouns to refer to people, animals, places, or things. Pronouns can be either singular or plural. Here is a chart of the Yiddish pronouns and their English equivalents.

Plural	Singular
מיר	איך
we	I
איר	דו
you	you (informal)
זיי	איר
they	you (polite)
	ער
	he
	זי
	she
	עס
	it

There are two forms for 'you' (singular), דו and איר. דו is used in informal situations, e.g. when speaking to family, friends, colleagues, or children. איר is used in more formal situations, e.g. when speaking politely to figures of authority or older people. However, use of these two forms is not uniform within the Yiddish-speaking world: thus, in English-speaking countries and Israel the polite form איר is not used very often and it is fine to use the informal דו in most situations, except if you want to be particularly polite. If you meet someone new and want to show respect, it is always fine to err on the side of caution and use איר; generally the person you are addressing will tell you that it is fine to use דו with him or her.

Note that איר is also the word for 'you' (plural), without any nuances of politeness. Context will allow you to distinguish between the polite singular and plural uses of this form.

4 The present tense of the verb זײַן (to be)

Yiddish verbs all have a basic form, called the infinitive, which ends in ן-. This is the form that you use when you look up a verb in the glossary or dictionary. The infinitive of the verb 'to be' in Yiddish is זײַן.

In addition, Yiddish verbs have different tenses (times at which the action happens, i.e. present, past, future). The present tense refers to an action happening at the time of speaking. In Dialogue 2 Khane and Rokhl used several different forms of זײַן in the present tense. Verbs change their form in the present tense depending on who is doing the action, i.e. they match the pronoun being used. Changing the form of a verb to match its pronoun is called 'conjugating' the verb. Here is the complete conjugation (list of changes) for זײַן in the present tense. We'll learn this verb first because it is very common, but keep in mind that it is irregular (as is the verb 'to be' in English). In Unit 2 we'll look at the present tense of regular verbs, which are simpler to conjugate.

Note that the pronouns and verb forms can be referred to by labels: the 'I' form is called 'first person singular', the 'you' singular form is called 'second person singular', etc.

Plural		Singular	
מיר זענען/זײַנען We are	1st person plural	איך בין I am	1st person singular
איר זײַט/זענט You are	2nd person plural	דו ביסט You are	2nd person singular
זיי זענען/זײַנען They are	3rd person plural	ער/זי/עס איז He/she/it is	3rd person singular

Note that the first, second, and third person plural all have two variant verb forms. Each one is equally acceptable and you can use whichever one you like.

Note also that the first and third person plural verb forms are the same. This is true of all Yiddish verbs.

5 The indefinite article אַן/אַ (a/an)

In Dialogue 2 Rokhl said איך בין אַ סטודענטקע, 'I am a student'. The word אַ is called the indefinite article and is used before nouns (words for people, places, or things) that are not specific. It resembles the English indefinite article 'a/an' in both sound and meaning. Just like in English, the Yiddish indefinite article has two forms. אַ is used before words beginning with a consonant, while אַן (an) is used before words beginning with a vowel. This variation is purely phonetic; both forms mean exactly the same thing. Compare these two sentences for illustration:

איך בין **אַ ס**טודענטקע.	דאָס איז **אַן ע**פּל.
I am **a st**udent.	This is **an a**pple.

6 Asking and answering yes/no questions

In a Yiddish sentence the subject (the noun or pronoun referring to the person that is doing the action) comes before the verb. For example, Rokhl said, מיר זענען אין דעם זעלבן קלאַס 'We're in the same class'.

However, when asking a question that can be answered with יאָ or ניין (yes or no), this order is reversed, so that the verb comes before the subject. Thus, Khane asked Rokhl, זײַט איר אין דעם זעלבן קלאַס? 'Are you in the same class?'

Notice that when Khane asked if Rokhl was a teacher, she said, ביסטו אַ לערערקע? rather than ביסט דו אַ לערערקע?, which you might have expected. This is because in yes/no questions with דו as the subject, the pronoun merges with the verb and the ד disappears when you reverse the subject and verb. The sequence below illustrates this process. This rule applies to all verbs, not just זײַן, so keep it in mind because later you'll need to use it when asking yes/no questions with other verbs.

דו ביסט ← ביסט דו (incorrect) ← ביסטדו (incorrect) ← ביסטו

Exercise 2

Fill in the gaps with the correct form of זײַן in the present tense.

1 איך ______ אַ לערערקע.
2 ער ______ אַ סטודענט.
3 מיר ______ מיד.
4 זיי ______ אין דעם זעלבן קלאַס.

5 דו ________ אַ סטודענטקע.
6 איר ________ אין דעם קלאַס.
7 די לעקציעס ________ שווער.

Exercise 3

Answer the following questions based on Dialogue 2.

1 איז רחל אַ סטודענטקע?
2 איז חנה אַ לערערקע?
3 ווער איז דוד?
4 איז דוד קלוג?
5 איז רחל פֿויל?
6 זענען חנה און דוד אין דעם זעלבן קלאַס?

Exercise 4

Insert the correct form of the indefinite article (אַ or אַן) into the following sentences.

1 רחל איז ________ סטודענטקע.
2 איך האָב ________ עפּל.
3 דוד איז ________ סטודענט.
4 חנה איז ________ אָנהייבער.
5 איך האָב ________ לעקציע.

Dialogue 3

(Audio 1:11)

Rokhl introduces Khane to her friend Dovid. Khane asks Dovid some more questions but then gets tired from speaking so much Yiddish.

רחל דוד, דאָס איז חנה. זי איז אַ נײַע סטודענטקע דאָ.
חנה שלום עליכם, דוד. וואָס מאַכסטו?
דוד אין אָרדענונג, אָבער איך האָב צו פֿיל אַרבעט.
חנה רחל האָט אויך אַ סך אַרבעט! פֿאַרוואָס האָט איר אַזוי פֿיל?
דוד מיר האָבן שטענדיק אַ סך היימאַרבעט. דו האָסט אַ מזל, דו ביסט אַן אָנהייבער!
חנה אַ מזל?! איך בין זייער מיד פֿון רעדן אַזוי פֿיל ייִדיש!

ROKHL dovid, dos iz khane. zi iz a naye studentke do.
KHANE sholem aleykhem, dovid. vos makhstu?
DOVID in ordenung, ober ikh hob tsu fil arbet.
KHANE rokhl hot oykh a sakh arbet! far vos hot ir azoy fil?
DOVID mir hobn shtendik a sakh heymarbet. du host a mazl, du bist an onheyber!
KHANE a mazl?! ikh bin zeyer mid fun redn azoy fil yidish!

ROKHL *Dovid, this is Khane. She's a new student here.*
KHANE *Hi, Dovid. How are you?*
DOVID *OK, but I have too much work.*
KHANE *Rokhl also has a lot of work! Why do you have so much?*
DOVID *We always have a lot of homework. You're lucky (literally: you have a luck); you're a beginner!*
KHANE *Lucky?! I'm really tired from speaking so much Yiddish!*

Vocabulary

new	*naye*	נײַע
too much	*tsu fil*	צו פֿיל
(he/she/it) has; (you plural) have (see language point 7)	*hot*	האָט
why	*farvos̆/far vos*	פֿאַרוואָס (can also be spelled as פֿאַר וואָס)
so	*azoy̆*	אַזוי
so much	*azoy̆ fil*	אַזוי פֿיל
(we) have; (they) have (see language point 7)	*hobn*	האָבן
always	*shtendik*	שטענדיק
homework	*heÿmarbet*	הײמאַרבעט
(you singular) have	*host*	האָסט
luck	*mazl*	מזל [מאַזל]
from; of	*fun*	פֿון
to speak; speaking	*redn*	רעדן
Yiddish	*yidish*	ייִדיש

Language points

7 The present tense of the verb האָבן (to have)

Here is the conjugation of the present tense of the verb האָבן (to have). This is another very common but slightly irregular verb. This time note the suffixes (endings) in bold; they correspond to each pronoun and we'll see them again when we look at regular verbs in the present tense.

Plural		Singular	
מיר האָבן We have	1st person plural	איך האָב I have	1st person singular
איר האָ**ט** You have	2nd person plural	דו האָ**סט** You have	2nd person singular
זיי האָבן They have	3rd person plural	ער/זי/עס האָ**ט** He/she/it has	3rd person singular

Note the following patterns, which can be applied to almost all Yiddish verbs in the present tense:

1 The first and third person plural forms are identical to each other and to the infinitive.
2 The third person singular and second person plural forms are identical.

Note the following irregularity specific to האָבן: the ב disappears in the second and third person singular and in the second person plural.

8 Asking and answering open-ended questions

In Dialogue 2 Khane asked Rokhl, ?ווער איז דאָס 'Who's that?' This is an open-ended question requiring an answer other than yes or no. To ask an open-ended question in Yiddish you first take a question word like ווער (who), וואָס (what), or פֿאַרוואָס (why), then add the verb, followed by the subject. This word order is the same as for yes/no questions with the addition of the question word at the beginning. Look at these examples of open-ended questions and possible answers:

Answer	**Question**
די נײַע סטודענטקע איז חנה. The new student is Khane.	ווער איז די נײַע סטודענטקע? Who is the new student?
דאָס איז אַן עפּל. That's an apple.	וואָס איז דאָס? What's that?
דוד איז אַ סטודענט פֿון ייִדיש. Dovid is a student of Yiddish.	ווער איז דוד? Who is Dovid?

Exercise 5

Fill in the gaps with the correct form of the verb האָבן in the present tense.

1 מיר ____________ אַ סך היימאַרבעט.
2 איך ____________ אַן עפּל.
3 דו ____________ צו פֿיל אַרבעט.
4 איר ____________ אַ מזל.
5 די לערערקע ____________ אַ נײַע סטודענטקע.
6 זיי ____________ אַ בוך (book).

Exercise 6

Fill in the blanks with the appropriate question word. Choose from among ווער, וואָס, ווי, and פֿאַרוואָס.

1 ____________ איז דוד?
2 ____________ איז חנה מיד?
3 ____________ הייסטו?
4 ____________ מאַכסטו?
5 ____________ איז אַ נײַע סטודענטקע?
6 ____________ איז רחל אַזוי פֿויל?
7 ____________ האָט אַ מזל?

Supplementary text

(Audio 1:13)

Khane has recently started keeping a journal in order to practise her Yiddish. Try reading this excerpt from it.

איך הייס חנה. איך בין אַ סטודענטקע פֿון ייִדיש. איך בין אַן אָנהייבער. די לערערקע איז גוט, אָבער די לעקציעס זענען זייער שווער און איך האָב צו פֿיל היימאַרבעט! רחל און דוד זענען אויך סטודענטן. זיי זענען אין דעם זעלבן קלאַס. זיי האָבן אויך אַ סך היימאַרבעט. מיר זענען שטענדיק מיד!

Unit Two

וווּ וווינסטו?

Where do you live?

In this unit you will learn:

- how to talk about where you and others live
- countries and languages
- regular verbs in the present tense
- question words
- how to negate verbs
- how to say ‘there is’ and ‘there are’
- the definite article (the) and gender of nouns

Dialogue 1

(Audio 1:15)

Khane, Rokhl, and Dovid have gone for coffee after a lesson. Khane wants to know more about Rokhl and Dovid, so she asks them where they’re from, where they live, and which languages they speak.

חנה   וווּ וווינסטו, רחל? וווינסטו אין לאָנדאָן?

רחל   יאָ, איך וווין אין לאָנדאָן, אָבער איך קום פֿון אַמעריקע, פֿון ניו־יאָרק.

חנה   און פֿון וואַנען קומסטו, דוד? וווינסטו אויך אין לאָנדאָן?

דוד   איך וווין אויך דאָ, אָבער מײַן משפּחה וווינט אין אויסטראַליע, רוסלאַנד, און ישׂראל.

חנה   וויפֿל שפּראַכן רעדסטו?

דוד   איך רעד ענגליש, ייִדיש, רוסיש, העברעיִש, און אַ ביסל שפּאַניש.

רחל   ער איז צו קלוג! ער רעדט אַלע שפּראַכן!

KHANE vu voynstu, rokhl? voynstu in london?

ROKHL yo, ikh voyn in london, ober ikh kum fun amerike, fun nyu-york.

KHANE un fun vanen kumstu, dovid? voynstu oykh in london?

DOVID ikh voyn oykh do, ober mayn mishpokhe voynt in oystralye, rusland, un yisroel.

KHANE vifl shprakhn redstu?

DOVID ikh red english, yidish, rusish, hebreish, un a bisl shpanish.

ROKHL er iz tsu klug! er redt ale shprakhn!

KHANE *Where do you live, Rokhl? Do you live in London?*

ROKHL *Yes, I live in London, but I come from America, from New York.*

KHANE *And where do you come from, Dovid? Do you also live in London?*

DOVID *I live here too, but my family lives in Australia, Russia, and Israel.*

KHANE *How many languages do you speak?*

DOVID *I speak English, Yiddish, Russian, Hebrew, and a little bit of Spanish.*

ROKHL *He's too clever! He speaks all languages!*

Vocabulary

where	*vu*	ווּ
do you live	*voynstu*	וווינסטו
London	*london*	לאָנדאָן
(I) live	*voyn*	וווין
(I) come	*kum*	קום
America	*am̃erike*	אַמעֿריקע
New York	*nyu-york*	ניו-יאָרק
from where	*fun vanen*	פֿון וואַנען
do you come	*kumstu*	קומסטו
my	*mayn*	מײַן
family	*mishpokhe*	משפחה [מישפּאָכע]
lives	*voynt*	וווינט

Australia	*oystralye*	אויסטראַליע
Russia	*rusland*	רוסלאַנד
Israel	*yisroel*	ישׂראל [ייִסראָעל]
how many	*vifl*	וויפֿל
languages	*shprakhn*	שפּראַכן
do you speak	*redstu*	רעדסטו
(I) speak	*red*	רעד
English	*english*	ענגליש
Russian	*rusish*	רוסיש
Hebrew	*hebreish*	העברעיִש
a little bit	*a bisl*	אַ ביסל
Spanish	*shpanish*	שפּאַניש
too	*tsu*	צו
speaks	*redt*	רעדט
all	*ale*	אַלע

Additional vocabulary

■ Countries

Note:
Emphasis has been placed on Eastern Europe and countries to which large numbers of Yiddish speakers have emigrated.

The Ukraine	*ukraine*	אוקראַיִנע
Italy	*italye*	איטאַליע
Argentina	*argentine*	אַרגענטינע
Brazil	*brazil̃*	בראַזיל
Germany	*daytshland*	דײַטשלאַנד
South Africa	*dorem-afrike*	דרום- [דאָרעם] אַפֿריקע
Japan	*yapañ*	יאַפּאַן
Israel	*yisroel*	ישׂראל [ייִסראָעל]
China	*khine*	כינע
Lithuania	*lite*	ליטע
Latvia	*letland*	לעטלאַנד
Mexico	*meksike*	מעקסיקע
England	*england*	ענגלאַנד

Poland	*poyln*	פּוילן
France	*frankraykh*	פֿראַנקרײַך
Canada	*kanade*	קאַנאַדע
Romania	*rumenye*	רומעניע
Russia	*rusland*	רוסלאַנד
Scotland	*shotland*	שאָטלאַנד
Sweden	*shvedn*	שוועדן

Languages

Note:
Names of languages always end in יש-.

Ukrainian	*ukrainish*	אוקראַיִניש
Italian	*italyenish*	איטאַליעניש
Arabic	*arabish*	אַראַביש
German	*daytsh*	דײַטש
Hebrew	*hebreish*	העברעיִש
Japanese	*yapanish*	יאַפּאַניש
Chinese	*khinezish*	כינעזיש
Lithuanian	*litvish*	ליטוויש
Latvian	*letish*	לעטיש
English	*english*	ענגליש
Portuguese	*portugalish*	פּאָרטוגאַליש
Polish	*poylish*	פּויליש
French	*frantseyzish/ frantsoyzish*	פֿראַנצייזיש/ פֿראַנצויזיש
Romanian	*rumenish*	רומעניש
Russian	*rusish*	רוסיש
Swedish	*shvedish*	שוועדיש

Language points

1 Regular verbs in the present tense

In the previous unit you learned that the infinitive of Yiddish verbs ends in ן-. You also learned the present tense of two irregular verbs, זײַן and האָבן. In Dialogue 1 you saw several more verbs. You may have noticed that they have some of the same suffixes as the ones you learned previously. These are regular verbs in the present tense.

It is very easy to form the present tense of Yiddish verbs. Let's start with the infinitive (which is the form listed in the glossary at the end of this book and in Yiddish dictionaries) of the verb רעדן (to speak). If you remove the infinitive suffix ן-, you get what is called the 'base' of the verb, i.e. the verbal stem with no suffixes of any kind. Then you add on the appropriate present tense personal suffixes. These are shown in the following chart.

Plural		Singular	
מיר רעדן We speak	1st person plural	איך רעד I speak	1st person singular
איר רעד**ט** You speak	2nd person plural	דו רעד**סט** You speak	2nd person singular
זיי רעדן They speak	3rd person plural	ער/זי/עס רעד**ט** He/she/it speaks	3rd person singular

Note the following patterns (you saw some of these in Unit 1):

1 The first person singular form is simply the base of the verb.
2 The third person singular and second person plural forms are the same.
3 The first person plural, third person plural, and infinitive forms are the same.

There are a few more small points to note:

1 As you saw in Unit 1, when you ask a question you reverse the subject and verb.

If the verb is second person singular, דו merges with the verb and the ד disappears:

דו רעדסט ← רעדסטו?

2 If the base of the verb ends in ס, e.g. עסן (to eat), adding on the second person singular suffix סט- would result in a double ס. Since Yiddish doesn't usually have doubled consonants, only one ס is written, and so the second and third person singular

forms of such verbs look identical. The following chart illustrates this process:

עסן → -עס + -סט → עססט (incorrect) → עסט

3 If the base of the verb ends in ט, e.g. אַרבעטן (to work), adding on the third person singular suffix -ט would result in a double ט. To avoid this, no suffix is added, so the first and third person singular forms of such verbs look identical (e.g. איך אַרבעט, ער אַרבעט).

Finally, some verbs conjugate slightly differently from רעדן. Look at the infinitive וווינען (to live). Its infinitive suffix is -ען instead of -ן. When you remove the infinitive suffix, you get the base form וווין, which ends in ן. Because, as you've seen above, the first and third person plural form is the same as the infinitive, this means that the first and third person plural of וווינען will also be **וווינען** rather than וווינן. In all other respects, however, this type of verb is the same as the רעדן type. Here is the complete present tense conjugation of וווינען:

Plural		Singular	
מיר וווינ**ען** We live	1st person plural	איך וווין I live	1st person singular
איר וווינ**ט** You live	2nd person plural	דו וווינ**סט** You live	2nd person singular
זיי וווינ**ען** They live	3rd person plural	ער/זי/עס וווינ**ט** He/she/it lives	3rd person singular

It's easy to determine which verbs fall into which category. A verb will take the infinitive suffix -ען (and conjugate like וווינען) if its base ends in one of the following letters or combinations of letters:

1 ם, e.g. קו**מ**ען (to come)
2 נ, e.g. ווווי**נ**ען (to live)
3 נג, e.g. זי**נג**ען (to sing)
4 נק, e.g. טרי**נק**ען (to drink)
5 ל preceded by a consonant, e.g. שמיי**כל**ען (to smile)
6 a stressed vowel or diphthong, e.g. שר**ײַ**ען (to yell).

From now on new regular present tense verbs appearing in the dialogues will be given in the vocabulary lists in the infinitive form only. For now, irregular present tense verbs (of which there are only a few in Yiddish) will continue to be listed both in the form in which they appear in the dialogues and in the infinitive form. We'll look at these verbs in Unit 3.

Finally, note that the Yiddish present tense corresponds to three different English tenses:

I speak
I am speaking = איך רעד
I have been speaking

Yiddish has no equivalent of the English present progressive (I am speaking) or present perfect progressive (I have been speaking), so you use the present tense to express these meanings. When you encounter a Yiddish present tense verb, context will make it clear which of these nuances is intended.

2 Question words

In Unit 1 you encountered the question words ווער, ווי, וואָס, and פֿאַרוואָס. In Dialogue 1 above, you've seen a few more, i.e. ווּ, פֿון וואַנען, and וויפֿל. Here is the complete list of Yiddish words that you can use to ask open-ended questions. Note that most of them start with וו; this is very similar to their English equivalents, which often start with 'wh-'.

what	*vos*	וואָס
who	*ver*	ווער
where	*vu*	ווּ
when	*ven*	ווען
how many/how much	*vifl*	וויפֿל
how (can be used alone or in set expressions like ווי הייסטו)	*vi*	ווי
how (a synonym of ווי, but cannot be used in set expressions)	*vi azoy̆*	ווי אַזוי
why	*farvos̆/far vos*	פֿאַרוואָס/פֿאַר וואָס
from where	*fun vanen*	פֿון וואַנען

to where	*vuhin̄*	וווּהין
which, what kind of	*voser*	וואָסער
which, what kind of (a synonym of וואָסער)	*vos far a*	וואָס פֿאַר אַ

Exercise 1

Fill in the gaps with the correct form of the verb in the present tense.

1 זיי ________ [וווינען] אין לאָנדאָן.
2 איך ________ [קומען] פֿון ניו-יאָרק.
3 דוד ________ [רעדן] אַ סך שפּראַכן.
4 איר ________ [טרינקען] אַ גלעזל וואַסער (a glass of water).
5 מיר ________ [אַרבעטן] אין פּאַריז.
6 דו ________ [עסן] אַן עפּל.
7 זי ________ [שרײַבן] (write) ייִדיש.

Exercise 2

Transform the following statements into questions. Remember to invert the subject and verb.

Example ער לייענט (reads) אַ בוך. ← לייענט ער אַ בוך?

1 זיי רעדן ענגליש און רוסיש.
2 דו וווינסט אין קאַנאַדע.
3 רחל טרינקט וואַסער (water).
4 חנה און דוד קומען פֿון ייִדיש קלאַס.
5 איר שרײַבט ייִדיש.
6 דוד לייענט שפּאַניש.

Exercise 3

Transform the following statements into questions using an appropriate question word.

Example דוד וווינט אין לאָנדאָן. ← וווּ וווינט דוד?

1 די סטודענטקע איז מיד ווײַל (because) זי האָט אַ סך אַרבעט.
2 זי טרינקט אַ גלעזל וואַסער.
3 דוד רעדט פֿיר (four) שפּראַכן.
4 רחל קומט פֿון אַמעריקע.
5 דאָס איז חנה.
6 דאָס איז אַ ייִדיש בוך.

Dialogue 2

(Audio 1:17)

Rokhl and Dovid are chatting about what they think of other people on the Yiddish course. Khane is frustrated that she can't understand everything.

דוד די פֿרוי פֿון פוילן איז זייער קלוג. זי רעדט אַזוי גוט ייִדיש!
רחל זי רעדט צו גוט! פֿאַרוואָס זיצט זי אין אונדזער קלאַס? עס איז נישט אין אָרדענונג!
דוד זי אַרבעט זייער שווער, און איך מיין אַז זי לערנט ייִדיש אין פוילן.
רחל און דער מאַן וואָס דערציילט וויצן אין קלאַס? איך פֿאַרגעס שטענדיק זײַן נאָמען.
דוד יאָ, איך ווייס ווער דאָס איז. ער הייסט בערל. ער קומט פֿון פֿראַנקרײַך.
רחל חנה, פֿאַרוואָס רעדסטו נישט?
חנה איך פֿאַרשטיי נישט וואָס איר זאָגט!

DOVID di froy fun poyln iz zeyer klug. zi redt azoy gut yidish!
ROKHL zi redt tsu gut! farvos zitst zi in undzer klas? es iz nisht in ordenung!
DOVID zi arbet zeyer shver, un ikh meyn az zi lernt yidish in poyln.
ROKHL un der man vos dertseylt vitsn in klas? ikh farges shtendik zayn nomen.
DOVID yo, ikh veys ver dos iz. er heyst berl. er kumt fun frankraykh.
ROKHL khane, farvos redstu nisht?
KHANE ikh farshtey nisht vos ir zogt!

DOVID *The woman from Poland is really clever. She speaks Yiddish so well!*
ROKHL *She speaks too well! Why is she sitting in our class? It's not fair (literally: it's not all right)!*
DOVID *She works really hard, and I think that she teaches Yiddish in Poland.*
ROKHL *And the man who tells jokes in class? I always forget his name.*
DOVID *Yes, I know who that is. He's called Berl. He comes from France.*
ROKHL *Khane, why aren't you talking?*
KHANE *I don't understand what you're saying!*

Vocabulary

the (feminine; see language point 5)	*di*	די
woman	*froy*	פֿרוי
to sit	*zitsn*	זיצן
our	*undzer*	אונדזער
not	*nisht*	נישט
to work	*arbetn*	אַרבעטן
to think, believe	*meynen*	מיינען
that (can also mean 'when')	*az*	אַז
to teach (can also mean 'to study')	*lernen*	לערנען
the (masculine; see language point 5)	*der*	דער
man	*man*	מאַן
who/that/which (in the above context)	*vos*	וואָס
to tell	*dertseyln*	דערציילן
jokes	*vitsn*	וויצן
to forget	*fargesn*	פֿאַרגעסן
his	*zayn*	זײַן
name	*nomen*	נאָמען
(I) know → to know	*veys* → *visn*	ווייס ← וויסן
Berl (man's name)	*berl*	בערל
to understand	*farshteÿn*	פֿאַרשטײן
to say	*zogn*	זאָגן

Language point

3 Negating verbs

It's very easy to negate a verb (i.e. to say that someone isn't or doesn't do something) in Yiddish. Simply put נישט (not) directly after the verb, as in:

איך פֿאַרשטיי **נישט** I **don't** understand	←	איך פֿאַרשטיי I understand
עס איז **נישט** אין אָרדענונג It's **not** all right	←	עס איז אין אָרדענונג It's all right

The word נישט has a variant form ניט. Both words mean exactly the same thing. נישט is more typical of Central and Southeastern Yiddish, whereas ניט is more common in Northeastern Yiddish; however, both variants are acceptable in Standard Yiddish and can be used interchangeably. You can use whichever you prefer.

Exercise 4

Negate the following sentences by inserting נישט or ניט in the appropriate place.

1 איך פֿאַרשטיי די לעקציע.
2 רחל איז זייער מיד.
3 דער מאַן זיצט אין מײַן קלאַס.
4 דו דערציילסט די וויצן.
5 איר קומט פֿון אויסטראַליע.
6 מיר אַרבעטן שווער.
7 איך פֿאַרגעס זײַן נאָמען.

Dialogue 3

(Audio 1:18)

Later, Rokhl tries to cheer Khane up by telling her some gossip about the other students in her class.

רחל: חנה, זעסטו די פֿרוי מיט די ברילן? זי איז אַ זינגערין. זי איז זייער באַרימט.

חנה: טאַקע? עס איז דאָ אַ מאַן אין דײַן קלאַס מיט אַ באַקאַנט פּנים. ווער איז ער?

רחל: דער מאַן מיט די שוואַרצע האָר? ער איז אַן אַקטיאָר.

חנה: אוי, עס זענען דאָ אַ סך באַרימטע מענטשן אין דײַן קלאַס! דער קלאַס איז זיכער זייער אינטערעסאַנט!

רחל: יאָ, אָבער זיי זענען נודניקעס! דער אַקטיאָר זאָגט שטענדיק אַז ער איז זייער קלוג, און די זינגערין נעמט שטענדיק דאָס ווערטערבוך פֿון מײַן טיש און קומט נישט צוריק!

ROKHL khane, zestu di froy mit di briln? zi iz a zingerin. zi iz zeyer barimt.

KHANE take? es iz do a man in dayn klas mit a bakant ponim. ver iz er?

ROKHL der man mit di shvartse hor? er iz an aktyor.

KHANE oy, es zenen do a sakh barimte mentshn in dayn klas! der klas iz zikher zeyer interesant!

ROKHL yo, ober zey zenen nudnikes! der aktyor zogt shtendik az er iz zeyer klug, un di zingerin nemt shtendik dos verterbukh fun mayn tish un kumt nisht tsurik!

ROKHL *Khane, do you see the woman with the glasses? She's a singer. She's very famous.*

KHANE *Really? There's a man in your class with a familiar face. Who is he?*

ROKHL *The man with the black hair? He's an actor.*

KHANE *Oh, there are a lot of famous people in your class! The class must be (literally: is surely) really interesting.*

ROKHL *Yes, but they're pains in the neck! The actor is always saying that he's really clever, and the singer always takes the dictionary from my desk and doesn't come back!*

Vocabulary

to see	*zen*	זען
with	*mit*	מיט
the (neuter; see language point 5)	*dos*	דאָס
glasses	*briln*	ברילן
(female) singer	*zĩngerin*	זינגערין
famous	*barĩmt*	באַרימט
really	*take*	טאַקע
there is; there are (see language point 4)	*es iz do; es zenen do*	עס איז דאָ; עס זענען דאָ
familiar	*bakãnt*	באַקאַנט
face	*ponem*	פּנים
black	*shvartse*	שוואַרצע
hair	*hor*	האָר
actor	*aktyõr*	אַקטיאָר
oh; oh dear; oh no	*oy*	אוי
people	*mentshn*	מענטשן

sure; surely; certainly	*zikher*	זיכער
interesting	*interesãnt*	אינטערעסאַנט
annoying people; pains in the neck	*nũdnikes*	נודניקעס
to take	*nemen*	נעמען
dictionary	*vẽrterbukh*	ווערטערבוך
table	*tish*	טיש
back (as in 'come back')	*tsurĩk*	צוריק

Language points

4 עס איז דאָ (there is) and עס זענען\זײַנען דאָ (there are)

The Yiddish equivalents of the English expressions 'there is' and 'there are' are עס איז דאָ and עס זענען\זײַנען דאָ. Don't pay attention to the literal meaning, 'it is here'; this is a set idiomatic formula and the word דאָ in this setting doesn't actually refer to 'here'; it's just part of the formula. If you want to say 'there is an X here', you have to add another דאָ at the end. You can see how this expression is used in these examples:

עס זענען דאָ סטודענטן אין קלאַס.
There are students in [the] class.

עס איז דאָ אַ סטודענט אין קלאַס.
There is a student in [the] class.

עס זענען דאָ סטודענטן **דאָ** אין קלאַס.
There are students **here** in [the] class.

עס איז דאָ אַ סטודענט **דאָ** אין קלאַס.
There is a student **here** in [the] class.

5 The definite article (דער, די, דאָס) and the gender of nouns

Yiddish nouns are divided into categories called genders. There are three genders: masculine, feminine, and neuter. In the case of nouns referring to living beings, it is often easy to predict logically which gender category a noun belongs to. For example, the word מאַן (man) is masculine, while the word פֿרוי (woman) is feminine.

However, in the case of inanimate objects (and sometimes in the case of living beings too), there is no logical reason why a given noun belongs to a particular gender category. Thus, while some inanimate nouns are neuter, e.g. בוך (book), others are masculine or feminine. For example, טיש (table) is masculine, while צײַטונג (newspaper) is feminine. Furthermore, certain nouns referring to people and animals are neuter, e.g. קינד (child), ייִנגל (boy), and מיידל (girl).

In some cases you can guess the gender of a noun by looking at its ending. For example, nouns ending in ע are almost always feminine, e.g. טעלעוויזיע (TV). You'll start to recognize such patterns as you become more familiar with Yiddish. However, in many cases you just have to memorize the gender of new nouns when you learn them.

The easiest way to find out the gender of a noun is to check the form of the definite article used with it. Yiddish has three words (דער, די, and דאָס) corresponding to the English definite article ('the').* דער is used with masculine nouns, די is used with feminine nouns, and דאָס is used with neuter nouns. The form used with plural nouns is always די whether they are masculine, feminine, or neuter. When you learn a new noun, it is best to memorize its article at the same time; then you will know which gender the noun is. From now on each new noun introduced will appear in the vocabulary lists together with its definite article. Sometimes a noun has more than one possible gender; for example, צימער (room) can be either masculine or neuter. In such cases you can choose which article to use; e.g. you can say either דער צימער or דאָס צימער.

* In fact Yiddish also has another form of the definite article, דעם, which you saw in Unit 1. Don't worry about דעם for now; it will be explained in language point 4, Unit 5.

Exercise 5 **(Audio 1:19)**

Rokhl has made a list of the different kinds of people in her class. Use the list to make sentences with עס איז דאָ and עס זענען/זײַנען דאָ.

Example אַ מאַן פֿון פֿראַנקרײַך ← עס איז דאָ אַ מאַן פֿון פֿראַנקרײַך אין רחלס* קלאַס.

1 אַ פֿרוי פֿון פּוילן
2 אַ סך גוטע סטודענטן
3 אַן אַקטיאָר
4 אַ זינגערין
5 אַ סך באַרימטע מענטשן
6 אַ מאַן מיט ברילן

* Rokhl's

Exercise 6

Fill in the gaps in this excerpt from Khane's journal with the correct form of the definite article דער/די/דאָס. Use the glossary at the end of the book to check the meaning and gender of any unfamiliar words.

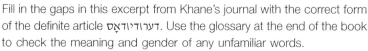

איך לעב אין רחלס קלאַס און רעד מיט ד_____ סטודענטן. ד_____
אַקטיאָר זאָגט, "איך שפּיל אין אַ פֿילם. ד_____ פֿילם איז זייער
באַרימט." ד_____ זינגערין זאָגט, "דײַן פֿילם איז נישט גוט." איך האָב
אַ נײַ ליד. ד_____ מענטשן מיינען אַז מײַן ליד איז זייער שיין. עס איז
דאָ אַן אַרטיקל אין צײַטונג וועגן מײַן ליד. ד_____ אַרטיקל איז זייער גוט."
איך נעם ד_____ צײַטונג און לייען. עס איז אויף ייִדיש. ד_____ שפּראַך
איז שווער. איך ניץ אַ ווערטערבוך, אָבער ד_____ ווערטערבוך איז אויך
שווער! איך פֿאַרשטײ נישט פֿאַרוואָס ד_____ סטודענטקע זאָגט אַז
ד_____ ליד איז אַזוי שיין. איך טראַכט, "ד_____ קלאַס איז טאַקע פֿול
מיט נודניקעס, אָבער ד_____ נודניקעס זענען אינטערעסאַנט!"

Unit Three

וואָס האָסטו ליב צו טאָן?

What do you like to do?

In this unit you will learn:

- how to talk about likes and dislikes
- the days of the week
- the verb ליב האָבן (to like/love)
- irregular verbs in the present tense
- the gender of adjectives
- how to use adjectives in sentences
- adverbs

Dialogue 1

(Audio 1:20)

Khane and Rokhl have arranged to meet up and are trying to decide what to do.

חנה האָסטו ליב צו גיין אין קינאָ? עס איז דאָ אַ פֿילם וועגן ייִדן אין פּוילן.

רחל איך האָב נישט ליב צו זען היסטאָרישע פֿילמען; זיי זענען אַזוי נודנע! מיר קענען גיין אין קרעטשמע.

חנה איך האָב נישט ליב קרעטשמעס. וואָס מיט גיין אין טעאַטער?

רחל ניין, עס איז צו טײַער און איך האָב נישט ליב צו זיצן אַזוי לאַנג.

חנה אויב אַזוי, וואָס קענען מיר טאָן? וואָס נאָך האָסטו ליב?

רחל לאָמיר גיין אין רעסטאָראַן! איך האָב ליב צו עסן.

KHANE hostu lib tsu geyn in kino? es iz do a film vegn yidn in poyln.

ROKHL ikh hob nisht lib tsu zen historishe filmen; zey zenen azoy nudne! mir kenen geyn in kretshme.

KHANE ikh hob nisht lib kretshmes. vos mit geyn in teater?

ROKHL	neyn, es iz tsu tayer un ikh hob nisht lib tsu zitsn azoy lang.
KHANE	oyb azoy, vos kenen mir ton? vos nokh hostu lib?
ROKHL	lomir geyn in restoran! ikh hob lib tsu esn.
KHANE	*Do you like to go to the cinema? There's a film about Jews in Poland.*
ROKHL	*I don't like to see historical films; they're so boring! We can go to [the] pub.*
KHANE	*I don't like pubs. What about going to [the] theatre?*
ROKHL	*No, it's too expensive and I don't like to sit so long.*
KHANE	*In that case, what can we do? What else do you like?*
ROKHL	*Let's go to [a] restaurant! I like to eat.*

Vocabulary

to like; to love (see language point 1)	*lib hobn*	ליב האָבן
to (see language point 1)	*tsu*	צו
to go; to walk	*geyn*	גיין
to (see language point 2, Unit 9)	*in*	אין
cinema	*kino (der)*	קינאָ (דער)
film, films	*film (der), filmen*	פֿילם (דער), פֿילמען
about	*vegn*	וועגן
Jews	*yidn*	ייִדן
historical	*histõrishe*	היסטאָ̃רישע
boring	*nudne*	נודנע
pub/bar, pubs/bars (also: inn, inns)	*kretshme (di), kretshmes*	קרעטשמע (די), קרעטשמעס
what about (literally: what with)	*vos mit*	וואָס מיט
theatre	*teater*	טעאַטער
expensive	*tayer*	טײַער
long	*lang*	לאַנג
if so; in that case	*oyb azoỹ*	אויב אַזו̃י
do	*ton*	טאָן
else, more	*nokh*	נאָך
let's	*lomir*	לאָמיר
restaurant	*restorañ (der)*	רעסטאָראַ̃ן (דער)

Language points

1 The verb ליב האָבן (to like/love)

The verb ליב האָבן is made up of two parts. The first part is the irregular verb האָבן, which was introduced in Unit 1, while the second part, ליב, is a word that appears only in this verb. The whole phrase is one unit meaning 'to like' or 'to love'.

To conjugate this verb in the present tense, first take האָבן and add the appropriate personal suffix to match the subject, e.g. דו האָסט, ער האָט. Then add ליב. You can see an example of this in Dialogue 1, when Rokhl says,

איך **האָב ליב** צו עסן.
I **like** to eat.

To negate this verb, add נישט/ניט after the conjugated part (האָבן) and before ליב, as in Khane's statement:

איך האָב **נישט** ליב קרעטשמעס.
I **don't** like pubs.

Similarly, to make a question with ליב האָבן, reverse the subject and האָבן but leave ליב where it was, as in:

האָט חנה **ליב** פֿילמען?
Does Khane **like** films?

To say that you really like/love something, put the word שטאַרק or זייער between האָבן and ליב, e.g.:

חנה האָט **שטאַרק** ליב פֿילמען.
חנה האָט **זייער** ליב פֿילמען.
Khane **really** likes films/likes films **very much**.

Throughout the course you will meet other verbs that are made up of two parts and conjugate like ליב האָבן. This type of verb will be discussed thoroughly in language point 3, Unit 14.

One more point about ליב האָבן: when it is followed by the infinitive of another verb, the word צו (to) is usually placed between ליב האָבן and the other verb, as in:

איך האָב ליב **צו** גיין אין קינאָ.
I like **to** go to the cinema.

2 Irregular verbs in the present tense

The vast majority of Yiddish verbs are regular in the present tense (i.e. they conjugate like רעדן and וווינען). However, a few verbs are slightly irregular, and their present tense forms are a bit different from what you would expect by looking at their infinitives.

The first group of irregular verbs consists of גיין (go), שטיין (stand), and פֿאַרשטיין (understand). These three verbs are irregular because their infinitive does not end in ען- even though their base ends in a vowel or diphthong. Conversely, their first and third person plural forms end in ען-. Thus, in contrast to most verbs, the first and third person plural forms of these verbs look different from the infinitive. You can see this by comparing the following two examples:

האָסטו ליב צו **גיין** אין קינאָ?
Do you like to **go** to the cinema?

מיר **גייען** אין קינאָ.
We**'re going** to the cinema.

Next, the verbs טאָן (do) and וויסן (know) are irregular because the vowel of the base is not the same in the present tense as it is in the infinitive. The base vowel of טאָן becomes ו in the present tense, and the base vowel of וויסן becomes ײ. Here is the complete present tense conjugation of these verbs:

(to do) טאָן

Plural		Singular	
מיר טוען	1st person plural	איך טו	1st person singular
איר טוט	2nd person plural	דו טוסט	2nd person singular
זיי טוען	3rd person plural	ער/זי/עס טוט	3rd person singular

(to know) וויסן

Plural		Singular	
מיר ווייסן	1st person plural	איך ווייס	1st person singular
איר ווייסט	2nd person plural	דו ווייסט	2nd person singular
זיי ווייסן	3rd person plural	ער/זי/עס ווייסט	3rd person singular

Finally, the verb געבן (give) is irregular because the base vowel changes to י in the present tense and, in addition, the ב disappears in the second and third person singular and in the second person plural. Here is the complete present tense conjugation:

(to give) געבן

Plural		Singular	
מיר גיבן	1st person plural	איך גיב	1st person singular
איר גיט	2nd person plural	דו גיסט	2nd person singular
זיי גיבן	3rd person plural	ער/זי/עס גיט	3rd person singular

Exercise 1 **(Audio 1:21)**

Answer the following questions with ליב האָבן.

Example האָסטו ליב צו גיין אין קינאָ? (יאָ) ← יאָ, איך האָב ליב צו גיין אין קינאָ.

1 האָט חנה ליב קרעטשמעס? (ניין)
2 האָסטו ליב טעאַטער? (יאָ)
3 האָבן די סטודענטן ליב היימאַרבעט? (ניין)
4 האָט חנה ליב צו טאַנצן? (ניין)
5 האָסטו ליב צו גיין אין רעסטאָראַן? (יאָ)

Exercise 2

Fill in the gaps with the correct form of the verb in the present tense.

1 דוד ______________ [וויסן] אַ סך וועגן ייִדיש.
2 מיר ______________ [גיין] אין טעאַטער.
3 דו ______________ [געבן] די סטודענטן אַ ווערטערבוך.
4 חנה און רחל ______________ [גיין] אין קינאָ.
5 די לערערקעס ______________ [פֿאַרשטיין] ייִדיש.
6 וואָס ______________ [טאָן] דו הײַנט (today)?
7 מיר ______________ [זען] אַ פֿילם וועגן ייִדן אין רוסלאַנד.
8 איך ______________ [וויסן] נישט ווער דער מענטש איז.

Exercise 3

Answer the following questions about yourself.

1 האָסטו ליב צו גיין אין קינאָ?
2 וואָס האָסטו ליב צו טאָן ווען דו אַרבעטסט נישט?
3 האָסטו ליב צו גיין אין טעאַטער?
4 וואָסערע פֿילמען האָסטו ליב צו זען?
5 האָסטו ליב צו גיין אין רעסטאָראַן?

Dialogue 2

(Audio 1:22)

Rokhl and Khane are in the restaurant. Rokhl wants to invite Khane and Dovid to her flat for dinner and is trying to find a day that suits them all.

רחל חנה, ווילסטו עסן וועטשערע בײַ מיר די קומענדיקע וואָך? דוד קומט אויך.
חנה יאָ! וועלכער טאָג?
רחל דאָס איז אַ גוטע פֿראַגע. דוד איז פֿאַרנומען פֿרײַטיק און שבת.
חנה איך בין פֿרײַ זונטיק. איז דאָס אַ גוטער טאָג?
רחל זונטיק, מאָנטיק, און דינסטיק זענען נישט גוט ווײַל איך אַרבעט ביז שפּעט אין ביכערקראָם. קענסטו קומען מיטוואָך?
חנה מיטוואָך איז אַ שווערער טאָג ווײַל איך האָב אַ קלאַס אין אָוונט.
רחל וואָס טוסטו דאָנערשטיק?
חנה איך וויל זען דעם פֿילם וועגן פּוילישע ייִדן.
רחל אוי, יענער נודנער פֿילם! עס איז בעסער צו עסן אַ געשמאַקע וועטשערע!

ROKHL khane, vilstu esn vetshere bay mir di kumendike vokh? dovid kumt oykh.
KHANE yo! velkher tog?
ROKHL dos iz a gute frage. dovid iz farnumen fraytik un shabes.
KHANE ikh bin fray zuntik. iz dos a guter tog?
ROKHL zuntik, montik, un dinstik zenen nisht gut vayl ikh arbet biz shpet in bikherkrom. kenstu kumen mitvokh?
KHANE mitvokh iz a shverer tog vayl ikh hob a klas in ovnt.
ROKHL vos tustu donershtik?
KHANE ikh vil zen dem film vegn poylishe yidn.

ROKHL	oy, yener nudner film! es iz beser tsu esn a geshmake vetshere!

ROKHL	*Khane, do you want to eat dinner at my house next week (literally: the next week)? Dovid's coming too.*
KHANE	*Yes! Which day?*
ROKHL	*That's a good question. Dovid is busy Friday and Saturday.*
KHANE	*I'm free Sunday. Is that a good day?*
ROKHL	*Sunday, Monday, and Tuesday aren't good because I work until late in [the] bookshop. Can you come Wednesday?*
KHANE	*Wednesday is a hard day because I have a class in [the] evening.*
ROKHL	*What are you doing Thursday?*
KHANE	*I want to see the film about Polish Jews.*
ROKHL	*Oh no, that boring film! It's better to eat a tasty dinner!*

Vocabulary

do you want → to want (see language point 3, Unit 7)	*vilstu → veln*	ווילסטו ← וועלן
dinner/supper	*vẽtshere (di)*	ווע̃טשערע (די)
at (like *chez* in French)	*bay*	בײַ
me (see language point 2, Unit 7)	*mir*	מיר
next (feminine; see language point 3)	*kũmendike*	קו̃מענדיקע
week	*vokh (di)*	וואָך (די)
which (masculine; see language point 3)	*velkher*	וועלכער
busy	*farnumen*	פֿאַרנומען
Friday	*fraytik (der)*	פֿרײַטיק (דער)
Saturday; the Jewish Sabbath (see culture point, Unit 5)	*shabes (der)*	שבת [שאַבעס] (דער)
free	*fray*	פֿרײַ
Sunday	*zuntik (der)*	זונטיק (דער)
good (masculine; see language point 3)	*guter*	גוטער
Monday	*montik (der)*	מאָנטיק (דער)

Tuesday	*dinstik*	דינסטיק (דער)
until	*biz*	ביז
late	*shpet*	שפּעט
bookshop	*bĩkherkrom (di)*	בײַכערקראָם (די)
Wednesday	*mitvokh (der)*	מיטוואָך (דער)
difficult (masculine; see language point 3)	*shverer*	שווערער
evening	*ovnt (der)*	אָוונט (דער)
Thursday	*dõnershtik (der)*	דאָנערשטיק (דער)
(I) want → to want (see language point 3, Unit 7)	*vil → veln*	וויל ← וועלן
that (masculine; see language point 3)	*yener*	יענער
better	*beser*	בעסער
tasty (feminine; see language point 3)	*geshmake*	געשמאַקע

Language points

3 Gender of adjectives; how to use adjectives in sentences

Adjectives are words used to describe nouns (e.g. קלוג, גוט, אינטערעסאַנט). In Yiddish, adjectives can appear in two different positions. The first is following a verb (usually זײַן), e.g.:

> דוד איז **קלוג**.
> David is **clever**.

Adjectives in this position have the same form whether the noun that they refer to is masculine, feminine, neuter, singular or plural. This is called the base form. So you can say דאָס קינד איז קלוג, די פֿרוי איז קלוג, or די סטודענטן זענען קלוג, and the adjective קלוג always remains in the base form.

The second position in which an adjective can appear is immediately before a noun. Adjectives in this position decline (take different suffixes) to match the gender (masculine, feminine, or neuter) and number (singular or plural) of the following noun. To decline an adjective so that it matches its noun, take the base form and add these suffixes:

Example	Adjective suffix	Gender and number of noun
אַ קלוג**ער** מאַן **דער** קלוג**ער** מאַן	־ער	masculine singular
אַ קלוג**ע** פֿרוי **די** קלוג**ע** פֿרוי	־ע	feminine singular
אַ קלוג קינד	no suffix (when the adjective and noun are preceded by אַ)	neuter singular
דאָס קלוג**ע** קינד	־ע (when the adjective and noun are preceded by דאָס)	
קלוג**ע** סטודענטן די קלוג**ע** סטודענטן	־ע	plural (all genders)

Note that in the case of masculine and feminine singular nouns, as well as all plural nouns, the adjective suffix is the same whether the noun and adjective are preceded by the definite article or not. However, in the case of neuter singular nouns, the adjective has two different forms depending on whether the adjective/noun phrase is preceded by the definite article or not.

From now on adjectives will be listed in the vocabularies in the base form.

There are three final points to remember when declining adjectives.

1 If the base form of the adjective already ends in ע, e.g. נודנע, you can't add the ־ע suffix, so the feminine singular, neuter singular preceded by דאָס, and plural forms look the same as the base form.
2 If the base form of the adjective ends in a consonant plus ל or נ, e.g. איידל (gentle), גאָלדן (golden), when you add on the ־ער and ־ע suffixes you have to insert an extra ע before the final ל or נ of the

base form. This ‘helping vowel’ is just there to make pronunciation easier. The following example illustrates this phenomenon:

אַן אייד**ע**ל**ער** מענטש
a gentle person

Note:
this does not apply to adjectives ending in ־רן, e.g. מאָדערן (modern), מאָדערנער.

3 The stress of the adjective stays on the same syllable whether it has a suffix or not, e.g. געשמאַק, געשמאַקער.

4 Adverbs

Adverbs are words telling you when or how an action happened. In English they usually end in ‘-ly’ (e.g. slowly, usually), though not always (e.g. well, sometimes, often).

In Yiddish adverbs are almost always the same as the base form of the adjective, e.g.:

זי זינגט **שיין**.
She sings **beautifully**.

However, some Yiddish adverbs are independent forms that cannot be used as adjectives. Such adverbs usually refer to time, e.g. לעצטנס (recently).

Exercise 4

Insert the correct adjective suffixes into the following sentences.

1 דוד איז אַ קלוג__________ מענטש.
2 חנה איז אַ גוט__________ סטודענטקע.
3 רחל האָט ליב אינטערעסאַנט__________ פֿילמען.
4 איך האָב ליב דאָס שיין__________ ליד.
5 דאָס קליין__________ (small) קינד הייסט בערל.
6 דער ניי__________ פֿילם איז נישט אַזוי גוט.
7 דאָס שווער__________ בוך איז זייער לאַנג.

Exercise 5

Make sentences from the following groups of words. Conjugate the verbs in the present tense. Remember that adjectives immediately preceding a noun will decline, while all others will remain in the base form.

Example דאָס + קליין + קינד + זײַן + קראַנק ← דאָס קליינע קינד איז קראַנק.

1 דער + נײַ + קינאָ + זײַן + שיין
2 די + מיד + סטודענטקע + עסן + אַ + געשמאַק + וועטשערע
3 אַלע + נײַ + שפּראַכן + זײַן + שווער
4 די + באַרימט + זינגערין + פֿאַרשטיין + ייִדיש
5 דאָס + גוט + בוך + האָבן + שווער + ווערטער (words)
6 דאָס + קלוג + מיידל + זינגען + שיין + לידער (songs).

Supplementary text

(Audio 1:24)

Here is a description of Rokhl's week taken from Khane's journal.

רחל אַרבעט אין אַ ביכערקראָם. זי אַרבעט זונטיק, מאָנטיק, און דינסטיק. זי אַרבעט נישט מיטוואָך און דאָנערשטיק; זי גייט אין אוניווערסיטעט, וווּ זי שטודירט ייִדיש. רחל האָט ליב ייִדיש, אָבער זי האָט נישט אַזוי ליב די שווערע היימאַרבעט וואָס די סטודענטן מוזן שרײַבן. זי האָט אויך נישט אַזוי ליב צו זיצן אין קלאַס, ווײַל זי מיינט אַז עס איז אַ ביסל נודנע. רחל איז אַ גוטע סטודענטקע, אָבער זי איז זייער פֿויל. זי גייט אָפֿט אין קרעטשמע אַנשטאָט לייענען אַ שווער ייִדיש בוך.

Unit Four

מײַן דירה איז צו קליין!

My flat is too small!

In this unit you will learn:

- how to describe where you live
- how to talk about visiting someone
- how to make negative sentences with קיין
- the negative of עס איז דאָ
- the diminutive and iminutive
- the plural of nouns

Dialogue 1

(Audio 1:26)

Khane and Dovid have just arrived at Rokhl's for dinner and she shows them around the flat. Khane and Dovid like the flat, but Rokhl has lots of complaints about it.

רחל ברוך הבא! איר ווילט זען די דירה? זי איז זייער קליין!

חנה זי זעט אויס אַזוי שיין! און דער סאַלאָן איז טאַקע גאַנץ גרויס.

רחל אָבער איך האָב נישט קיין טיש, און די סאָפֿקע איז נישט אַזוי באַקוועם.

דוד איך האָב ליב די בילדער אויף די ווענט! און דער פֿענצטער איז זייער גרויס.

רחל אָבער איך האָב נישט קיין גרויסע טעלעוויזיע, און דאָס לעמפּל איז מיאוס.

דוד איז דאָס די קיך? דער אויוון און דער אײַזקאַסטן זענען זייער מאָדערן.

רחל אָבער די קיך האָט נאָר איין פֿענצטערל! און עס איז נישטאָ קיין וואַנע אין באָדצימער, נאָר אַ דוש! און דער שלאָפֿצימער איז צו קליין – איך האָב נישט קיין בעט, נאָר אַ בעטעלע!

ROKHL	borekh habe! ir vilt zen di dire? zi iz zeyer kleyn!
KHANE	zi zet oys azoy sheyn! un der salon iz take gants groys.
ROKHL	ober ikh hob nisht keyn tish, un di sofke iz nisht azoy bakvem.
DOVID	ikh hob lib di bilder oyf di vent! un der fentster iz zeyer groys.
ROKHL	ober ikh hob nisht keyn groyse televizye, un dos lempl iz mies.
DOVID	iz dos di kikh? der oyvn un der ayzkastn zenen zeyer modern.
ROKHL	ober di kikh hot nor eyn fentsterl! un es iz nishto keyn vane in bodtsimer, nor a dush! un der shloftsimer iz tsu kleyn – ikh hob nisht keyn bet, nor a betele!

ROKHL	*Welcome! Do you want to see the flat? It (literally: she) is very small!*
KHANE	*It looks so beautiful! And the living room is really quite big.*
ROKHL	*But I don't have a table, and the sofa isn't so comfortable.*
DOVID	*I like the pictures on the walls! And the window is very big.*
ROKHL	*But I don't have a big television, and the lamp is ugly.*
DOVID	*Is that the kitchen? The oven and the fridge are really modern.*
ROKHL	*But the kitchen has only one small window! And there's no bath in the washroom, only a shower! And the bedroom is too small – I don't have a [proper] bed, just a tiny little bed!*

Vocabulary

welcome	*borekh habe*	ברוך הבא [באָרעך האַבע]
flat/apartment	*dire*	דירה [דירע] (די)
looks (like); seems → to look (like); to seem (see language point 2, Unit 13, for explanation of this type of verb)	*zet oys → oyszen*	זעט אויס ← אויסזען

living room	*salo͂n (der)*	סאַלאָן (דער)
quite	*gants*	גאַנץ
big	*groys*	גרויס
negative article (see language point 1)	*keyn*	קיין
sofa	*sofke (di)*	סאָפֿקע (די)
comfortable	*bakve͂m*	באַקוועם
pictures	*bilder*	בילדער
on (this word has only one spelling, but variant pronunciations)	*oyf/af*	אויף
walls	*vent*	ווענט
window	*fentster (der/dos)*	פֿענצטער (דער/דאָס)
TV	*televizye (di)*	טעלעוויזיע (די)
lamp; light	*lempl (dos)*	לעמפּל (דאָס)
ugly	*mies*	מיאוס [מיעס]
kitchen	*kikh (di)*	קיך (די)
oven; cooker/stove	*oyvn (der)*	אויוון (דער)
fridge	*a͂yzkastn (der)*	אײַזקאַסטן (דער)
only; but rather	*nor*	נאָר
one	*eyn*	איין
small window (see language point 2)	*fe͂ntsterl*	פֿענצטערל
bath/bathtub	*vane (di)*	וואַנע (די)
washroom/bathroom	*bo͂dtsimer (der)*	באָדצימער (דער/דאָס)
bedroom	*shlo͂ftsimer (der)*	שלאָפֿצימער (דער/דאָס)
bed	*bet (dos)*	בעט (דאָס)
tiny bed (see language point 2)	*be͂tele (dos)*	בעטעלע (דאָס)

Additional vocabulary

wardrobe	*almer (der)*	אַלמער (דער)
sink	*opgos (der)*	אָפּגאָס (דער)
door	*tir (di)*	טיר (די)
mirror	*shpigl (der)*	שפּיגל (דער)

Language points

1 Negative sentences with קיין

In Unit 2 you learned how to make negative sentences by putting נישט or ניט directly after the verb.

However, in Dialogue 1 there are some negative sentences that look a bit different: in addition to the expected נישט\ניט after the verb, there is another word, קיין, immediately preceding the noun. For example:

איך האָב **נישט קיין** טיש.
I don't have a table.

קיין is used in conjunction with נישט\ניט to negate sentences that have an indefinite noun following the verb. In sentences with a singular indefinite noun, the noun is usually introduced by the indefinite article אַ\אַן, so קיין replaces the indefinite article (and is therefore sometimes called the 'negative article'). For example:

איך האָב **נישט קיין** טיש. I **don't** have **a** table.	←	איך האָב **אַ** טיש. I have **a** table.

In sentences with a plural noun following the verb, there is no indefinite article, so you just add קיין after נישט\ניט:

איך האָב **נישט קיין** בילדער. I **don't** have **(any)** pictures.	←	איך האָב בילדער. I have pictures.

In addition, some sentences with an indefinite singular noun don't have the indefinite article. This is particularly common with abstract and collective nouns, e.g. צײַט and געלט (money). Such sentences are negated with קיין as well:

איך האָב **נישט קיין** צײַט. I **don't** have **(any)** time.	←	איך האָב צײַט. I have time.

It is often helpful to think of the word קיין as a rough equivalent of the English 'any', as in the translation of the sentence directly above. However, this doesn't always work; for example, in the sentence איך האָב נישט קיין טיש, it doesn't make sense to translate קיין as 'any'. In such cases you just have to remember to include the קיין; the

Yiddish sentence would be incorrect without it even though it doesn't really add any specific meaning.

Note that קיין must come immediately before the indefinite noun. In most cases, it also happens to follow נישט\ניט. However, if נישט\ניט is separated from the noun by another word, קיין goes straight before the noun, e.g.:

איך וווין **נישט** אין **קיין** דירה.
I **don't** live in **a** flat.

Remember that if the noun following the verb is preceded by the definite article דער\די\דאָס, you negate the sentence only with נישט\ניט, not with קיין:

איך האָב **נישט** די בילדער.	←	איך האָב די בילדער.
I **don't** have the pictures.		I have the pictures.

Remember that when you negate the expression אַ סך (many, much), you have to replace the אַ with קיין:

איך האָב **נישט קיין** סך צײַט	←	איך האָב **אַ** סך צײַט
I **don't** have **a** lot of time.		I have **a** lot of time.

To make the expressions עס איז דאָ (there is) and עס זענען\זײַנען דאָ (there are) negative, insert נישט or ניט after the verb and then add קיין. The ד in the word דאָ at the end of the expression merges with the נישט, resulting in the form נישטאָ. You saw an example of this in Dialogue 1:

עס איז **נישטאָ** קיין וואַנע.
There isn't a bath/**there's no** bath.

2 The diminutive and iminutive

■ Diminutive

Yiddish nouns have a specific form that is used to indicate that the person or thing in question is small. This form, called the diminutive, is easy to make: just add the suffix ל- to the noun, as in this example from Dialogue 1:

פֿענצטער**ל**	←	פֿענצטער
little window		window

Sometimes the formation of the diminutive is not quite so straightforward. In many nouns, there is a vowel change when the ל- suffix is added. The following guidelines show you the most common vowel changes. However, not all vowels change in this way, so in order to be sure it is best to check the glossary at the back of this book, which lists diminutives with vowel changes.

Examples	New vowel in diminutive	←	Original vowel
הענטל ← (hand) האַנט קעפּל ← (head) קאָפּ	ע	←	אַ אָ
הײַזל ← (house) הויז	ײַ	←	וי
ביימל ← (tree) בוים	יי	←	וי
ביכל ← בוך	י	←	ו

There are a few other changes with nouns ending in certain consonants.

1 If the noun ends in ן, add ד before the diminutive suffix, as in:

גערטנדל ← (garden) גאָרטן

2 If the noun ends in a vowel plus ל, add כ before the diminutive suffix, as in:

מײַלכל ← (mouth) מויל

As you can see, there may be a vowel change too, but this is not caused by the ן or ל.

Another feature of the diminutive is that no matter which gender the original noun is, once it becomes diminutive it is *always* neuter, so you never have to wonder about the gender of a diminutive noun.

In addition to the basic meaning of ‘small’, the diminutive often has nuances of affection and cuteness. Conversely, it may be used sarcastically, to convey dismissiveness and inferiority. So depending on the context, פֿענצטערל may mean ‘small window’, ‘cute window’, or (as Rokhl meant it in Dialogue 1), ‘small, poky window’.

Finally, some nouns, e.g. לעמפּל, happen to be diminutive but don’t have any particular connotations of smallness or cuteness.

Iminutive

In addition to the diminutive, Yiddish has an 'iminutive', which is used to indicate that something is *even smaller* (as well as cuter, more lovable, or possibly more inferior) than a diminutive noun. It is easy to form the iminutive: take the diminutive noun and add an ע before and after the ל. Any vowel changes made when forming the diminutive remain in the iminutive. These examples illustrate the formation of the iminutive:

בעט**עלע**	←	בעטל	←	בעט
הענט**עלע**	←	הענטל	←	האַנט

Often nouns of two or more syllables (e.g. פֿענצטער) don't have an iminutive, just a diminutive. Usually this is somewhat intuitive – if the noun is long and hard to pronounce when you add on the iminutive suffix, that probably means that it doesn't have one.

Conversely, for nouns ending in ע (and *loshn-koydesh* nouns ending in ה, which sounds the same), the diminutive and iminutive forms are the same because you can't add on another ע to make a separate iminutive. Thus, דירהלע serves as both the diminutive and iminutive of דירה.

Note that the iminutive suffix never affects a word's stress, e.g. דירה, דירהלע.

Culture point

Diminutives of names

It is very common in Yiddish-speaking culture to make diminutives of people's names in order to convey affection and familiarity. There are various different ways of making names diminutive. One way is by adding the ־ל and ־עלע suffixes (e.g. דודל, חנהלע). There is a range of other diminutive suffixes for names, some of which vary by dialect. For example, ־קע is used in Lithuanian Yiddish, ־טשע and ־שי in Polish Yiddish, and ־ניו in Ukrainian Yiddish.

Exercise 1

Make the following sentences negative, remembering to use קײן where appropriate.

1 איך עס אַן עפּל.
2 רחל האָט שײנע בילדער.
3 די בילדער זענען אויף די װענט.
4 מיר האָבן ליב די נײַע טעלעװיזיע.
5 די סטודענטן װױנען אין אַ דירה.
6 דוד האָט אַ סך געלט.
7 דו האָסט אַ װערטערבוך.
8 די סטודענטן זענען מיד.
9 חנה האָט צײַט.

Exercise 2

Read the following excerpt from Khane's journal. Put the nouns in bold first into the diminutive and then into the iminutive.

Note:
Some nouns are already in the diminutive or have no diminutive form, so you can put them straight into the iminutive. Others have a diminutive form but no iminutive.

רחל װױנט אין אַ **דירה**. די דירה האָט אַ סאַלאָן מיט אַ **לאמפּ**, אַ **פֿענצטער**, און אַ **בילד** פֿון אַ **בױם**. די האָט אױך אַ **שלאָפֿצימער** מיט אַ **בעט** און אַ **טיש**.

Exercise 3

Look at this picture of Dovid's house and say what is and isn't there.

Example עס איז דאָ אַ סאָפֿקע אין סאַלאָן.
עס איז נישטאָ קײן פֿענצטער אין קיך.

Exercise 4

Write a paragraph in Yiddish describing your house or flat/apartment.

Dialogue 2

(Audio 1:27)

During dinner Khane tells Rokhl and Dovid about her house.

דוד ווינסטו אין אַ הויז אָדער אַ דירה?

חנה איך וווין אין אַ הויז מיט דרײַ אַנדערע מיידלעך. עס איז אַ גרויס הויז מיט זעקס צימערן – פֿיר שלאָפֿצימערן, אַ סאַלאָן, און אַ קיך.

רחל האָסטו אַ גאָרטן? איך האָב זייער ליב גערטנער.

חנה יאָ, און עס זענען איצט דאָ אַ סך בלומען אין גאָרטן.

רחל אַ מחיה! איך וויל אַ מאָל קומען און זיצן אין גאָרטן!

חנה איר מוזט טאַקע קומען צו זען דאָס הויז. עס איז דאָ אַ גרויסער סאַלאָן מיט אַ סך פּאָליצעס וואָס זענען פֿול מיט ייִדישע ביכער, באַקוועמע בענקלעך און סאָפֿקעס, און גרויסע פֿענצטער. איך האָב ליב צו זיצן אין סאַלאָן.

רחל איך מײן אַז דו זיצט צו פֿיל אין דער הײם. דו דאַרפֿסט מער אַרױסגײן!
חנה איך האָב נישט אַזױ ליב אַרױסצוגײן.
דוד אומעטום איז גוט און אין דער הײם איז בעסער - אַזױ זאָגט מען!

DOVID voynstu in a hoyz oder a dire?
KHANE ikh voyn in a hoyz mit dray andere meydlekh. es iz a groys hoyz mit zeks tsimern – fir shloftsimern, a salon, un a kikh.
ROKHL hostu a gortn? ikh hob zeyer lib gertner.
KHANE yo, un es zenen itst do a sakh blumen in gortn.
ROKHL a mekhaye! ikh vil a mol kumen un zitsn in gortn!
KHANE ir muzt take kumen tsu zen dos hoyz. es iz do a groyser salon mit a sakh politses vos zenen ful mit yidishe bikher, bakveme benklekh un sofkes, un groyse fentster. ikh hob lib tsu zitsn in salon.
ROKHL ikh meyn az du zitst tsu fil in der heym. du darfst mer aroysgeyn!
KHANE ikh hob nisht azoy lib aroystsugeyn.
DOVID umetum iz gut un in der heym iz beser – azoy zogt men!

DOVID *Do you live in a house or a flat?*
KHANE *I live in a house with three other girls. It's a big house with six rooms – four bedrooms, a living room, and a kitchen.*
ROKHL *Do you have a garden? I really like gardens.*
KHANE *Yes, and there are lots of flowers in [the] garden now.*
ROKHL *Bliss! I want to come and sit in [the] garden some time!*
KHANE *You really have to come to see the house. There's a big living room with lots of shelves that are full of Yiddish books, comfortable chairs and sofas, and big windows. I love to sit in the living room.*
ROKHL *I think that you stay (literally: sit) at home too much. You have to go out more!*
KHANE *I don't really like to go out.*
DOVID *There's no place like home (literally: everywhere is good and home is better) – that's what they say (literally: so says one)!*

Vocabulary

house	*hoyz (dos)*	הויז (דאָס)
or	*oder*	אָדער
other	*ander*	אַנדער
six	*zeks*	זעקס
rooms	*tsimern*	צימערן
four	*fir*	פֿיר
garden	*gortn (der)*	גאָרטן (דער)
gardens	*gertner*	גערטנער
flowers	*blumen*	בלומען
bliss; a delight	*mekhaye (di)*	מחיה [מעכײַע] (די)
time, occasion	*mol (dos)*	מאָל (דאָס)
some time; sometimes (literally: a time)	*a mol*	אַ מאָל
to have to; must	*muzn*	מוזן
shelves	*põlitses*	פּאָ̃ליצעס
Yiddish/Jewish (see language point 4)	*yidish*	ייִדיש
books	*bikher*	ביכער
chairs	*benklekh*	בענקלעך
sofas	*sofkes*	סאָפֿקעס
at home (literally: in the home)	*in der heym*	אין דער היים
more	*mer*	מער
to go out (see language point 2, Unit 13)	*aroysgeyn; arõystsugeyn*	אַרויסגיין; אַרו̃יסצוגיין
everywhere	*umetũm*	אומעטו̃ם
impersonal pronoun, like the English 'one' or, more informally, 'you' (see language point 2, Unit 6)	*men*	מען

Proverb

אומעטום איז גוט און אין דער הײם איז בעסער.
umetum iz gut un in der heym iz beser.
There's no place like home (literally: everywhere is good, and at home is better).

Language points

3 The plural of nouns

Looking at the various plural nouns in Dialogue 2, you can see that Yiddish has more than one way of forming the plural. In many cases you can consistently predict the plural form of a given noun by looking at its singular form. Here are the rules for forming the plural of six different types of nouns. These rules can be applied consistently to almost any relevant noun.

1 Nouns ending in ע form their plural by adding ס-.

Example לערערק**ע** ← לערערקע**ס**

2 *Loshn-koydesh* nouns ending in ה (which sounds like ע in this position) usually form their plural by dropping the ה and adding ות- (which sounds like עס- in this position).

Example דיר**ה** ← דיר**ות**

In addition, some *loshn-koydesh* nouns not ending in ה form their plural with ות-; in such cases there may be a vowel change in the base:

Example לשון [לאָשן] (language) ← לשונ**ות** [לעשױנעס]

3 Most other *loshn-koydesh* nouns form their plurals by adding ים- (sometimes with a vowel change that you have to memorize separately).

Example חבֿר [כאַווער] (friend) ← חבֿר**ים** [כאַוויירים]

Note: The stress of the word usually moves one syllable closer to the end when ים- is added (thereby remaining on the penultimate syllable in both the singular and plural).

4 Diminutive nouns form their plurals by adding ־עך.

Example **בענקלעך** ← בענקל

5 Iminutive nouns form their plural by adding ־ך.

Example **בענקעלעך** ← בענקעלע

6 Nouns of Slavic derivation ending in יק, ניק, and אַק form their plural by adding ־עס.

Example **נודניקעס** ← נודניק

However, not all nouns form their plurals this systematically. Nouns not belonging to the above categories can form their plurals in various ways, and there are no consistent rules dictating which nouns take which plural form. This means that often you just have to memorize the plural of new nouns (though there are occasional tendencies that may help you guess sometimes). From now on plural forms will appear following new nouns in the vocabulary lists, and can be found in the glossary as well. Here are the remaining ways of forming plurals:

1 Suffix ־ער. Nouns with this plural often end in a consonant plus ד.

Example **בילדער** ← בילד

2 Suffix ־ער plus internal vowel changes. These vowel changes are usually the same as those for the diminutive (see language point 2 above).

Examples **ביכער** ← בוך
הײַזער ← הויז

3 Suffix ־ן. This is a common suffix for nouns ending in various consonants.

Examples **צימערן** ← צימער
קיכן ← קיך
ייִדן ← ייִד (Jew)
מענטשן ← מענטש

4 Suffix ־ען. This is common with (but not limited to) nouns ending in ם and consonant plus ל (in nouns that are not diminutives).

Examples **בלומען** ← בלום
אַרטיקלען ← אַרטיקל (article)

5 No suffix; just a vowel change. This can be compared to English nouns like foot (plural feet) and goose (plural geese), but is more common in Yiddish. The vowel changes are generally the same as those listed for the diminutive.

Examples פֿיס ← (foot) פֿוס

טעג ← טאָג

6 Some nouns have no distinct plural form, and only context can tell you whether the noun is singular or plural.

Example פֿענצטער ← פֿענצטער

Note:

With the exception of ים-, adding a plural suffix does not cause the stress of the word to change.

Finally, bear in mind that you will occasionally encounter exceptions to the rules outlined above: for example, some *loshn-koydesh* nouns take plural suffixes other than ים- or ות-, while some nouns not ending in ע take the plural suffix ס-.

4 The adjective ייִדיש

The adjective ייִדיש can mean either 'Yiddish' or 'Jewish'. Usually the context will make it clear which meaning is intended, but sometimes the word can be ambiguous; for example, ייִדישע ביכער can mean either 'Yiddish books' or 'Jewish books'.

Exercise 5 **(Audio 1:29)**

Rewrite the following sentences, putting the nouns in bold into the plural form. Remember to make verbs and adjectives plural and to remove the indefinite article when necessary.

1 חנה האָט אַ **בוך**.
2 די **לערערקע** וווינט אין לאָנדאָן.
3 דאָס **לעמפּל** איז שײן.
4 דער **צימער** האָט אַ **סאָפֿקע**.
5 רחל האָט אַ שײן **בילד**.
6 דער **טאָג** איז לאַנג.
7 רחל רעדט מיט אַ **חבֿר**.
8 די קלײנע **דירה** איז נישט באַקוועם.

Supplementary text

(Audio 1:30)

A popular setting for Yiddish tales is the village of Chelm (כעלעם) in Poland. In Ashkenazi folk culture Chelm is famous for being populated by fools. The Jews of Chelm (כעלעמער ייִדן) often employ their own special brand of bizarre logic to solve problems, as in this story. Check the glossary at the end of the book for any new words.

צוויי כעלעמער ייִדן און אַ בענקל

אַ כעלעמער ייִד קויפֿט אַ שיין נײַ בענקל פֿאַר זײַן סאַלאָן. ער שלעפּט דאָס בענקל אַהיים. ווען דער ייִד קומט צו זײַן טיר, זאָגט ער, "אוי ווייי! דאָס בענקל איז צו גרויס פֿאַר מײַן טיר!" אַן אַנדער כעלעמער קומט און זאָגט, "דער פֿענצטער אין דײַן שלאָפֿצימער איז זייער גרויס. לאָמיר אַרײַנשטופּן דאָס בענקל דורך דעם פֿענצטער!" דער ערשטער כעלעמער זאָגט, "דער פֿענצטער איז צו הויך! וואָס קענען מיר טאָן?" דער חבֿר זאָגט, "דאָס איז נישט קיין פּראָבלעם. מיר קענען צעהאַקן דאָס בענקל און וואַרפֿן די שטיקלעך דורך דעם פֿענצטער!"

Unit Five

וווּ וווינט דײַן משפחה?

Where does your family live?

In this unit you will learn:

- how to talk about family
- how to count to 100
- how to ask about and give someone's age
- how to tell the time
- possessive adjectives
- the nominative and accusative cases
- about Shabes, the Jewish Sabbath

Dialogue 1

(Audio 1:32)

Khane and Dovid are talking about their families. Khane loves the idea of having a big family like Dovid, but Dovid is not quite as enthusiastic.

חנה   וויפֿל מענטשן זענען דאָ אין דײַן משפחה? צי וווינט איר אַלע צוזאַמען?

דוד   איך האָב צוויי שוועסטער און צוויי ברידער. איין שוועסטער איז אַ חתונה־געהאַטע און וווינט מיט איר מאַן און זייערע קינדער, און איין ברודער לערנט אין ישיבֿה אין ישׂראל. איך און די אַנדערע צוויי וווינען בײַ מײַנע עלטערן.

חנה   האָסטו אויך אַ סך מומעס און פֿעטערס?

דוד   דער טאַטע האָט דרײַ שוועסטער און צוויי ברידער, און די מאַמע האָט פֿינף שוועסטער און דרײַ ברידער. אַ סך פֿון זיי וווינען לעבן אונדז.

חנה   טאַקע? דו האָסט זיכער אַ סך שוועסטערקינדער!

דוד   יאָ, איך האָב בערך דרײַסיק קוזינען און דרײַסיק קוזינקעס.

חנה און וואָס מיט פּלימעניקעס און פּלימעניצעס?

דוד נאָר צוויי. דער פּלימעניק איז זיבן יאָר אַלט און די פּלימעניצע איז פֿיר יאָר אַלט.

חנה איך וויל וווינען בײַ דײַן משפּחה! מײַן משפּחה איז אַזוי קליין - עס איז דאָ נאָר דער טאַטע, די מאַמע, אַ באָבע, און אַ זיידע.

דוד דו מוזסט קומען צו אונדז אויף שבת. אָבער מער ווי איין טאָג בײַ אונדז און דו קענסט משוגע ווערן!

KHANE vifl mentshn zenen do in dayn mishpokhe? tsi voynt ir ale tsuzamen?

DOVID ikh hob tsvey shvester un tsvey brider. eyn shvester iz a khasene-gehate un voynt mit ir man un zeyere kinder, un eyn bruder lernt in yeshive in yisroel. ikh un di andere tsvey voynen bay mayne eltern.

KHANE hostu oykh a sakh mumes un feters?

DOVID der tate hot dray shvester un tsvey brider, un di mame hot finf shvester un dray brider. a sakh fun zey voynen lebn undz.

KHANE take? du host zikher a sakh shvesterkinder!

DOVID yo, ikh hob beerekh draysik kuzinen un draysik kuzinkes.

KHANE un vos mit plimenikes un plimenitses?

DOVID nor tsvey. der plimenik iz zibn yor alt un di plimenitse iz fir yor alt.

KHANE ikh vil voynen bay dayn mishpokhe! mayn mishpokhe iz azoy kleyn – es iz do nor der tate, di mame, a bobe, un a zeyde.

DOVID du muzst kumen tsu undz oyf shabes. ober mer vi eyn tog bay undz un du kenst meshuge vern!

KHANE *How many people are there in your family? Do you all live together?*

DOVID *I have two sisters and two brothers. One sister is married and lives with her husband and their children, and one brother is studying in yeshiva in Israel. The other two and I (literally: I and the other two) live with my parents.*

KHANE *Do you also have lots of aunts and uncles?*

DOVID *My (literally: the) father has three sisters and two brothers, and my (literally: the) mother has five sisters and three brothers. Many of them live near us.*

KHANE *Really? You must have (literally: you surely have) a lot of cousins!*

DOVID *Yes, I have about thirty [male] cousins and thirty [female] cousins.*

KHANE *And what about nephews and nieces?*

DOVID *Just two. My (literally: the) nephew is seven years old, and my (literally the) niece is four years old.*

KHANE *I want to live with your family! My family's so small – there's just my (literally: the) father, my (literally: the) mother, a grandmother, and a grandfather!*

DOVID *You have to come to our house (literally: to us) for Shabes (Shabbat/Sabbath). But more than one day with us and you may go (literally: become) crazy!*

Vocabulary

introduces a yes/no question (optional but quite common)	*tsi*	צי
together	*tsuzamen*	צוזאַמען
two	*tsvey*	צוויי
sister; sisters	*shvester (di), –*	שוועסטער (די), –
brother	*bruder (der), brider*	ברודער (דער), ברידער
married woman	*khãsene-gehate (di), –*	חתונה [כאַ̃סענע]-געהאַטע (די), –
her	*ir, -e*	איר, -ע
husband; man	*man (der), mener*	מאַן (דער), מענער
their	*zeyer, -e*	זייער, -ע
child	*kind (dos), -er*	קינד (דאָס), -ער
to study (in the above context)	*lernen*	לערנען
yeshiva (academy for the study of Talmud and Jewish law)	*yeshive (di), -es*	ישיבֿה [יעשיווע] (די), -ות
my	*mayn, -e*	מײַן, -ע
parents	*eltern*	עלטערן (plural)

aunt	*mume (di), -s*	מומע (די), -ס
uncle	*feter (der), -s*	פֿעטער (דער), -ס
three	*dray*	דרײַ
five	*finf*	פֿינף
near	*lebn*	לעבן
us	*undz*	אונדז
cousin	*shvesterkĩnd (dos), -er*	שוועסטערקינד (דאָס), -ער
approximately	*beerekh*	בערך [בעערעך]
thirty	*draysik*	דרײַסיק
male cousin	*kuzĩn (der), -en*	קוזין (דער), -ען
female cousin	*kuzin(k)e (di), -s*	קוזינ(ק)ע (די), -ס
nephew	*plimenik (der), -es*	פלימעניק (דער), -עס
niece	*plimẽnitse (di), -s*	פלימעניצע (די), -ס
seven	*zibn*	זיבן
year	*yor (dos), -n*	יאָר (דאָס), -ן
old	*alt*	אַלט
father; dad	*tate (der), -s*	טאַטע (דער), -ס
mother; mum/mom	*mame (di), -s*	מאַמע (די), -ס
grandmother; grandma	*bobe (di), -s*	באָבע (די), -ס
grandfather; grandpa	*zeyde (der), -s*	זיידע (דער), -ס
more than	*mer vi*	מער ווי
crazy	*meshuge*	משוגע [מעשוגע]
to become	*vern*	ווערן

Additional vocabulary

son	*zun (der), zin*	זון (דער), זין
daughter	*tokhter (di), tekhter*	טאָכטער (די), טעכטער
wife	*vayb (dos), -er*	ווײַב (דאָס), -ער
grandchild	*eỹnikl (dos), -ekh*	אייניקל (דאָס), -עך
father-in-law	*shver (der), -n*	שווער (דער), -ן
mother-in-law	*shviger (di), -s*	שוויגער (די), -ס
brother-in-law	*shvoger (der), -s*	שוואָגער (דער), -ס
sister-in-law	*shvẽgerin (di), -s*	שוועגערין (די), -ס

son-in-law	*eydem (der), -s/-es*	אײדעם (דער), -ס/-עס
daughter-in-law	*shnur (di), -n/shnir*	שנור (די), -ן/שניר
in-laws	*mekhutonim*	מחותּנים [מעכוטאָנים] (plural)
relative	*korev (der), kroyvim*	קרובֿ [קאָרעוו] (דער), -ים [קרויווים]

Language points

1 Possessive adjectives (my, your, his, etc.)

There are two sets of possessive adjectives in Yiddish, one used before singular nouns and the other before plural nouns. Here is the set used before singular nouns. Unlike other adjectives, possessive adjectives do not change depending on the gender of the noun.

<table>
<tr><td>אונדזער
our</td><td>מײַן
my</td></tr>
<tr><td>אײַער
your (plural)</td><td>דײַן
your (singular)</td></tr>
<tr><td rowspan="2">זייער
their</td><td>זײַן
his</td></tr>
<tr><td>איר
her</td></tr>
</table>

Here is the set used before plural nouns. It ends in ע, like all other Yiddish plural adjectives.

<table>
<tr><td>אונדזערע
our</td><td>מײַנע
my</td></tr>
<tr><td>אײַערע
your (plural)</td><td>דײַנע
your (singular)</td></tr>
<tr><td rowspan="2">זייערע
their</td><td>זײַנע
his</td></tr>
<tr><td>אירע
her</td></tr>
</table>

Compare the use of the singular and plural possessive adjectives:

Plural	**Singular**
מײַנ**ע** קינד**ער** לערנען אין ישיבֿה.	**מײַן** קינד לערנט אין ישיבֿה.
My children study in yeshiva.	My child studies in yeshiva.
אונדזער**ע** קינד**ער** לערנען אין ישיבֿה.	**אונדזער** קינד לערנט אין ישיבֿה.
Our children study in yeshiva.	Our child studies in yeshiva.

2 Numbers 0–100

Here are the Yiddish numbers from zero to 100.

1	איינס (when counting) איין (before a noun)	11	עלף	22	צוויי און צוואַנציק\צוואָנציק
2	צוויי	12	צוועלף	30	דרײַסיק
3	דרײַ	13	דרײַצן	40	פֿערציק
4	פֿיר	14	פֿערצן	50	פֿופֿציק
5	פֿינף	15	פֿופֿצן	60	זעכציק
6	זעקס	16	זעכצן	70	זיבעציק
7	זיבן	17	זיבעצן	80	אַכציק
8	אַכט	18	אַכצן	90	נײַנציק
9	נײַן	19	נײַנצן	100	הונדערט
10	צען	20	צוואַנציק\צוואָנציק	0	נול
		21	איין און צוואַנציק\צוואָנציק		

You can see that the numbers 13–19 are the same as the numbers 3–9 plus צן-; in most cases there is a vowel change as well.

Similarly, the numbers 30–90 are formed by taking the numbers 13–19 and replacing צן- with ציק-. The only exception is 30, which has סיק- instead of ציק-.

Remember that in all compound numbers (21, 22, 31, 32, etc.) the single digit comes first.

3 Ages

'How old are you' in Yiddish is ווי אַלט ביסטו?

The answer is איך בין ______ יאָר אַלט. (I'm ______ years old).

Exercise 1

Insert the possessive adjective that matches the pronoun provided in brackets.

Example חנה איז ______ [איך] שוועסטער. ← חנה איז **מײַן** שוועסטער.

1 צי קענסטו אַלע ______ [דו] קוזינען?
2 ______ [ער] שוועסטער הייסט חנהלע.
3 מיר וווינען בײַ ______ [מיר] עלטערן.
4 דוד רעדט מיט ______ [ער] ברידער.
5 איר גייט צו ______ [איר] פֿעטער אויף שבת.
6 זיי האָבן ליב ______ [זיי] שוועסטערקינד.
7 ______ [איך] מומע איז צוויי און נײַנציק יאָר אַלט.
8 חנה מיינט אַז ______ [זי] משפחה איז צו קליין.
9 איך קען נישט ______ [איך] באָבעס.
10 רעדסטו אָפֿט מיט ______ [דו] ברודער?

Exercise 2

Say how old each of Dovid's relatives is.

Example די מומע = 74 ← די מומע איז פֿיר און זיבעציק יאָר אַלט.

1 דער ברודער = 26
2 די שוועסטער = 35
3 די קוזינקע = 12
4 דער פֿעטער = 73
5 דער פּלימעניק = 7
6 די באָבע = 88
7 דער זיידע = 91
8 די מאַמע = 59

Exercise 3

Label this illustration of Dovid's family tree with the appropriate terms (באָבע, זיידע, etc.). Label the relatives as seen from Dovid's point of view.

Dialogue 2

(Audio 1:34)

Dovid has invited Khane and Rokhl to his house for Shabes. Rokhl tells Dovid and his Yiddish-speaking relatives about her family.

רחל דאָס עסן איז אַזוי געשמאַק! דוד, איך פֿאַרשטיי פֿאַרוואָס דו האָסט ליב צו וווינען בײַ די עלטערן! זיי קאָכן זייער גוט.

באָבע רחלע, וווּ וווינט דײַן משפּחה? זענען אַלע אין ניו־יאָרק?

רחל טאַטע־מאַמע וווינען אין ניו־יאָרק, אָבער איך האָב אַן עלטערן ברודער אין פּאַריז, אַ ייִנגערן ברודער אין לאָס אַנדזשעלעס, און אַ ייִנגערע שוועסטער אין מאָנטרעאָל.

זיידע עס איז זיכער שווער צו וווינען אַזוי ווײַט פֿון דער משפּחה.

רחל ניין, פֿאַרקערט! עס איז אַ מחיה. איך קען באַזוכן דעם עלטערן ברודער ווען איך וויל אַ וואַקאַציע אין פּאַריז, און איך קען באַזוכן דאָס קליינע שוועסטערל ווען איך וויל אַ וואַקאַציע אין מאָנטרעאָל. און איך קען זען די עלטערן ווען איך בענק נאָך ניו־יאָרק.

באָבע און באַזוכסטו דעם ייִנגערן ברודער אין לאָס אַנדזשעלעס?

רחל חלילה! עס איז צו ווײַט, און מיר זענען שטענדיק ברוגז.

באָבע עס איז נישט גוט צו זײַן ברוגז מיט דײַן ברודער! בלוט איז נישט קיין וואַסער!

רחל אוי, עס איז שוין פֿינף אַ זייגער! איך מוז אַהיימגיין.

ROKHL dos esn iz azoy geshmak! dovid, ikh farshtey farvos du host lib tsu voynen bay di eltern! zey kokhn zeyer gut.

BOBE rokhele, vu voynt dayn mishpokhe? zenen ale in nyu-york?

ROKHL tate-mame voynen in nyu-york, ober ikh hob an eltern bruder in pariz, a yingern bruder in los andzheles, un a yingere shvester in montreol.

ZEYDE es iz zikher shver tsu voynen azoy vayt fun der mishpokhe.

ROKHL neyn, farkert! es iz a mekhaye. ikh ken bazukhn dem eltern bruder ven ikh vil a vakatsye in pariz, un ikh ken bazukhn dos kleyne shvesterl ven ikh vil a vakatsye in montreol. un ikh ken zen di eltern ven ikh benk nokh nyu-york.

BOBE un bazukhstu dem yingern bruder in los andzheles?

ROKHL	kholile! es iz tsu vayt, un mir zenen shtendik broygez.
BOBE	es iz nisht gut tsu zayn broygez mit dayn bruder! blut iz nisht keyn vaser!
ROKHL	oy, es iz shoyn finf a zeyger! ikh muz aheymgeyn.

ROKHL	*The food is so tasty! Dovid, I understand why you like to live with your parents! They cook really well.*
GRANDMOTHER	*Rokhele, where does your family live? Are [they] all in New York?*
ROKHL	*Mum and dad live in New York, but I have an older brother in Paris, a younger brother in Los Angeles, and a younger sister in Montreal.*
GRANDFATHER	*It must be difficult to live so far from your (literally: the) family.*
ROKHL	*No, the opposite! It's delightful. I can visit my (literally: the) older brother when I want a holiday in Paris, and I can visit my (literally: the) little sister when I want a holiday in Montreal. And I can visit my (literally: the) parents when I miss New York.*
GRANDMOTHER	*And do you visit your (literally: the) younger brother in Los Angeles?*
ROKHL	*God forbid! It's too far, and we're never on speaking terms.*
GRANDMOTHER	*It's not good not to be on speaking terms with your brother! Blood is thicker than water (literally: blood isn't water)!*
ROKHL	*Oh, it's already five o'clock! I have to go home.*

Vocabulary

food	*esn (dos), -s*	עסן (דאָס), -ס
to cook	*kokhn*	קאָכן
diminutive of Rokhl	*rokhele*	רחלע [ראָכעלע]
parents	*tate-mame*	טאַטע-מאַמע (plural)
older	*elter*	עלטער

older (masculine accusative; see language point 4)	*eltern*	עלטערן
Paris	*parĩz*	פּאַריז
younger	*yinger*	ייִנגער
younger (masculine accusative; see language point 4)	*yingern*	ייִנגערן
Los Angeles	*los ãndzheles*	לאָס אַנדזשעלעס
Montreal	*montreõl*	מאָנטרעאָל
far	*vayt*	ווײַט
opposite; reversed	*farkẽrt*	פֿאַרקערט
to visit	*bazukhn*	באַזוכן
holiday/vacation	*vakatsye (di), -s*	וואַקאַציע (די), ־ס
to miss; to long for	*benken nokh*	בענקען נאָך
God forbid	*kholile*	חלילה [כאָלילע]
feuding; not on speaking terms	*broygez*	ברוגז [ברויגעז]
blood	*blut (dos), –*	בלוט (דאָס), –
already	*shoyn*	שוין
o'clock	*a zeyger*	אַ זייגער
to go home	*aheymgeyn*	אַהיימגיין

Proverb

בלוט איז נישט קיין וואַסער.
blut iz nisht keyn vaser.
Blood is thicker than water (literally: blood is not water).

Language points

4 The nominative and accusative cases

So far, we have learned that in Yiddish the definite article and adjectives have different shapes depending on the gender and number of the noun with which they are associated.

In addition, the definite article and adjectives may change their shape depending on what their associated noun is doing in the sentence. So far, most of the nouns, adjectives, and definite articles that we have seen have been functioning as the subject of the sentence. When a word functions as a subject, we say that it is in the 'nominative case'.

A word can also be the direct object of a sentence. This means that instead of doing the action of the verb, it is being directly affected by this action. For example, in the sentence דער ברודער עסט אַן עפּל (the brother eats an apple), דער ברודער is the subject because he is performing the action (eating), while אַן עפּל is the direct object because it is being eaten.

A word functioning as the direct object is said to be in the 'accusative case'. In Yiddish the definite article of masculine singular nouns changes from דער to דעם in the accusative.

Accusative		**Nominative**
אַן עפּל עסט **דעם** ברודער.	←	**דער** ברודער עסט אַן עפּל.
An apple eats the brother. (Not quite as common!)		The brother eats an apple.

If we add adjectives to our original sentence, we get:

Accusative		**Nominative**
אַן עפּל עסט **דעם** קלוגן ברודער.	←	**דער** קלוג**ער** ברודער עסט אַן עפּל.
An apple eats the clever brother.		The clever brother eats an apple.

So not only the definite article, but also the adjective associated with a masculine singular noun changes. Usually the nominative ער- suffix changes to ן-, as in the above example. There are only a few exceptions to this:

1 The masculine singular accusative suffix of adjectives whose base form ends in ן is עם-.

Base form	Accusative		Nominative
שיין	**דעם**/אַ שיינ**עם** טאָג	←	**דער**/אַ שיינ**ער** טאָג

2 The masculine singular accusative suffix of adjectives whose base form ends in ם *or* in a stressed vowel/diphthong is ען-.

Base form	Accusative		Nominative
(religious) פֿרום	**דעם**/אַ פֿרומ**ען** מאַן	←	**דער**/אַ פֿרומ**ער** מאַן
פֿרײַ	**דעם**/אַ פֿרײַ**ען** מאַן		**דער**/אַ פֿרײַ**ער** מאַן

3 The masculine singular accusative suffix of the adjective נײַ is exceptional: it ends in עם- instead of the expected ען-.

Accusative		Nominative
דעם/אַ נײַ**עם** סטודענט	←	**דער**/אַ נײַ**ער** סטודענט

Definite articles and adjectives associated with feminine and neuter singular nouns, as well as with plural nouns of all genders, remain the same in the accusative, so you've learned everything there is to know about this case!

5 Telling the time

To ask what time it is in Yiddish, you say either:

וויפֿל איז דער זייגער? (literally: how much is the clock?) or:
ווי שפּעט איז? (literally: how late is [it]?)

The answer is:

עס איז ________ אַ זייגער (It's ________ o'clock.)

Example עס איז איינס אַ זייגער.
It's one o'clock.

Here are the other expressions that you need to be able to tell the time in Yiddish:

Example		**Expression**
11:05	פֿינף נאָך עלף	נאָך ________ ________ past
10:15	אַ פֿרעטל נאָך צען	אַ פֿערטל a quarter
7:30	האַלב אַכט	האַלב ________ half ________ **Note:** In Yiddish you look forward to the next hour, so האַלב אַכט means 7:30 rather than 8:30.
1:40	צוואַנציק פֿאַר צוויי צוואַנציק צו צוויי	צו/פֿאַר ________ ________ to
8:30	האַלב נײַן אין דער פֿרי	אין דער פֿרי in the morning
14:45	אַ פֿערטל צו דרײַ נאָך מיטאָג	נאָך מיטאָג in the afternoon
19:00	זיבן אַ זייגער אין אָוונט	אין אָוונט in the evening
00:30	האַלב איינס בײַ נאַכט	בײַ נאַכט at night האַלבע נאַכט midnight

Yiddish has no words for a.m. and p.m., so if you want to specify, just add אין דער פֿרי, etc.

Culture point

Shabes

Shabes, the Jewish Sabbath, starts just before sunset on Friday evening and lasts approximately 25 hours, until nightfall on Saturday night. Shabes is kept in various ways by Jews of different denominations and levels of observance. An Orthodox family like Dovid's observes Shabes in the traditional manner: women and girls say a blessing and light candles to mark the beginning of Shabes, and there is a short synagogue service followed by a Friday-evening meal in the home to which guests are commonly invited. The meal starts with blessings recited over wine and two loaves of חלה [כאַלע], braided egg bread, and includes traditional Ashkenazi food like chicken soup, kugel, and tsimes (see Unit 8 for details). In addition, זמירות [זמירעס], Hebrew and Aramaic songs, are often sung at the Shabes table. In the morning there is a longer synagogue service at which the week's פּרשה [פּאַרשע], Torah portion, is read. After synagogue there is another meal, often with guests and songs, and usually including cholent, a traditional Shabes dish of potatoes, beans, and meat that is made before Shabes and left to cook all Friday night. Activities classified as work according to Jewish law are prohibited on Shabes, which means that the rest of the day is usually spent relaxing, visiting friends, sleeping, or studying Jewish texts. Less observant Jews may keep some or all of these traditions to varying degrees, but food, friends, relaxation, and study are central Shabes themes for Jews across the denominations.

Exercise 4

Insert the correct forms of the definite article. Some require the nominative, while others require the accusative.

1 ד______ טאַטע האָט ליב ד______ פּלימעניק.
2 ד______ עלטערן קאָכן ד______ עסן.
3 ד______ קינד זעט ד______ באָבע אָפֿט.
4 ד______ פֿעטער און ד______ זיידע זענען ברוגז.
5 ד______ שוועסטער באַזוכט ד______ ברודער.
6 ד______ זיידע האָט ליב ד______ אייניקל.

Exercise 5

Insert the correct nominative and accusative definite article and adjective suffixes into this excerpt from Khane's journal.

רחל האָט צוויי ברידער. זי האָט ליב ד______ עלטער______ ברודער,
אָבער זי האָט נישט אַזוי ליב ד______ ייִנגער______ ברודער. זי האָט
אויך אַ ייִנגער______ שוועסטער. ד______ שוועסטער האָט אַ קליין______
קינד. רחל האָט ליב צו באַזוכן איר קליין______ פּלימעניק. זי קויפֿט
שטענדיק אַ שיין______ בוך אָדער אַ נײַ______ פֿילם פֿאַר קינדער וואָס
זי באַזוכט ד______ שוועסטער, ד______ פּלימעניק און ד______
אַנדער______ קרובֿים אין מאָנטרעאָל.

Exercise 6

Say what time it is in each of the following pictures.

Exercise 7 **(Audio 1:35)**

Use the following list to say what Rokhl does at different times during the day.

Example גייט אין קלאַס 14:00 ← רחל גייט אין קלאַס צוויי אַ זייגער (נאָך מיטאָג).

1	טרינקט קאַווע (coffee)	8:00
2	שרײַבט היימאַרבעט	8:30
3	גייט אין ביכערקראָם	8:45
4	עסט וואַרעמעס (midday meal)	12:30
5	גייט אַהיים	18:45
6	עסט וועטשערע	19:20
7	גייט אין קינאָ	20:35
8	קומט צוריק פֿון קינאָ	22:10

Exercise 8

Write a paragraph in Yiddish describing what you do at different times of the day.

Supplementary text

(Audio 1:36)

This is another Yiddish folktale which incorporates surprising logic.

זיבן און זיבן איז עלף

אַ מאַן גייט עסן וועטשערע אין אַ קרעטשמע. ווען ער ענדיקט עסן, פֿרעגט ער די בעל-הביתטע, "וויפֿל מוז איך באַצאָלן?"

די בעל-הביתטע זאָגט, "פֿלייש מיט בולבעס - זיבן גראָשן. ברויט - אויך זיבן גראָשן. צוזאַמען עלף גראָשן."

"דאָס איז נישט ריכטיק", זאָגט דער פֿרעמדער. "זיבן און זיבן איז פֿערצן, נישט עלף."

"ניין, דאָס איז ריכטיק", זאָגט די בעל-הביתטע. "ווייסטו פֿאַרוואָס? איך האָב פֿיר קינדער פֿון מײַן ערשטן מאַן. מײַן נײַער מאַן האָט אויך פֿיר קינדער פֿון פֿריער. מיר האָבן נאָך דרײַ קינדער צוזאַמען. דאָס הייסט אַז איך האָב זיבן קינדער און ער האָט זיבן קינדער, אָבער עס זענען דאָ עלף קינדער אין אונדזער הויז, נישט פֿערצן."

Unit Six

דער קאָפּ טוט מיר וויי!

My head hurts!

In this unit you will learn:

- parts of the body
- how to describe people
- how to talk about health, illness, and going to the doctor
- the dative case
- the impersonal pronoun מען\מע
- contractions with prepositions and the definite article in the accusative and dative
- the form of names in the accusative and dative
- about nouns that decline in the accusative and dative
- how to express possession

From now on there will be no English translations of the dialogues and no Roman transliteration of the dialogues or vocabulary lists. Don't worry; this is an achievement – you have progressed far enough in your study of Yiddish to manage without them!

Dialogue 1

(Audio 1:38)

Rokhl is showing Dovid and Khane photos of a recent visit to New York and telling them about the friends that she saw there.

חנה ווער איז דאָס מיידל מיט די בלאָנדע געקרײַזלטע האָר?

רחל דאָס איז מײַן חבֿרטע אסתּר. זי איז אַ זשורנאַליסטקע. זי שרײַבט אין דעם ייִדישן "פֿאָרווערטס".

חנה זי האָט אַ שיינעם שמייכל. אוי, זי טראָגט אַ שיין פֿינגערל אויף דער לינקער האַנט.

רחל יאָ, זי גייט באַלד חתונה האָבן. זעט איר דעם בחור מיט דעם רונדן פּנים און דער רויטער באָרד? ער הייסט חיים. ער איז איר חתן.

דוד ווער איז דער הויכער מאַן מיט די ברוינע אויגן? ער האַלט אַ ווערטערבוך אין דער רעכטער האַנט. פֿאַרוואָס לייענט ער אַ ווערטערבוך אין רעסטאָראַן?!

רחל דאָס איז יוסף. ער איז פֿאַרליבט אין שפּראַכן. ער האָט שטענדיק עפּעס אַ ווערטערבוך אין דער האַנט. זעט איר די פֿרוי מיט דעם בלויען היטל אויף דעם קאָפּ? זי הייסט מרים. זי לערנט ייִדיש אין אַ שול. מע זאָגט אַז זי איז זייער אַ גוטע לערערקע.

חנה רחל, דאָס איז אַן אינטערעסאַנט בילד! דו טאַנצסט אויף אַ מסיבה.

רחל קוקט נישט אויף דעם בילד! עס איז שרעקלעך. איך קען נישט טאַנצן – איך האָב צוויי לינקע פֿיס!

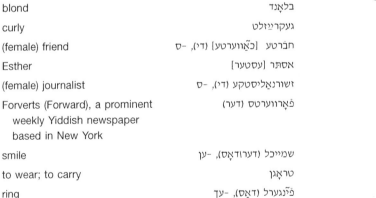

Vocabulary

blond	בלאָנד
curly	געקרײַזלט
(female) friend	חבֿרטע [כאַווערטע] (די), -ס
Esther	אסתּר [עסטער]
(female) journalist	זשורנאַליסטקע (די), -ס
Forverts (Forward), a prominent weekly Yiddish newspaper based in New York	פֿאָרווערטס (דער)
smile	שמייכל (דער/דאָס), -ען
to wear; to carry	טראָגן
ring	פֿינגערל (דאָס), -עך
left	לינק
hand	האַנט (די), הענט
soon	באַלד
get married (see language point 3, Unit 14)	חתונה [כאַסענע] האָבן
boy; guy	בחור [באָכער] (דער), בחורים [באָכערים/באָכורים]
round	רונד

red	רויט
beard	באָרד (די), בערד
Chaim (man's name)	חיים [כאַיִם]
fiancé; groom	חתן [כאָסן] (דער), חתנים [כאַסאַנים]
tall; high	הויך
brown	ברוין
eye	אויג (דאָס), -ן
to hold	האַלטן
right	רעכט
Joseph	יוסף [יויסעף\יאָסעף]
in love	פֿאַרליבט (+ אין)
something; some kind of	עפּעס
blue	בלוי
hat	היטל (דאָס), -עך
head	קאָפּ
Miriam	מרים [מיריעם]
school (can also mean 'synagogue')	שול (די), -ן
one, they, you (see language point 2)	מע
party	מסיבה [מעסיבע] (די), -ות
to look	קוקן
terrible	שרעקלעך
foot; leg	פֿוס (דער), פֿיס

Additional vocabulary

ear	אויער (דער\דאָס), -ן
sidelock	פּאה [פּייע] (די), -ות
to hear	הערן
nose	נאָז (די), נעז
cheek	באַק (די), -ן
moustache	וואָנצעס (plural)
mouth	מויל (דאָס), מײַלער

tooth	צאָן (דער), ציין
tongue	צונג (די), צינגער
chin	גאָמבע (די), -ס
neck	נאַקן (דער), -ס
shoulder	אַקסל (דער), -ען
back	רוקן (דער), -ס
chest	ברוסט (די), בריסט
heart	האַרץ (דאָס), הערצער
stomach	בויך (דער), בײַכער
belly-button	פּופּיק (דער), -עס
arm	אָרעם (דער), -ס
elbow	ע̄לנבויגן (דער), -ס
finger	פֿינגער (דער), -
knee	קני (דער\די), -ו-ען

Language points

1 The dative case

We've already looked at the nominative case, which is used for the subject of a sentence, and the accusative, which is used for the direct object. There is only one case left, the dative. This case is used with indirect objects. As the name suggests, an indirect object is affected indirectly by the action of the verb, in contrast to the direct object, which directly suffers the effect of the action. Let's look at the example of the brother and the apple again:

דער ברודער עסט אַן עפּל.
The brother eats an apple.

Now let's say that we would like to know *how*, *when*, or *where* the brother eats the apple. We can elaborate and end up with something like this:

דער ברודער עסט אַן עפּל **אין אַ פּאַרק**.
The brother eats an apple **in a park**.

אַ פּאַרק is the indirect object that gives us this extra information, and therefore is in the dative case. You can also see that the indirect object follows אין, which is a preposition. (A preposition is a word giving information about the position or relationship between two or more things. Other prepositions we've already seen include פֿון, מיט, אויף, and וועגן.) In Yiddish any noun following a preposition is considered an indirect object and so must be in the dative case.

As in the nominative and accusative, in the dative singular the definite article and adjective change. Again, in the plural there are no changes. Here is the complete table of the dative:

רחל רעדט מיט **דעם** קלוג**ן** חבֿר.	-ן	אַ/דעם	Masculine
רחל רעדט מיט **דער** קלוג**ער** חבֿרטע.	-ער	אַ/דער	Feminine
רחל רעדט מיט אַ קלוג מיידל. רחל רעדט מיט **דעם** קלוג**ן** מיידל.	– -ן	אַ דעם	Neuter
רחל רעדט מיט **(די)** קלוג**ע** חבֿרים/חבֿרטעס/מיידלעך.	-ע	-/די	Plural

There are two important points to note here.

First, if you compare the article and adjective suffixes of the dative with those of the nominative and accusative you can see that the article and adjective always form a unit. Thus, whenever the article is דעם, the adjective ends in -ן; this applies to the masculine accusative and dative as well as to the neuter dative. Similarly, whenever the article is דער, the adjective ends in -ער; this applies to the masculine nominative and feminine dative (which may be confusing at first!).

Second, neuter adjectives have two different suffixes depending on whether they are preceded by the definite or indefinite article (just as they do in the other two cases).

Third, remember that regarding masculine and neuter dative adjectives taking the -ן suffix, the same exceptions that we learnt in Unit 5 will apply, i.e. if the adjective ends in ן the suffix is -עם, etc. For example:

דאָס מיידל מיט **דעם** שיינ**עם** שמייכל הייסט אסתּר.
The girl with the beautiful smile is called Esther.

Here is a summary chart of the articles and adjectives in all three genders and cases.

Dative	Accusative	Nominative	
דעם גוט**ן** מאַן אַ גוט**ן** מאַן		**דער** גוט**ער** מאַן אַ גוט**ער** מאַן	Masculine
דער גוט**ער** פֿרוי אַ גוט**ער** פֿרוי	**די** גוט**ע** פֿרוי אַ גוט**ע** פֿרוי		Feminine
דעם גוט**ן** בוך	**דאָס** גוט**ע** בוך		Neuter
אַ גוט בוך			
(**די**) גוט**ע** מענער, פֿרויען, ביכער			Plural

In addition, a few verbs cause any following noun to go into the dative even without a preposition. The most common of these verbs are העלפֿן (help), געבן (give), זאָגן (say), and דערציילן (tell). The following examples show you how this works:

חנה העלפֿט **דעם** קליינ**עם** קינד.
Khane helps the small child (dative).

רחל דערציילט **דער** סטודענטקע וועגן דעם פֿילם.
Rokhl tells the student (dative) about the film.

The verbs געבן and דערציילן can additionally have a direct object. This is the thing that is given (e.g. a book, a present) or told (e.g. a story, a joke), as opposed to the person to whom it is given or told. The direct object is in the accusative case, as you would expect:

רחל דערציילט **דער** סטודענטקע **די** מעשׂה.
Rokhl tells the student (dative) the story (accusative).

2 The impersonal pronoun מען/מע

The impersonal pronoun מען, or the variant form מע, is equivalent to the English ‘one’, ‘they’, or ‘you’ when referring to a general, unspecified subject. It is very commonly used in Yiddish. You saw an example of it in Dialogue 1 when Rokhl said,

מע זאָגט אַז זי איז זייער אַ גוטע לערערקע.
They say/**one** says that she’s a very good teacher.

מענ|מע is always used with a third person singular verb. The two variants are interchangeable when appearing before the verb, as in:

מען הערט מיט די אויערן.
מע הערט מיט די אויערן.
One hears/you hear with the ears.

However, if the pronoun follows the verb (e.g. in a question), you have to use מען. Thus, in the following example only מען is correct; מע is not possible:

זאָגט **מען** אַז זי איז אַ גוטע לערערקע?
Do they/does one say that she's a good teacher?

Exercise 1

Insert the correct dative form of the definite article into the following sentences.

1 דוד רעדט מיט ד__________ סטודענט.
2 דאָס מיידל האָט אַ פֿינגערל אויף ד__________ האַנט.
3 מיר רעדן וועגן ד__________ בוך.
4 רחל עסט וועטשערע מיט ד__________ זשורנאַליסטקע.
5 חנה און דוד קוקן אויף ד__________ בילד.
6 דער מאַן מיט ד__________ באָרד איז מײַן קוזין.
7 איך העלף ד__________ לערערקע.
8 רחל גיט ד__________ חבֿרים די נײַע בילדער.

Exercise 2

Add the correct dative suffixes onto the definite articles and adjectives in the following sentences.

1 חנה שרײַבט מיט ד__________ לינק__________ האַנט.
2 מיר לייענען אַן אַרטיקל אין ד__________ נײַ__________ צײַטונג.
3 זעסטו דעם מאַן מיט ד__________ בלאָנד__________ באָרד?
4 דאָס מיידל מיט ד__________ שיינ__________ שמייכל הייסט אסתּר.
5 די פֿרוי מיט ד__________ געקרײַזלט__________ האָר איז אַ לערערקע.
6 רחל האָט ליב צו וווינען אין ד__________ גרויס__________ שטאָט.
7 דאָס קינד מיט ד__________ רויט__________ באַקן איז חנעוודיק
[כּײַנעוודיק] (charming/cute).
8 חנה זיצט אָפּט אין ד__________ באַקוועמ__________ שטוב.
9 דער בחור האַלט אַ בוך אין ד__________ רעכט__________ האַנט.

Exercise 3

Use the following pairs of words to make sentences saying what one does with different body parts. Use the impersonal pronoun מענטש and the dative case when appropriate.

Example שרײַבן, האַנט ← מענטש שרײַבט מיט דער האַנט.

1 רעדן, מויל
2 לייענען, אויגן
3 טראַכטן, קאָפּ
4 הערן, אויערן
5 לויפֿן, פֿיס
6 קײַען (chew), ציין
7 שמעקן (smell), נאָז

Dialogue 2

(Audio 1:40)

Dovid is ill and tells Khane and Rokhl about his symptoms.

רחל דוד, דו זעסט אויס שרעקלעך! וואָס איז דער מער? ביסטו פֿאַרקילט? האָסטו אַ גריפּע?

דוד ניין, איך האָב אַ האַלדז אינפֿעקציע. איך האָב אַ פֿיבער, איך הוסט און ניס, איך בין אויסגעמוטשעט, און דער קאָפּ, דער האַלדז, און די לונגען טוען מיר וויי.

רחל איך ווייס פֿאַרוואָס דו ביסט קראַנק - דו פֿאַרגעסט שטענדיק צו נעמען דײַן מאַנטל! פֿאַרוואָס זיצסטו דאָ אין קאַפֿע? דו דאַרפֿסט ליגן אין בעט און טרינקען הייסע טיי!

חנה דו מוזסט גיין צום דאָקטער, אָדער אין שפּיטאָל! איך מיין אַז דו דאַרפֿסט אַנטיביאָטיק. איך האָב אַן אײַנפֿאַל! דו קענסט רעדן מיט מײַן טאַטן; ער איז אַ דאָקטער. ער קען דיר געבן אַ רעצעפּט.

רחל יאָ, דאָס איז אַ גוטער פּלאַן! דוד, דו מוזסט גיין צו חנהס טאַטן; ער איז זייער אַ גוטער דאָקטער. אָדער דו קענסט טעלעפֿאָנירן בערלען, פֿון ייִדיש קורס. ער איז אויך אַ דאָקטער.

דוד ניין, איך דאַרף נישט גיין צום דאָקטער. איך האָב שוין אַנטיביאָטיק, אָבער איך נעם עס קיין מאָל נישט. דאָס איז די סיבה פֿאַרוואָס איך בין אַזוי קראַנק.

רחל דו נעמסט נישט דײַן מעדיצין?! פֿאַרוואָס?

דוד ווײַל די מעדיצין איז אין מײַן מאַנטל קעשענע, און מײַן מאַנטל איז אין דער היים!

Vocabulary

you look (like), seem (see language point 2, Unit 13)	זעסט אויס
to have a cold (literally: to be 'colded')	זײַן פֿאַרקילט
flu	גריפּע (די), ־ס
infection	אינפֿעקציע (די), ־ס
fever	פֿיבער (דער/דאָס), –
to cough	הוסטן
to sneeze	ניסן
exhausted	אױסגעמוטשעט
throat	האַלדז (דער), העלדזער
lung	לונג (די), ־ען
to hurt (see idioms)	וויי טאָן (+ dative)
coat	מאַנטל (דער), ־ען
café	קאַפֿע (דער), ־ען
hot	הייס
tea	טיי
to the (see language point 3)	צום = צו דעם
doctor	דאָקטער (דער), דאָקטוירים
hospital	שפּיטאָל (דער/דאָס), ־ן/שפּיטעלער
antibiotic	אַנטיביאָטיק (דער), ־ן
idea	אײַנפֿאַל (דער), ־ן
father (dative; see language point 5)	טאַטן
to be able to (see language point 3, Unit 7)	קען ← קענען
to you (see language point 2, Unit 7)	דיר
prescription	רעצעפּט (דער), ־ן
idea; plan	פּלאַן (דער), פּלענער
Khane's (see language point 6)	חנהס
to phone	טעלעפֿאָנירן
Berl (accusative/dative; see language point 4)	בערלען
course	קורס (דער), ־ן
never (in conjunction with נישטוניט)	קיין מאָל
reason	סיבה [סיבע] (די), ־ות
medicine	מעדיצין (די), ־ען
pocket	קעשענע (די), ־ס

Idioms

What's the matter? What's wrong?	וואָס איז דער מער?
My ________ hurts (literally: the ________ hurts for me).	דער|די|דאָס ________ טוט מיר ווײ (singular).
My ________ hurt (literally: the ________ hurt for me).	די ________ טוען מיר ווײ (plural).

Language points

3 Contractions with prepositions and the definite article דעם in the accusative and dative

Many Yiddish prepositions can merge with the definite article דעם, and the resulting contractions are extremely common and acceptable in both the spoken and written language. This applies whether the noun associated with דעם is masculine or neuter, accusative or dative; however, it happens only with דעם, not with דער, די, or דאָס.

The contractions form according to three patterns. If the preposition ends in a consonant, דעם becomes ן-, as in the following contractions:

אויפֿן	←	אויף דעם
אונטערן	←	אונטער (under) דעם
איבערן	←	איבער (over) דעם
ביזן	←	ביז (until) דעם
דורכן	←	דורך (through) דעם
הינטערן	←	הינטער (behind) דעם
לויטן	←	לויט (according to) דעם
מיטן	←	מיט דעם
נאָכן	←	נאָך (after) דעם
פֿאַרן	←	פֿאַר (for; before) דעם
צוליבן	←	צוליב (because of) דעם

If the preposition ends in a vowel, דעם becomes ם-, as in:

בײַם	←	בײַ דעם
צום	←	צו דעם

If the preposition ends in ן, דעם becomes ־עם, as in:

אין דעם	←	**אינעם**
אָן (without) דעם	←	**אָנעם**
פֿון דעם	←	**פֿונעם**

You don't have to start using these contractions now; just learn to recognize them and after a while you will naturally start to incorporate them into your own speech and writing.

4 Names in the accusative and dative

The definite article and adjectives are not the only types of words that change their shape in the accusative and dative; people's names change too. When a person's name is the direct or indirect object of a verb, you have to add a special accusative/dative suffix to it. Usually this suffix is ־ן, as in:

דאָס איז אסתּר; איך קען אסתּר**ן**.
This is Esther; I know Esther.

This ־ן is added directly to *loshn-koydesh* names ending in ה, which might look a bit strange at first but makes sense when you remember that the ה in such names sounds like ע, so the resulting form isn't hard to pronounce:

דאָס איז חנה; איך קען חנה**ן** [כאַנען].
This is Khane; I know Khane.

However, when a name ends in ם, ן, consonant + ל, or a stressed vowel or diphthong, the suffix is ־ען, as in:

דאָס איז חיים; איך קען חיימ**ען**.
This is Chaim; I know Chaim.

דאָס איז שמעון [שימען]; איך קען שמעונ**ען**.
This is Shimen (Simon); I know Shimen.

דאָס איז בערל; איך קען בערל**ען**.
This is Berl; I know Berl.

The suffix is not used in negative sentences with קיין; as in:

קענסטו בערל**ען**? ניין, איך קען נישט קיין בערל.
Do you know Berl? No, I don't know (any) Berl.

However, it is used in negative sentences without קיין, e.g.:

איך קען נישט בערל**ען**.
I don't know Berl.

5 Nouns that decline in the accusative and dative

Although most nouns don't change their shape according to case, the following five masculine nouns do take a suffix in the singular accusative and dative. This suffix is ן-, the same as the accusative/dative suffix for people's names. In the case of two nouns, טאַטע and זיידע, the final ע disappears when the suffix is added.

1 טאַטע ← טאַטן
2 זיידע ← זיידן
3 רבי [רעבע] rebbe (see culture point) ← רבין [רעבן]
4 ייִד ← ייִדן
5 מענטש ← מענטשן

In the case of מענטש and ייִד, this suffixed singular accusative/dative form looks the same as the plural form. However, context will always help you distinguish the two, because the singular form will be preceded by דעם or אַ and any associated adjectives will be in the singular accusative/dative.

Feminine and neuter nouns, like feminine and neuter definite articles and adjectives, don't change their shape in the accusative. However, the following three feminine nouns get this ן- suffix in the dative:

1 מאַמע ← מאַמען
2 מומע ← מומען
3 באָבע ← באָבען

Finally, one neuter noun, האַרץ, sometimes takes the suffix in the dative, but only when being used in a metaphorical sense, as in:

מיטן גאַנצן האַרצן
wholeheartedly (literally: with the whole heart)

6 Possession with ס- and the dative

It is often possible to express possession in Yiddish with פֿון, equivalent to English 'of', as in:

די מעדיצין איז אין דער קעשענע **פֿון** דעם מאַנטל.
The medicine is in the pocket **of** the coat.

However, when the possessor is human, it is much more common to express the possessive relationship by suffixing ס- to the word or name referring to him or her. This is very similar to the English possessive construction with 's:

דאָס איז אסתּר**ס** חתן.
This is Esther'**s** fiancé.

If the word suffixed by ס- is preceded by a definite article and/or adjective, these will be in the dative:

רחל איז **דער** גוט**ער** לערערקע**ס** פֿרײַנד.
Rokhl is the good teacher's friend.

In the case of the five masculine nouns that take a ן- suffix in the accusative and dative, the possessive ס- is added to the ן-, as in:

דאָס איז דעם זיידנ**ס** בוך.
That's the grandfather's book.

However, this does not apply to people's names, nor to the feminine and neuter nouns that decline in the accusative and dative; in such instances the ן- suffix is *not* added before the ס- possessive suffix:

דאָס איז דער מומע**ס** בוך.
This is the aunt's book.

דאָס איז רחל**ס** בוך.
This is Rokhl's book.

Culture point

Rebbe

The word רבי (rebbe) has two different meanings: the first is the title by which children address the melamed, or teacher in a cheder, a traditional Jewish school; the second, and more frequent, is a Hasidic spiritual leader. The founder and first rebbe of the Hasidic movement, the Ba'al Shem Tov, lived ca. 1698–1760. After his death, Hasidism split into various dynasties, each centred around its own rebbe and named after its place of origin in Eastern Europe. Prominent Hasidic dynasties today include Belz, Braslav, Bobov, Ger, Lubavitch (also known as Chabad), and Satmar. Particularly well-known Hasidic rebbes include Nahman of Braslav (1772–1810), who was the Ba'al Shem Tov's great-grandson and author of a collection of allegorical tales in Yiddish and Hebrew, and the last Lubavitcher Rebbe, Menachem Mendel Schneerson (1902–1994), whose Yiddish talks and writings are studied by Jews around the world.

Exercise 4

Insert the correct dative form of the definite article in the following sentences. Whenever possible, rewrite the sentence using contractions of the preposition and definite article. Use the glossary to find the gender of new words if necessary.

1 דוד גייט נישט צו ד_____ דאָקטער.
2 קענסטו שרײַבן אויף ייִדיש מיט ד_____ קאָמפּיוטער (computer)?
3 אסתּר אַרבעט בײַ ד_____ "פֿאָרווערטס".
4 איך פֿאַרשטיי נישט די ווערטער פֿון ד_____ ליד.
5 די סטודענטן אויף ד_____ קורס זענען אינטערעסאַנט.
6 האָסטו גערעדט מיט ד_____ שוועסטער?
7 רחל האָט ליב דאָס עסן אין ד_____ רעסטאָראַן.

Exercise 5

Answer the following questions based on information from the dialogues. Remember to add the accusative/dative suffix to names as appropriate.

1 וועמען זעט חנה אין רחלס בילדער?
2 מיט וועמען גייט אסתּר חתונה האָבן?
3 מיט וועמען עסט רחל וועטשערע אין רעסטאָראַן?
4 ווער האָט שטענדיק אַ ווערטערבוך אין דער האַנט?
5 ווער האָט צוויי לינקע פֿיס?
6 מיט וועמען רעדט דוד אין קאַפֿע?

Exercise 6

Insert the correct form of the definite article into the following sentences and add the accusative/dative suffix to any nouns that require it. Some of the words may need to be rewritten, as their base changes slightly when the suffix is added.

1 חנה רעדט מיט ד______ טאַטע______.
2 רחל לייענט אַ בוך וועגן ד______ ליובאַוויטשער רבי______.
3 דאָס איז אַ בילד פֿון ד______ מומע______.
4 קענסטו ד______ זיידע______?
5 דוד העלפֿט ד______ באָבע______.
6 איך זע ד______ מאַמע______.

Exercise 7

Use the prompts provided to answer the following questions using possessive constructions.

Example וועמענס (whose) בוך איז דאָס? (די מאַמע) ← דאָס איז דער מאַמעס בוך.

1 וועמענס מאַנטל איז דאָס? (דוד)
2 וועמענס פֿינגערל איז דאָס? (אסתּר)
3 וועמענס חבֿר איז דאָס? (דער בחור)
4 וועמענס בילדער זענען זיי? (די לערערקע)
5 וועמענס טאַטע איז אַ דאָקטער? (חנה)
6 וועמענס דירה איז צו קליין? (רחל)
7 וועמענס קאָמפּיוטער איז דאָס? (די זשורנאַליסטקע)
8 וועמענס ווערטערבוך איז דאָס? (דער סטודענט)

Supplementary text

(Audio 1:42)

This is a famous legend about Rabbi Judah Loew of Prague (ca. 1525–1609; also known by the acronym 'the Maharal'), who created a golem, or clay man, and used magic to bring him to life so that he could help protect the Jews of Prague from anti-Semitic attacks. Check the glossary for the meaning of new vocabulary and for the pronunciation of unfamiliar *loshn-koydesh* words.

דער גולם פֿון פּראָג

די ייִדן פֿון פּראָג לעבן אין אַ גרויסער סכּנה. דער מהר"ל[*] זעט אין אַ חלום אַז ער מוז מאַכן אַ גולם כּדי צו העלפֿן באַשיצן די ייִדן פֿון דער סכּנה. ער רופֿט זייַן איידעם און זייַן גוטן תּלמיד און דערציילט זיי אַז זיי מוזן אים העלפֿן מאַכן דעם גולם. זיי גייען צום טייַך און נעמען ליים. זיי בויען אַ פֿיגור פֿונעם ליים. די פֿיגור זעט אויס ווי אַ מענטש וואָס ליגט אויפֿן רוקן. זיי שפּאַצירן אַרום דער פֿיגור זיבן מאָל און מורמלען כּישוף-ווערטער. דער גוף פֿונעם גולם ווערט פֿול מיט האָר. נעגל וואַקסן אויף די פֿינגער און ברעמען וואַקסן איבער די אויגן. זיי זאָגן אַ פּסוק פֿון תּנ"ך און דער גולם עפֿנט[†] די אויגן. ער קוקט אויף אַלץ מיט וווּנדער. דער רבֿ זאָגט דעם גולם, "איצט מוזסטו אויפֿשטיין!" און דער גולם שטייט אויף.[‡] זיי גיבן דעם גולם קליידער און שיך.[§] ער זעט אויס פּונקט ווי אַן אמתער מענטש. ער זעט, הערט, און פֿאַרשטייט אַלץ, אָבער ער רעדט נישט. דער גולם העלפֿט די ייִדן פֿון פּראָג און באַשיצט זיי פֿון סכּנה. ווען דער מצבֿ פֿון די ייִדן ווערט בעסער, גייט דער רבֿ מיט זייַן איידעם און זייַן תּלמיד צום גולם ווען ער שלאָפֿט. זיי שטייען בייַם קאָפּ פֿונעם גולם און גייען אַרום אים זיבן מאָל. זיי מורמלען די כּישוף-ווערטער נאָך אַ מאָל, נאָר פֿאַרקערט, און דער גולם ווערט ווידער אַ שטיקל ליים.

[*] According to Hebrew and Yiddish spelling convention, the symbol " is placed before the last letter of acronyms.

[†] infinitive עפֿענען. This verb is slightly irregular in that the second ע of the base disappears in all forms except the infinitive and first and third person plural of the present tense.

[‡] third person singular present tense of אויפֿשטיין (see language point 2, Unit 13)

[§] plural of שוך

Unit Seven

דאָס שוואַרצע העמד זעט אויס שיין!

The black shirt looks nice!

In this unit you will learn:

- how to give orders and make requests
- how to talk about clothes and describe what someone is wearing
- the colours
- the imperative
- pronouns in the accusative and dative
- modal verbs in the present tense
- how to use the definite article instead of possessive adjectives

Dialogue 1

(Audio 1:44)

Rokhl is moving to a new flat. She invites Khane over to try on some of her clothes because she wants to give them away before she moves.

רחל	חנה, זיץ דאָ און נעם די קליידער. לאָמיר זען וואָס פּאַסט דיר.
חנה	ביסטו טאַקע זיכער אַז דו ווילסט מיר געבן אַזוי פֿיל קליידער?
רחל	יאָ, איך וויל זיי נישט נעמען אין דער נײַער דירה. נו, שעם זיך נישט! טו אָן די געלע ספּודניצע מיט די גרינע פּאַסן.
חנה	נו . . . איך בין נישט זיכער. די קאָלירן זענען אַ ביסל צו שטאַרק פֿאַר מיר. אפֿשר קען איך אָנטאָן דאָס גרויע קליידל.
רחל	וואָס זשע רעדסטו? דאָס קליידל איז אַזוי מיאוס! איך דאַרף עס אַרויסוואַרפֿן. טו אָן די ראָזע בלוזקע מיט די גרויסע קנעפּ. און נעם די ווײַסע שטיוול אָדער די בלויע סאַנדאַלן. דו קענסט זיי טראָגן צוזאַמען.

חנה נו . . . איך ווייס נישט. איך האָב נישט אַזוי ליב ראָזע.

רחל וואָס איז מיט דיר? האָסטו נישט ליב שיינע קליידער? ווילסטו נאָר טראָגן אַלטמאָדישע, טונקעלע שמאַטעס? טו אָן דאָס אָראַנזש שאַליקל און די לילאַ ספּודניצע מיטן רויטן רימען!

חנה וואַרט, דאָס שוואַרצע העמד מיט די לאַנגע אַרבל זעט אויס שיין. אפֿשר קען איך עס נעמען. איך האָב אַזאַ העמד אין דער היים, אָבער איך קען עס שוין אַ לאַנגע צײַט נישט געפֿינען.

רחל אוי, דאָס איז טאַקע דײַן העמד! איך פֿאַרגעס שטענדיק אַז איך מוז דיר צוריקגעבן!

Vocabulary

sit (see language point 1)	זיץ
take (see language point 1)	נעם
let's (see language point 1)	לאָמיר
to fit; to suit	פּאַסן (+ dative)
so; well; come on	נו
to be embarrassed (see language point 1; see language point 4, Unit 12, for verbs with זיך)	שעם זיך ← שעמען זיך
to put on (see language point 2, Unit 13)	טו אָן ← אָנטאָן
yellow	געל
skirt	ספּודניצע (די), ־ס
green	גרין
stripe	פּאַס (דער), ־ן
colour	קאָליר (דער), ־ן
strong	שטאַרק
grey	גרוי
dress	קליידל (דאָס), ־עך
so (follows question words like ווער, ווען, ווו, or imperatives; when following וואָס the two words are pronounced together as [וואָזשע])	זשע
throw out	אַרויסוואַרפֿן
pink	ראָזע
blouse	בלוזקע (די), ־ס
button	קנאָפּ (דער), קנעפּ

white	ווײַס
boot	שטיוול (דער), –
sandal	סאַנדאַ̄ל (דער), ־ן
old-fashioned	אַלטמאָדיש
dark	טונקל
rag; old clothes	שמאַטע (די), ־ס
orange (doesn't decline)	אָראַ̄נזש
scarf	שאַ̄ליקל (דאָס), ־עך
purple (doesn't decline)	לילאַ
belt	רימען (דער), ־ס
wait (see language point 1)	וואַרט
shirt	העמד (דאָס), ־ער
sleeve	אַרבל (דער), –
such a	אַזאַ̄
to find	געפֿינען
to give back	צורי̄קגעבן

Idioms

What's wrong with you? (literally: what's with you?)	וואָס איז מיט דיר?
What are you talking about? (literally: so what are you talking?)	וואָס זשע [וואָזשע] רעדסטו?

Language points

1 The imperative

If you want to tell someone to do something in Yiddish, you use a special form of the verb called the imperative. The imperative can be used for commands as well as polite requests.

The imperative has two forms, a singular (for giving commands to one person) and plural (for giving commands to more than one person, or when speaking formally to one person). Both forms are very easy to make.

The singular imperative is identical to the first person singular present tense form, which you already know. In most cases this also happens to be the same as the base of the verb. Here are a few examples from Dialogue 1:

Singular imperative		Infinitive
זיץ!	←	זיצן
וואַרט!	←	וואַרטן
נעם!	←	נעמען

However, in the case of irregular verbs, the first person singular present tense form, and therefore the singular imperative, might look a bit different from the base of the verb, as in:

Singular imperative		Base	Infinitive
גיב!	←	געב-	געבן

There is only one exception to this: the imperative of זײַן is זײַ.

To form the plural (or polite singular) imperative, take the singular imperative and add ט-. (The resulting form happens to be the same as the second person plural present tense form.)

Plural imperative		Singular imperative
זיצט!	←	זיץ!
נעמט!	←	נעם!
זײַט!	←	זײַ!

However, if the singular imperative already ends in ט, don't add another:

Plural imperative		Singular imperative
וואַרט!	←	וואַרט!

If you want to make an imperative sound polite, you can put ביטע (please) or the phrase זײַ אַזוי גוט (singular) or זײַט אַזוי גוט (plural) before it. זײַ/זײַט אַזוי גוט literally means 'be so good', but is another way of saying 'please'.

To negate an imperative, put נישט/ניט directly after it, as in:

וואַרט **נישט**!	←	וואַרט!
Don't wait!		Wait!

As well as telling someone else to do something, you can suggest that you and the listener(s) do something together. These Yiddish 'first person commands' are the equivalent of the English 'let's', as in 'let's go', 'let's try', etc. They are formed by the word לאָמיר (let's) plus an infinitive. You saw an example of this construction in Dialogue 1 when Rokhl said,

לאָמיר זען וואָס פּאַסט דיר.
Let's see what suits you.

If you want to negate a first person command, put נישט/ניט between לאָמיר and the infinitive, as in:

לאָמיר **נישט** גיין.	←	לאָמיר גיין.
Let's **not** go.		Let's go.

2 Pronouns in the accusative and dative

You've already learned the pronouns in the nominative case (איך, דו, etc.). Just like the definite article and adjectives, pronouns decline in the accusative and dative. The accusative and dative forms of the pronouns are used in the same contexts as the articles and adjectives: the accusative form is used for direct objects and the dative for indirect objects (following a preposition or a verb like געבן or העלפֿן).

Here is the complete chart of pronouns in the nominative, accusative, and dative:

Dative	Accusative	Nominative	
מיר	מיך	איך	1st person singular
דיר	דיך	דו	2nd person singular
אים		ער	3rd person masculine singular
איר	זי		3rd person feminine singular
אים	עס		3rd person neuter singular

אונדז		מיר	1st person plural
אײַך		איר	2nd person plural
זיי			3rd person plural

You can see that only the first and second person singular pronouns have three different forms; in the others the accusative and dative (or sometimes nominative and accusative) forms are the same. The third person plural remains the same in all three cases.

In a sentence with a main verb and infinitive, if there is a pronoun in the accusative or dative it must go before the infinitive. This word order is different from that of sentences where the object is not a pronoun; in such sentences the object goes after the infinitive. It is also different from English, so take special note of it. Here's an example:

רחל גייט זען **אירע חבֿרים**. ← רחל גייט **זיי** זען.

Rokhl goes to see **her friends**. ← Rokhl goes to see **them**.

Exercise 1

Insert the correct form of the imperative or first person command based on the infinitive in brackets.

1 רחל און דוד, ________ [דערציילן] די מעשׂה!
2 חנה, ________ [נעמען] די קליידער!
3 ווילסטו גיין מיט מיר אין רעסטאָראַן? יאָ, ________ ________ [גיין]!
4 דוד, ________ [געבן] מיר דאָס ווערטערבוך!
5 וואָס קענען מיר טאָן? ________ ________ [זען] אַ פֿילם!
6 אסתּר און חיים, ________ [קומען] מיט מיר!
7 מרים, ________ [לייענען] דעם אַרטיקל!
8 נו, ________ ________ [מאַכן] די היימאַרבעט צוזאַמען!

Exercise 2

Insert the correct form of the pronoun based on the nominative form in brackets.

אסתּר וווינט אין ניו-יאָרק. זי בענקט נאָך רחלען און רעדט מיט ________
[זי] אָפּט אויפֿן טעלעפֿאָן. זי זאָגט, "רחל, דײַנע חבֿרים בענקען נאָך ________
[דו] און ווילן ________ [דו] זען! קום צוריק צו ________ [מיר]!" רחל
ענטפֿערט, "איך בענק נאָך ________ [איר] אויך, אָבער איך האָב ליב
לאָנדאָן! איר קענט ________ [איך] באַזוכן דאָ! איר קענט טרעפֿן מײַנע
חבֿרים וואָס וווינען אין לאָנדאָן, און אַפֿילו רעדן ייִדיש מיט ________ [זיי]!"

Dialogue 2

(Audio 1:46)

Dovid has invited Khane and Rokhl to his brother's wedding, and is telling them who the guests are.

דוד   זעט איר דעם מאַן מיט דער גרינער יאַרמלקע און די גרויע הויזן? ער איז דער פֿעטער יאַנקל. ער קען יִדיש. איר מוזסט רעדן מיט אים שפּעטער; ער קען אײַך דערציילן זייער אינטערעסאַנטע מעשׂיות.

רחל   ווער איז דער מאַן וואָס טראָגט אַ שוואַרץ היטל און אַ לאַנגע קאַפּאָטע?

דוד   דאָס איז דער כּלהס ברודער, אריה-לייב. ער איז אַ חב"דניק.

חנה   קומט די כּלה פֿון אַ חסידישער משפּחה? איך זע נישט קיין אַנדערע חסידים דאָ.

דוד   ניין, נאָר דער ברודער איז אַ חסיד; די אַנדערע זענען נישט אַזוי פֿרום. זעט איר דעם מאַן מיט דיברילן און די ברוינע שיך? ער איז דער כּלהס שוועסטערקינד. ער איז אַ זינגער און קען אַ סך יִדישע לידער. ווילט איר רעדן מיט אים?

רחל   יאָ . . . אָבער איין סעקונדע. זעסטו דעם מאַן וואָס טראָגט הענטשקעס און אַ שוואַרץ רעקל? ער קוקט אויף אונדז און זעט אויס זייער בייז. קענסטו אים?

דוד   אוי וויי! דאָס איז דער פֿעטער יצחק. ער איז הײַנט געקומען פֿון אויסטראַליע און איך האָב פֿאַרגעסן אים אָפּנעמען פֿון פֿליפֿלאַץ! גיך, לאָמיר אַוועקגיין! איך וויל נישט רעדן מיט אים ווען ער איז אַזוי אין כּעס!

Vocabulary

kippa, yarmulke, skullcap	יאַרמלקע (די), ־ס
trousers	הויזן (plural)
Yankl (man's name)	יאַנקל
later	שפּעטער
story	מעשׂה [מײַסע] (די), מעשׂיות [מײַסעס]
long coat often worn by Hasidic men	קאַפּאָטע (די), ־ס
bride	כּלה [קאַלע] (די), ־ות
Aryeh (man's name)	אריה [אַריע]
Leyb (man's name)	לייב
Chabadnik, follower of the Lubavitch Hasidic movement	חב"דניק [כאַבאַדניק] (דער), ־עס

Hasidic	חסידיש [כסידיש]
Hasid	חסיד [כאָסיד] (דער), ־ים [כסידים]
second	סעקונדע (די), ־ס
glove	הענטשקע (די), ־ס
jacket	רעקל (דאָס), ־עך
angry	בייז
oh dear; oh no!	אוי ווײ
Isaac	יצחק [ייִצכאָק]
he came (see language point 1, Unit 9)	ער איז געקומען
I forgot (see language point 1, Unit 8; see language point 1, Unit 12, for explanation of this type of verb)	איך האָב פֿאַרגעסן
to pick up (see language point 2, Unit 13)	אָפּנעמען
airport	פֿליפֿלאַץ (דער), פֿליפֿלעצער
to go away (see language point 2, Unit 13)	אַוועקגיין
angry (literally: in anger) (synonym of בייז)	אין כּעס [קאַס]

Additional vocabulary

sock	זאָק (דער|די), ־ן
suit	קאָמפּלעט (דער), ־ן
shtreimel, fur hat worn by some Hasidic men on Shabes and at festivals	שטרײַמל (דאָס)| ־עך|ען
tie	שניפּס (דער), ־ן
sock (synonym of זאָק)	שקאַרפּעטקע (די), ־ס
shoelace	שנורעוואַדלע (די), ־ס
tights	שטרימפּ (plural)
tallit, Jewish prayer-shawl	טלית [טאַלעס] (דער), ־ים [טאַלייסים]

Language points

3 Modal verbs

There are seven verbs in Yiddish that belong to a special category called 'modal'. Modal verbs behave differently from other verbs in the present tense because the third person singular does not end in ט-; instead, it looks like the first person singular.* You saw an example of this in Dialogue 2:

ער **קען** רעדן ייִדיש.
He **can** speak Yiddish.

Here are the seven modal verbs:

have to; need to	דאַרפֿן
want	וועלן
should	זאָלן
must	מוזן
be permitted	מעגן
not be permitted	נישט טאָרן
can; be able to; know (a person or skill)	קענען

All of the modal verbs except וועלן conjugate like regular verbs in all but the third person singular. Use this table of the present tense conjugation of מוזן as a model for the other modal verbs:

Plural		Singular	
מיר מוזן	1st person plural	איך מוז	1st person singular
איר מוז**ט**	2nd person plural	דו מוז**סט**	2nd person singular
זיי מוזן	3rd person plural	ער/זי/עס מוז	3rd person singular

Just remember that קענען has an infinitive ending in ען-, so this will disappear in all but the first and third person plural, e.g. ער קען.

By contrast, וועלן is irregular, as its stem vowel changes from ע to י in all present tense forms. Here is the complete present tense conjugation of וועלן:

* Modal verbs have one more special characteristic, discussed in language point 6, Unit 11.

Plural		Singular	
מיר ווילן	1st person plural	איך וויל	1st person singular
איר ווילט	2nd person plural	דו ווילסט	2nd person singular
זיי ווילן	3rd person plural	ער\זי\עס וויל	3rd person singular

You can see that many of these verbs closely resemble their English counterparts. Indeed, English also has a category of modal verbs, and many of the Yiddish modal verbs are modal in English as well. For example, in English you say ‘he can’, not ‘he cans’. However, not all of the same verbs are modal in both languages – in Yiddish וועלן is modal, so the third person singular is ער\זי וויל, but in English ‘to want to’ is not modal, so the third person singular is ‘he/she want**s** to’.

Finally, note that נישט טאָרן is used only in the negative, e.g.:

מע **טאָר נישט** פֿאַרגעסן צו טראָגן אַ מאַנטל!
One/you mustn’t forget to wear a coat!

4 Using the definite article instead of possessive adjectives

When talking about family members and parts of the body, it is very common in Yiddish to use the definite article instead of possessive adjectives as long as the context makes it clear who the possessor is. For example, in Dialogue 2 Dovid said,

דאָס איז **דער** פֿעטער יצחק.
That’s my (literally: the) uncle Yitskhok.

The definite article can be substituted for any of the possessive adjectives, depending on the context. In a question, you can guess that it is replacing דײַן\דײַנע or אײַער\אײַערע because this is the most natural assumption:

וואָס מאַכט **דער** פֿעטער, דוד?
How’s your (literally: the) uncle, Dovid?

If the context is ambiguous and you want to avoid confusion, use the possessive adjective, which has the effect of adding emphasis:

זײַן פֿעטער רעדט ייִדיש, אָבער **מײַן** פֿעטער נישט.
His uncle speaks Yiddish, but ***my*** uncle doesn’t.

Exercise 3

Read this excerpt from Khane's journal and insert the correct form of the modal verbs based on the infinitives in brackets. Check the glossary for unfamiliar words.

דוד ______ (קענען) רעדן זייער גוט ייִדיש, אָבער ער ______ (וועלן)
פּראַקטיצירן מער. רחל לאַכט. „דו ______ (מוזן) פֿאָרן קיין
ניו־יאָרק! דו ______ (קענען) רעדן דאָרט אַ סך ייִדיש.“ דוד לאַכט.
„איך ______ (וועלן) פֿאָרן קיין ניו־יאָרק, אָבער איך האָב נישט גענוג
געלט.“ רחל לאַכט אויף דוד. ______ (מוזן) שפּאָרן געלט. זי לאַכט.
„דו ______ (נישט טאָרן) קויפֿן אַזוי פֿיל ביכער. דו ______
(קענען) נעמען ביכער פֿון ביבליאָטעק, כּדי דו ______ (זאָלן) נישט
קויפֿן אַזוי פֿיל. ווען דו קויפֿסט נישט אַזוי פֿיל ביכער, ______
(קענען) דו פֿאָרן קיין ניו־יאָרק!“

Exercise 4

Look at this picture of Dovid and Rokhl and describe what they're wearing.

Exercise 5

Use the clues below to solve this crossword puzzle featuring Yiddish clothes vocabulary.

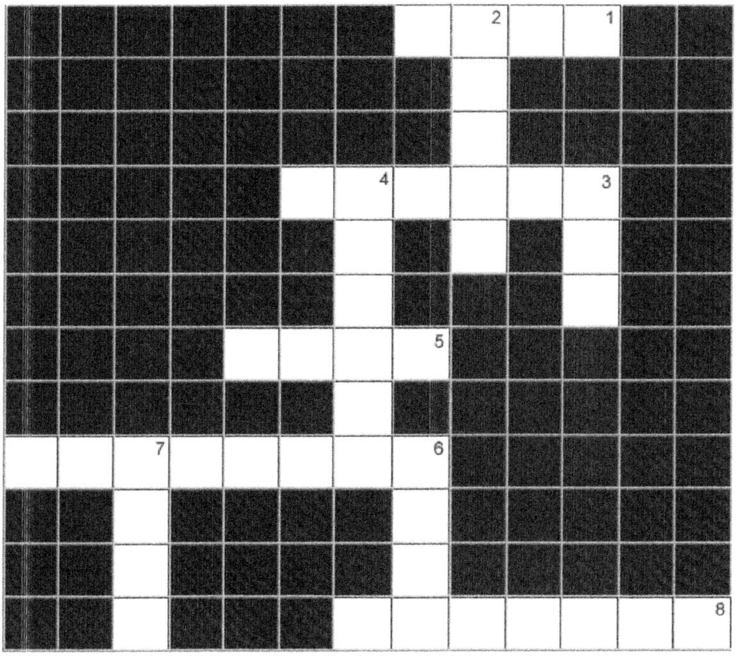

←

1 אַ העמד האָט צוויי פֿון זיי
3 מע טראָגט עס אויפֿן האַלדז
5 מע טראָגט זיי אונטער די שיך
6 מע טראָגט זיי אויף די הענט
8 מע טראָגט זיי אויף די פֿיס ווען עס איז הייס

↓

2 זיי העלפֿן די אויגן
3 מע טראָגט זיי אויף די פֿיס
4 אַ לאַנגער, שוואַרצער מאַנטל
6 מע טראָגט עס אויפֿן קאָפּ
7 זיי זענען רונד און קליין

Supplementary text

(Audio 1:48)

This is a legend about an encounter between the parents of the Ba'al Shem Tov (the founder of Hasidism) and the biblical prophet Elijah, who according to Jewish tradition returns to earth to help people in need.

די עלטערן פֿונעם בעל־שם־טובֿ און אליהו הנבֿיא

אין אַ קליין שטעטל לעבט אַ מאַן מיט זײַן פֿרוי. זיי זענען שוין זייער אַלט, אָבער זיי האָבן נישט קיין קינדער. איין ערבֿ־שבת קומט אַן אָרעמאַן צו זייער טיר. ער טראָגט אַן אַלט, שמוציק ווײַס העמד, אַ צעריסענע שוואַרצע קאַפּאָטע, צעריסענע הויזן, אַלטע ברוינע שטיוול וואָס זענען פֿול מיט לעכער[*], און אַ היטל וואָס איז פֿול מיט לאַטעס. אָבער דאָס פּאָרפֿאָלק קוקט נישט אויף די אַלטע, שמוציקע קליידער. זיי בעטן דעם אָרעמאַן ער זאָל קומען אין שטובֿ. זיי גיבן אים אַ רײַכע, געשמאַקע וועטשערע און אַ וואַרעם בעט.
מוצא־שבת גיבן זיי אים עסן און געלט צו נעמען מיט זיך אויפֿן וועג. ווען דער אָרעמאַן שטייט שוין בײַ דער טיר, זאָגט ער, „איך בין אליהו הנבֿיא. איך זע אַז איר זײַט איידעלע מענטשן. איר גיט מיט אַ ברייט, אָפֿן האַרץ. איר וועט[†] באַלד געבוירן אַ זון וואָס וועט באַלײַכטן די וועלט.“ און דער זון וואָס ווערט געבוירן איז דער בעל־שם־טובֿ.

[*] plural of לאָך

[†] 'will' (future tense; see language point 1, Unit 10)

Unit Eight

דו האָסט נישט געגעסן די געפֿילטע פֿיש!

You didn't eat the gefilte fish!

In this unit you will learn:

- how to talk about food and cooking
- how to talk about things you've done in the past
- the past tense formed with האָבן
- the expression מיט ... צוריק (ago)
- ordinal numbers 1–100
- about traditional food of the Yiddish-speaking world

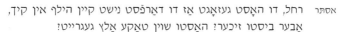

Dialogue 1

(Audio 1:50)

Rokhl's friend Esther has come to visit from New York and Rokhl has invited Dovid and Khane to her flat for dinner so that they can all get to know each other. Esther wants to help Rokhl with the cooking, but Rokhl refuses the offer.

אסתּר רחל, דו האָסט געזאָגט אַז דו דאַרפֿסט נישט קיין הילף אין קיך,
אָבער ביסטו זיכער? האָסטו שוין טאַקע אַלץ געגרייט?

רחל יאָ, איך האָב כּמעט געענדיקט. איך האָב געשטעלט די בולבעס אין
אויוון מיט אַ שעה צוריק, און איך האָב געקאָכט די זופּ.

אסתּר אפֿשר קען איך שנײַדן גרינסן אָדער מאַכן אַ סאַלאַט?

רחל ניין, אַ דאַנק. איך האָב שוין געגרייט די גרינסן און געמאַכט
דעם סאַלאַט. איך האָב אויך געקויפֿט אַ שאָקאָלאַד קוכן און אַ
פֿלעשל וויַין.

אסתּר איך האָב נישט געוווּסט אַז דו ביסט אַזאַ בעל-הביתטע! איך האָב געמיינט אַז דו קענסט בכלל נישט קאָכן! אין ניו-יאָרק האָסטו שטענדיק געגעסן אין רעסטאָראַנען.

רחל וואָס זשע רעדסטו? עס איז נישט אַזוי שווער. איך האָב געלייענט אַ פּאָר קאָך-ביכער. איך האָב שוין געקענט קאָכן ווען איך האָב געוווינט אין ניו-יאָרק. האָסטו טאַקע געמיינט אַז איך קען נישט צוגרייטן אַ פּשוטע וועטשערע?

אסתּר זײַ מוחל! איך האָב נישט געוווּסט.

רחל עס מאַכט נישט אויס. נו, לאָמיר אַרויסנעמען דאָס עסן פֿון אויוון.

אסתּר דאַכט זיך אַז די בולבעס זענען נאָך אַ ביסל רוי. ביסטו זיכער אַז זיי זענען גרייט?

רחל אוי וויי! איך האָב פֿאַרגעסן אָנצינדן דעם אויוון!

Vocabulary

געזאָגט ← זאָגן	said (see language point 1)
הילף (די), –	help
אַלץ	everything
געגרײַט ← גרייטן	prepared (see language point 1)
כּמעט [קימאַט]	almost
געענדיקט ← ענדיקן	finished (see language point 1)
געשטעלט ← שטעלן	put (see language point 1)
בולבע (די), ־ס	potato
שעה [שאָ] (די), ־ען [שאָען]	hour
מיט . . . צוריק	ago (see language point 2)
געקאָכט ← קאָכן	cooked (see language point 1)
זופּ (די), ־ן	soup
אפֿשר [עפּשער]	maybe
שנײַדן	to cut
גרינס (דאָס), ־ן	vegetable
סאַלאַט (דער), ־ן	salad; lettuce
געמאַכט ← מאַכן	made (see language point 1)
געקויפֿט ← קויפֿן	bought (see language point 1)
שאָקאָלאַד (דער), ־ן	chocolate
קוכן (דער), ־ס	cake

bottle	פֿלעשל (דאָס), -עך
wine	ווײַן (דער), -ען
knew (see language point 1)	געוווּסט ← וויסן
thought (see language point 1)	געמיינט ← מיינען
at all; in general	בכלל [ביכלאַל]
ate (see language point 1)	געגעסן ← עסן
read (see language point 1)	געלייענט ← לייענען
couple; pair	פּאָר (די/דאָס), -ן
cookbook	קאָך-בוך (דאָס), קאָך-ביכער
could (see language point 1)	געקענט ← קענען
lived (see language point 1)	געוווינט ← וווינען
to prepare	צוגרייטן
simple	פּשוט [פּאָשעט]
sorry; excuse me	זײַ מוחל [מויכל] (singular) זײַט מוחל (plural)
to take out (see language point 2, Unit 13)	אַרויסנעמען
food	עסן (דאָס), -ס
it seems	דאַכט זיך
raw	רוי
ready	גרייט
to turn on; to light (see language point 2, Unit 13)	אָנצינדן

Idiom

It doesn't matter. עס מאַכט נישט אויס.

Additional vocabulary

yesterday	נעכטן
the day before yesterday	אײַיערנעכטן

Language points

1 The past tense formed with האָבן

To talk about something that happened in the past, you need to use a special past tense form of the verb. There are many past tense verbs in Dialogue 1, e.g.:

איך **האָב געקאָכט** די זופּ.
I **cooked** the soup.

The past tense of most Yiddish verbs is formed like this. To put a verb into the past tense, follow these steps:

1 Take the subject and the appropriate *present tense* form of the verb האָבן (e.g. איך האָב, דו האָסט, ער האָט). When used in this way, האָבן does not mean 'have' but is simply an auxiliary (helping) verb that serves to signal the past tense.
2 Take the base of the verb that you would like to put in the past (e.g. -קאָכ).
3 Add the prefix -גע to the beginning of the verb (e.g. -**גע**קאָכ).
4 Finally, add the suffix ט- or ן- to the verb (e.g. **גע**קאָכ**ט**). The resulting form is called the past participle. Note that the stress of the past participle is on the base, not on the -גע prefix.

As in the case of noun gender and plural forms, there is no way of predicting whether a given past participle will end in ט- or ן-. This means that it is best to memorize the past participle of each verb individually. From now on the past participle of new verbs will appear in the vocabulary lists, and the past participles of all verbs introduced in this course are listed in the glossary. However, more past participles end in ט- than in ן-, so this is the default choice if you're not sure.

Here is the complete past tense conjugation of קאָכן:

Plural		Singular	
מיר האָבן געקאָכט We cooked	1st person plural	איך האָב געקאָכט I cooked	1st person singular
איר האָט געקאָכט You cooked	2nd person plural	דו האָסט געקאָכט You cooked	2nd person singular
זיי האָבן געקאָכט They cooked	3rd person plural	ער/זי/עס האָט געקאָכט He/she/it cooked	3rd person singular

There are a few more points to consider with each type of past participle. Let's look first at issues relating to verbs with past participles ending in ט-.

1 If the base of the verb already ends in ט, you don't add another one when forming the past participle, e.g.:

אַרבעטן ← געאַרבעט

2 Some verbs undergo vowel changes when they become past participles. Such changes are not very frequent with past participles ending in ט-, but do occur with two common verbs (note that these verbs are irregular in the present tense as well):

וויסן ← געוווּסט
ווערלן ← געוואָלט

3 Very occasionally there is a consonant change as well, e.g.:

האָבן ← געהאַט

Now, here are a few points to note about verbs with past participles ending in ן-.

1 If the verb's infinitive ends in ען-, the past participle will end in ען- instead of ן-, e.g.:

נעמען ← גענומען
זינגען ← געזונגען
טרינקען ← געטרונקען

However, remember that many verbs whose infinitive ends in ען- have past participles ending in ט-, in which case this doesn't apply (e.g. ווינען → געווינט).

2 Vowel changes are more common with past participles ending in ן-, e.g.:

העלפֿן ← געהאָלפֿן
שרײַבן ← געשריבן
טרינקען ← געטרונקען
נעמען ← גענומען

3 Occasional past participles ending in ן- have a consonant change as well:

עסן ← געגעסן
שרײַען ← געשריגן

To negate a past tense verb, insert נישט/ניט between the auxiliary verb and the past participle:

איך האָב **נישט** געקאָכט.
I **didn't** cook.

If the sentence has a direct or indirect object, it usually follows the entire past tense construction, as you've seen:

איך האָב געקאָכט **די זופּ**.
I cooked **the soup**.

However, if the direct object is a pronoun, it goes between האָבן and the past participle, as in:

איך האָב **עס** געקאָכט.
I cooked **it**.

Finally, note that the Yiddish past tense corresponds to several different English tenses. For example, איך האָב געקאָכט may be translated with any of the following, depending on the context:

- I cooked
- I have cooked
- I was cooking
- I had cooked.

2 The expression מיט . . . צוריק (. . . ago)

To say that something happened some time ago, use the expression מיט . . . צוריק and put the length of time in the middle, as in Dialogue 1:

איך האָב געשטעלט די בולבעס אין אויוון **מיט אַ שעה צוריק**.
I put the potatoes in the oven **an hour ago**.

Here are some more examples of this construction. Note that מינוט (minute), שעה (hour), and יאָר (year) remain in the singular when used in conjunction with numbers.

a minute ago	מיט אַ מינוט צוריק
ten minutes ago	מיט צען מינוט צוריק
an hour ago	מיט אַ שעה צוריק

two hours ago	מיט צוויי שעה צוריק
three days ago	מיט דרײַ טעג צוריק
a week ago	מיט אַ וואָך צוריק
two weeks ago	מיט צוויי וואָכן צוריק
a month ago	מיט אַ חודש [כוידעש] צוריק
four months ago	מיט פֿיר חדשים [כאַדאָשים] צוריק
a year ago	מיט אַ יאָר צוריק
five years ago	מיט פֿינף יאָר צוריק

Exercise 1 (Audio 1:51)

Rewrite this excerpt from Khane's journal, putting the verbs into the past tense. You might have to check the glossary for some of the past participles.

דוד, אסתּר, און איך עסן וועטשערע בײַ רחלען. דוד און איך ברענגען אַ
קוכן. רחל זאָגט, "איר דאַרפֿט נישט ברענגען קיין עסן!" מיר פּרוּוון
העלפֿן רחלען אין קיך, אָבער זי וויל נישט קיין הילף. זי מאַכט אַ סאַלאַט
און קאָכט אַ זופּ. איך זאָג, "דו אַרבעטסט צו שווער!" מיר ענדיקן עסן
און רחל גיט אונדז הייסע טיי. רחל און דוד טרינקען אויך ווײַן. מיר רעדן
ביז שפּעט.

Exercise 2

Answer the following questions based on Dialogue 1.

1 וואָס האָט רחל שוין געקאָכט?
2 וואָס האָט אסתּר געוואָלט טאָן?
3 פֿאַרוואָס האָט רחל נישט געוואָלט הילף?
4 ווו האָט רחל געגעסן ווען זי האָט געווױנט אין ניו-יאָרק?
5 האָט רחל געדענקט אָנצינדן דעם אויוון?

Exercise 3

Answer the following questions using the expression מיט ... צוריק.

1 ווו האָסטו געוווינט מיט פֿינף יאָר צוריק?
2 האָסטו געקענט רעדן ייִדיש מיט אַ יאָר צוריק?
3 ווו האָסטו געאַרבעט מיט זעקס חדשים צוריק?
4 ווען האָסטו געהאַט אַ וואַקאַציע דאָס לעצטע (last) מאָל?
5 ווען האָסטו געגעסן פֿרישטיק (breakfast) הײַנט?

Dialogue 2

(Audio 1:52)

Dovid is visiting his uncle Yankl and aunt Reyzl for Friday night dinner, and ends up arguing about being vegetarian.

יאַנקל: דוד, נעם אַ שטיקל פֿלייש. דו האָסט נישט געגעסן די געפֿילטע פֿיש אָדער די געהאַקטע לעבער, און דו האָסט נאָר צימעס און קוגל אויף דײַן טעלער.

דוד: אַ דאַנק, פֿעטער, אָבער איך עס נישט קיין פֿלייש. איך בין אַ וועגעטאַריער. איך האָב אײַך שוין פֿריער געזאָגט.

רייזל: וואָס הייסט, נישט עסן פֿלייש? נו, אויב אַזוי, פֿאַרזוך אַ ביסל הינדל.

דוד: זײַ מוחל, מומע, איך עס אויך נישט קיין הינדל אָדער פֿיש. איך מיין אַז דאָס איז דאָס צענטע מאָל וואָס מיר רעדן וועגן דעם ענין!

יאַנקל: וואָס זשע רעדסטו? וואָס עסטו יאָ?

דוד: איך האָב אײַך שוין געזאָגט הונדערט מאָל! כּלערליי זאַכן! פֿרוכט, גרינסן, אייער, קעז, ברויט, לאָקשן, קאַשע, בעבעלעך -

רייזל: וואָס פֿאַר אַ משוגעת איז דאָס? דו מוזסט עסן פֿלייש. אויב נישט, קענסטו חלילה קראַנק ווערן.

דוד: איך בין נישט דער ערשטער וועגעטאַריער אויף דער וועלט! עס איז גאַנץ געוויינטלעך אין די הײַנטיקע צײַטן.

יאַנקל: נו, וואָס קען מען טאָן; דו ביסט אַ גרויסער עקשן. זײַ אַ וועגעטאַריער אויב דו ווילסט.

רייזל: יאָ, טו וואָס דו ווילסט. אָבער פֿאַרזוך כאָטש מײַן ייַכל.

דוד: גוואַלד!!

Vocabulary

piece	שטיקל (דאָס), ־עך
meat	פֿלייש (דאָס), ־ן
gefilte fish (literally: filled fish; see culture point)	געפֿילטע פֿיש (plural)
chopped liver	געהאַקטע לעבער (די)
tsimes (see culture point)	צימעס (דער), ־ן
kugel (see culture point)	קוגל (דער), ־ען
vegetarian	וועגעטאַריער (דער), –
before; earlier	פֿריער
to taste (see language point 1, Unit 12, for explanation of how to form the past tense of this type of verb)	פֿאַרזוכן
chicken	הינדל (דאָס), ־עך
fish	פֿיש (דער), –
tenth (see language point 3)	צענט
issue	ענין [איניען] (דער|דאָס), ־ים [איניאָנים]
all kinds of	כּלערליי [קאָלערליי]
fruit	פֿרוכט (די), ־ן
egg	איי (דאָס), ־ער
cheese	קעז (דער), ־ן
bread	ברויט (דאָס), ־ן
noodle	לאָקש (דער), ־ן
porridge	קאַשע (די), ־ס
bean	בעבעלע (דאָס), ־ך
madness	משוגעת [מעשוגאַס] (דאָס), ־ן
if	אויב
first (see language point 3)	ערשט
world	וועלט (די), ־ן
common; usual	געוויינטלעך
contemporary	הײַנטיק
stubborn person	עקשן [אַקשן] (דער), ־ים [אַקשאָנים]
at least (can also mean 'although')	כאָטש
clear chicken soup (see culture point)	יויכל (דאָס), ־עך

Idioms

What does that mean?	וואָס הייסטו?
Help! Mercy!	גוואַלד!

Additional vocabulary

to bake	באַקן, גע-ן\גע-ט
fork	גאָפּל (דער), -ען
glass	גלעזל (דאָס), -עך
herring	הערינג (דער), -ען\-
salt	זאַלץ (די\דאָס), -ן
juice	זאַפֿט (דער), -ן
pot	טאָפּ (דער), טעפּ
cup	טעפּל (דאָס), -עך
cholent (see culture point, Unit 5)	טשאָלנט (דער\דאָס), -ן\-ער
kosher (see culture point)	כּשר [קאָשער]
spoon	לעפֿל (דער), –
milk	מילך (די), –
dairy (see culture point)	מילכיק
knife	מעסער (דער\דאָס), -ס
carrot	מער (דער\די), -ן
frying pan	סקאָוואָראָדע (די), -ס; פּאַטעלניע (די), -ס
parev, neutral, neither meaty nor dairy (see culture point)	פּאַרעווע
tomato	פּאָמידאָר (דער), -ן
orange	פּאָמעראַנץ (דער), -ן
to fry	פּרעגלען, גע-ט
meaty (see culture point)	פֿליישיק
pepper	פֿעפֿער (דער), –
sugar	צוקער (דער), –
onion	ציבעלע (די), -ס
garlic	קנאָבל (דער), –
mushroom	שוואָם (דער\די), -ען
bowl	שיסל (די), -ען

Language points

3 Ordinal numbers 1–100

The ordinal numbers (first, second, third, etc.) in Yiddish are adjectives made by taking the cardinal number (one, two, three, etc.) and adding a suffix to it.

The ordinals 1st to 19th are formed with the suffix ט-, as shown in the following chart. The ordinals 1st, 3rd, 4th, and 7th are irregular; for 8th there is no change because the cardinal אַכט already ends in ט. 5th has two variants, one regular and the other irregular.

Ordinal	Cardinal		Ordinal	Cardinal	
עלפֿט	עלף	11	**ערשט**	איינס	1
צוועלפֿט	צוועלף	12	צווייט	צוויי	2
דרײַצנט	דרײַצן	13	דריט	דרײַ	3
פֿערצנט	פֿערצן	14	**פֿערט**	פֿיר	4
פֿופֿצנט	פֿופֿצן	15	פֿינפֿט|פֿופֿט	פֿינף	5
זעכצנט	זעכצן	16	זעקסט	זעקס	6
זיבעצנט	זיבעצן	17	זיבעט	זיבן	7
אַכצנט	אַכצן	18	אַכט	אַכט	8
נײַנצנט	נײַנצן	19	נײַנט	נײַן	9
			צענט	צען	10

The ordinals 20th and above are formed with the suffix סט-:

צוואַנציקסט|צוואָנציקסט	צוואַנציק|צוואָנציק	20
דרײַסיקסט	דרײַסיק	30
פֿערציקסט	פֿערציק	40
פֿופֿציקסט	פֿופֿציק	50
זעכציקסט	זעכציק	60
זיבעציקסט	זיבעציק	70
אַכציקסט	אַכציק	80
נײַנציקסט	נײַנציק	90
הונדערטסט	הונדערט	100

In the case of compounds, only the last part is made into an ordinal, e.g. איין און צוואַנציקסט (21st), זיבן און דרײַסיקסט (37th).

Ordinal numbers function like other adjectives, taking gender and case suffixes, e.g.:

איך בין נישט **דער** ערשט**ער** וועגעטאַריער.
I'm not the first vegetarian (masculine singular nominative).

דאָס איז **דאָס** צענט**ע** מאָל!
This is the tenth time (neuter singular nominative)!

איך האָב געזען **דעם** ערשטן פֿילם, אָבער נישט **דעם** צווייטן.
I've seen the first film, but not the second (masculine singular accusative).

4 Using יאָ to emphasize a contrast

In Yiddish the word יאָ can be added to a statement in order to emphasize that it contrasts with something said previously. This is often equivalent to using italics or stressing a particular word in English. For example, in Dialogue 2 Dovid said,

איך עס נישט קיין הינדל אָדער פֿיש.
I don't eat chicken or fish.

To which Yankl replied,

וואָס עסטו **יאָ**?
What ***do*** you eat?

Culture point

Eastern European Jewish food

Traditional Ashkenazi cuisine is shaped by the Jewish dietary laws. According to these laws, only animals that chew the cud and have cloven hooves are permitted as food. Similarly, only certain types of fowl are allowed. Permitted animals and fowl must be slaughtered according to strict regulations in order to be כּשר (kosher, fit, acceptable). Fish must have fins and scales, so all shellfish is prohibited. In addition, meat and dairy must not be mixed. This prohibition extends to cutlery, utensils, and cooking appliances, so observant households have separate פֿליישיק (meaty) and מילכיק (dairy) pots and pans, ovens, and sinks. Fish, eggs, fruit, and vegetables are פּאַרעווע (neutral) and may be mixed with both meat and dairy, but traditionally fish is not served during the same course as meat. Typical specialities of the Yiddish-speaking world include קוגל, a baked casserole that may be sweet (made with noodles) or savoury (made with potatoes); יויך (often referred to by the diminutive ייַכל), a clear chicken soup; צימעס, a sweet dish of carrots and raisins; געפֿילטע פֿיש, carp or whitefish patties that may be either sweet (in the Polish style) or salted (in the Lithuanian style); and chopped egg, chicken liver, or herring.

Exercise 4

Look at this illustration and say what the people are doing. Refer to each person using ordinal numbers.

Example דער ערשטער מענטש לייענט אַ בוך.

Exercise 5

Insert ordinal numbers in the correct cases into this story, using the prompts in brackets.

דוד איז דאָס ________ (3) קינד פֿון פֿינף, אָבער ער איז דער ________ (2) זון. זײַן ברודער וווינט אין ישׂראל. דוד פֿאָרט באַלד קיין ישׂראל כּדי צו באַזוכן דעם ברודער. דאָס איז נישט דודס ________ (1) נסיעה קיין ישׂראל; עס איז שוין דאָס ________ (4) מאָל וואָס ער באַזוכט זײַן ברודער דאָרט. דאָס ________ (1) מאָל האָט ער נישט אַזוי ליב געהאַט ישׂראל, ווײַל ער האָט נישט גוט געקענט העברעיִש, אָבער איצט האָט ער שטאַרק ליב. ער זאָגט, "איך פֿיל אַז דאָס איז שוין דאָס ________ (50) מאָל וואָס איך פֿאָר קיין ישׂראל!"

Supplementary text

(Audio 1:53)

Here is a story about Hershele Ostropolyer, the popular Yiddish folk hero famous for championing the poor and mocking the rich.

הערשעלע גייט אין קרעטשמע

הערשעלע אָסטראָפּאָליער האָט געמאַכט אַ לאַנגע נסיעה. ער איז געוואָרן* זייער מיד און הונגעריק און האָט געוואָלט עסן וועטשערע, אָבער ער האָט נישט געהאַט קיין געלט. ער איז אַרײַנגעגאַנגען† אין אַ קרעטשמע אויפֿן וועג און האָט געבעטן וועטשערע. די בעל-הביתטע האָט געקוקט אויף הערשעלעס אַלטע, שמוציקע קליידער און האָט פֿאַרשטאַנען‡ אַז ער האָט נישט קיין געלט, האָט זי נישט געוואָלט אים געבן קיין וועטשערע. זי האָט אים געזאָגט, "איך האָב נישט קיין עסן. איך קען אײַך גאָרנישט געבן."

הערשעלע האָט געזען אַז עס איז דאָ עסן אין קרעטשמע, און ער האָט געפֿרעגט, "האָט איר טאַקע גאָרנישט? נישט קיין פֿלייש, נישט קיין פֿיש?" "ניין," האָט די בעל-הביתטע געענטפֿערט. "אַפֿילו נישט קיין ברויט?" "ניין," האָט די בעל-הביתטע געענטפֿערט.

* past tense of ווערן (see language point 1, Unit 9)

† past tense of אַרײַנגיין (see language point 1, Unit 9, and language point 2, Unit 13)

‡ past participle of פֿאַרשטיין (see language point 1, Unit 12)

הערשעלע איז געוואָרן זייער אין כּעס. ער האָט געשריגן, „אויב איר גיט מיר נישט קיין עסן, טו איך וואָס מײַן טאַטע האָט געטאָן!" די פֿרוי האָט מורא געהאַט און האָט גלײַך געברענגט הערשעלען אַ גרויסן טעלער פֿלייש און בולבעס. ווען הערשעלע האָט געענדיקט עסן, האָט די פֿרוי געפֿרעגט, „זאָגט מיר ביטע, וואָס האָט אײַער טאַטע געטאָן?"

האָט הערשעלע געענטפֿערט, „ער איז געגאַנגען[§] שלאָפֿן אַ הונגעריקער[¶]".

[§] past tense of גיין (see language point 1, Unit 9)

[¶] הונגעריק used as a masculine noun

Unit Nine

ווי איז געווען די נסיעה?

How was the trip?

In this unit you will learn:

- how to talk about travel and describe places
- the past tense formed with זײַן
- prepositions meaning ‘to’
- גיין and פֿאָרן
- large numbers and dates
- how to decline יעדער and איינער
- adjectives based on place names
- about Jewish Vilnius

Dialogue 1

(Audio 1:55)

Dovid has just come back from Israel, where he went to visit his brother in yeshiva. He tells Khane and Rokhl about his trip.

רחל נו, ווי איז געווען די נסיעה? ביסטו געגאַנגען שווימען אין ים?

דוד רחל, וואָס רעדסטו? איך בין געפֿאָרן קיין ירושלים, נישט תּל-אָבֿיבֿ!

רחל דאָס איז אַ שאָד. ווען איך בין געפֿאָרן קיין ישׂראל דאָס לעצטע מאָל בין איך געלעגן אויף דער פּלאַזשע די גאַנצע צײַט. טאָ וואָס האָסטו געטאָן?

דוד איך בין געגאַנגען אין דער אַלטער שטאָט און געבליבן דאָרטן אַ גאַנצן טאָג. איך האָב געזען דעם כּותל און די גרויסע מערק. איך בין אויך געזעסן אַ סך אין קאַפֿעען מיט מײַן ברודער. מיר זענען געווען אויף אַ שׂימחה – איינער פֿון מײַן ברודערס חבֿרים האָט חתונה געהאַט. מיר זענען אויך געפֿאָרן מיטן אויטאָבוס קיין חיפֿה און געגאַנגען אין די באַרימטע גערטנער דאָרטן. איך בין געוואָרן אין גאַנצן רויט פֿון צו פֿיל זון!

חנה ביסטו געווען אין די ייִדישע ביכער-קראָמען אין מאה שערים?

דוד יאָ, איך האָב געקויפֿט אַ סך ביכער און ספֿרים – דעטעקטיוו-ראָמאַנען, הלכה, און אַגדות אויף ייִדיש. אָבער –

רחל דעטעקטיוו-ראָמאַנען? נו, וווּ זענען זיי? ווײַז מיר!

דוד איך בין געווען אַזוי נאַריש – איך האָב זיי געלאָזט אויפֿן עראָפּלאַן!

Vocabulary

was (see language point 1)	געוועֿן ← זײַן
trip	נסיעה [נעסיע] (די), -ות
sea	ים [יאַם] (דער), -ען
to (see language point 2)	קיין
Jerusalem	ירושלים [יערושאָלאַיִם]
Tel Aviv	תּל-אָבֿיבֿ [טעל-אַוויוו]
pity; shame	שאָד (דער), –
travelled/went (by vehicle) (see language points 1 and 3)	געפֿאָרן ← פֿאָרן
lay (see language point 1)	געלעגן ← ליגן
beach	פּלאַזשע (די), -ס
so	טאָ
walked; went (see language points 1 and 3)	געגאַנגען ← גיין
city	שטאָט (די), שטעט
stayed (see language point 1)	געבליבן ← בלײַבן
there	דאָרט(ן)
The Western Wall	כּותל [קויסל] (דער)
market	מאַרק (דער), מערק
to (see language point 2)	אויף
celebration	שׂימחה [סימכע] (די), -ות
one (see language point 8)	איינער (masculine)
bus	אָויטאָבוס (דער), -ן
Haifa	חיפֿה [כײפֿע]
became (see language point 1)	געוואָרן ← ווערן
completely	אין גאַנצן

sun	זון (די), ־ען
shop, store	קראָם (די), ־ען
Meah Shearim (Haredi neighbourhood of Jerusalem)	מאה שערים [מייע שעאָרים]
Jewish religious book	ספֿר [סייפֿער] (דער), ־ים [ספֿאָרים]
detective	דעטעקטיוו (דער), ־ן
novel	ראָמאַן (דער), ־ען
halakha, Jewish law	הלכה [האַלאָכע] (די), ־ות
legend; non-legal sections of classical rabbinic texts, e.g. Talmud and midrash	אַגדה [אַגאָדע] (די), ־ות
stupid; silly	נאַריש
to leave (also: to let)	לאָזן, גע־טוגע־ן
plane	עראָפּלאַן (דער), ־ען

Additional vocabulary

car	אויטאָ (דער), ־ס
underground/subway	אונטערגרונט־באַן (די), ־ען
train	באַן (די), ־ען
tram	טראַמוויַי (דער), ־ען
motorcycle	מאָטאָציקל (דער), ־ען
motor	מאָטאָר (דער), ־ן
underground/subway (used in US)	סאָבוויי (דער|די), ־ס
on foot	צו פֿוס
wheel	ראָד (די|דאָס), רעדער
bicycle	ראָווער (דער), ־ס
boat, ship	שיף (די), ־ן
north	צפֿון [צאָפֿן] (דער)
south	דרום [דאָרעם] (דער)
east	מיזרח [מיזרעך] (דער)
west	מערבֿ [מײַרעוו] (דער)

Language points

1 The past tense formed with זײַן

In Unit 8 you learned the usual way of forming the past tense in Yiddish, i.e. with a present tense form of the auxiliary verb האָבן followed by a past participle. However, there is a small group of about 20 verbs that do not form their past tense with האָבן; instead, they use זײַן. You saw some examples of this in Dialogue 1, for example when Dovid said,

> איך **בין געפֿאָרן** קיין ירושלים.
> I **travelled** to Jerusalem.

Here is the complete past tense conjugation of פֿאָרן (to go/travel by vehicle) which you can use as a model for verbs forming their past tense with זײַן.

Plural		Singular	
מיר זענען/זײַנען געפֿאָרן We went	1st person plural	איך בין געפֿאָרן I went	1st person singular
איר זײַט געפֿאָרן You went	2nd person plural	דו ביסט געפֿאָרן You went	2nd person singular
זיי זענען/זײַנען געפֿאָרן They went	3rd person plural	ער/זי/עס איז געפֿאָרן He/she/it went	3rd person singular

In most other respects these verbs behave just like those using האָבן: the past participle is formed with -גע and a suffix; נישט/ניט goes between the auxiliary verb and the past participle; if the verb has a direct or indirect object, it usually goes after the past participle, but if the direct object is a pronoun it goes between the auxiliary verb and the past participle; the range of possible translations is the same (e.g. I went, I have gone, I was going, I had gone).

There is no completely foolproof method of predicting which verbs conjugate with זײַן instead of האָבן; as with other aspects of Yiddish grammar, the best thing to do is just to memorize them individually. However, since there are only about 20 of them, this is not a big problem. Moreover, here are a few guidelines that can help you to remember which verbs belong to this category:

1 All verbs that form their past tense with זײַן have a meaning that has something to do with the body, movement or existence. Sometimes this meaning is obvious, e.g. שפּרינגען (jump), זיצן (sit), שטיין (stand), לויפֿן (run); other times it is more general, e.g. זײַן (be), שטאַרבן (die), בלײַבן (stay/remain), ווערן (become).
2 All 'זײַן' verbs are intransitive (i.e. they cannot take a direct object).
3 All 'זײַן' verbs have a past participle ending in ן- or ען- rather than ט-. Therefore, if you know that the past participle of any given verb ends in ט-, you can be sure that its auxiliary verb is not זײַן.
4 Many verbs in this category have internal vowel and/or consonant changes. Some of them are extremely irregular.

Study the following lists of the most common 'זײַן' verbs. They have been divided into different groups according to how their past participle is formed.

1 Past participle ending in ן- with no further changes:

געקומען	←	קומען come
געפֿאָרן	←	פֿאָרן go (by vehicle)
געשלאָפֿן*	←	שלאָפֿן sleep
געפֿאַלן	←	פֿאַלן fall

* can conjugate with האָבן as well

2 Past participle ending in ן- with vowel change:

געבליבן ← בלײַבן
stay

געוואָקסן* ← וואַקסן
grow

געוואָרן ← ווערן
become

געלאָפֿן ← לויפֿן
run

געלעגן ← ליגן
lie

געקראָכן ← קריכן
crawl

געריטן† ← רײַטן
ride (a horse, etc.)

געשטאָרבן ← שטאַרבן
die

* can be געוואַקסן as well
† can conjugate with האָבן as well

3 Past participle ending in ען- with vowel change:

געהאָנגען ← הענגען
hang

געשווומען ← שווימען
swim

געשפּרונגען ← שפּרינגען
jump

4 Past participle ending in ן- with vowel and consonant change:

געזעסן ← זיצן
sit

געפֿלויגן ← פֿליען
fly

5 Past participle ending in ען- with vowel and consonant change:

געגאַנגען	←	גיין go (on foot)
געשטאַנען	←	שטיין stand
געווען	←	זײַן be

2 Prepositions meaning 'to'

In Yiddish there are four separate prepositions, קיין, אין, צו, and אויף, corresponding to the English 'to', as in 'I am going to the library/to Israel/to a concert'. Each of these prepositions is used in specific contexts, so once you've learnt the difference between them it will be easy to know when to use each one.

1 קיין is used before geographical locations with their own name, including cities, countries, regions, towns, and villages. For example:

איך בין געפֿאָרן **קיין** ירושלים.
I travelled **to** Jerusalem.

There are only a few exceptions to this rule, discussed in point 2.

2 אין is used before locations within a city or town, usually buildings such as shops, restaurants, cinemas, libraries, etc. Typically these kinds of places do not have their own unique name, but rather are referred to by a general noun such as 'the library' or 'the cinema'. For example:

ביסטו געגאַנגען **אין** די ייִדישע ביכער־קראָמען
Did you go **to** the Yiddish bookstores?

Even if such a location has its own proper name, you still use אין rather than קיין, e.g.:

איך בין געגאַנגען **אין** מאה שערים.
I went **to** Meah Shearim.

Finally, before the names of a few countries אין is used instead of קיין. These exceptions are as follows:

איך בין געפֿאָרן **אין** דער שווייץ I went **to** Switzerland	←	שווייץ Switzerland
איך בין געפֿאָרן **אין** דער ליטע I went **to** Lithuania	←	ליטע Lithuania
איך בין געפֿאָרן **אין** דער אוקראַיִנע I went **to** Ukraine	←	אוקראַיִנע Ukraine
איך בין געפֿאָרן **אין** די פֿאַראייניקטע שטאַטן I went **to** the United States	←	די פֿאַראייניקטע שטאַטן the United States

Note that the definite article appears before all of these exceptional country names when they are in the dative case; this may help you remember them.

3 צו is used in conjunction with people, whether referred to by their proper name (e.g. רחל, חנה) or by a common noun (e.g. לערער, מאַמע). Often when you say that you are going 'to' a person in Yiddish you mean that you are going to their place or their house. For example:

איך בין געגאַנגען **צו** דודן.
I went **to** Dovid['s house].

איך בין געפֿאָרן **צו** דער מומען.
I went **to** my (literally: the) aunt['s house].

4 אויף is used before words describing events scheduled for a particular time, e.g. לעקציע, חתונה, מסיבה:

מיר זענען געגאַנגען **אויף** אַ שׂימחה.
We went **to** a celebration.

3 גייַן and פֿאָרן

Note that while גייַן and פֿאָרן can both be translated as 'go', they are used in different contexts.

גייַן usually means 'go on foot' or 'walk', e.g.:

איך בין **געגאַנגען** אין מאה שערים.
I went [on foot] to Meah Shearim.

Additionally, it can mean 'go' in a general sense, without specific reference to walking:

ביסטו **געגאַנגען** שווימען?
Did you go swimming?

Conversely, פֿאָרן always means 'travel/go by vehicle'.

איך בין **געפֿאָרן** קיין ישׂראל.
I went/travelled [e.g. by plane] to Israel.

Exercise 1

Insert the correct auxiliary verbs and past participles, using the infinitives in brackets.

1 דוד ______ ______ [קומען] פֿון ישׂראל.
2 איך ______ ______ [זײַן] אין פּאַריז.
3 מיר ______ ______ [שווימען] אין ים.
4 רחל ______ ______ [ליגן] אויף דער פּלאַזשע.
5 איר ______ ______ [פֿליען] מיט אַן עראָפּלאַן.
6 די חבֿרים ______ ______ [פֿאָרן] מיטן אויטאָבוס.
7 חנה און רחל ______ ______ [גייַן] אויף אַ שׂימחה.
8 דו ______ ______ [זיצן] אין גאָרטן.
9 מיר ______ ______ [ווערן] רויט פֿון דער זון.
10 איך ______ ______ [שלאָפֿן] ביז שפּעט.

Exercise 2

Complete this excerpt from Khane's journal with the correct prepositions (choose from קיין, אין, צו and אויף).

> רחל האָט געוואָלט פֿאָרן ______ פּאַריז. זי האָט מיר געזאָגט,
> "לאָמיר פֿאָרן צוזאַמען! איך וויל גיין ______ מעדעם ביבליאָטעק.*
> מיר קענען גיין ______ יידיש לעקציעס און רעדן יידיש די גאַנצע
> צײַט. מײַן ברודער וווינט אין פּאַריז; מיר קענען גיין ______ אים. מיר
> קענען אויך גיין ______ גוטע רעסטאָראַנען און ______ שיינע
> קרעטשמעס!"

* The Medem Biblyotek/Medem Bibliothèque is a Yiddish centre in Paris with an extensive range of classes, courses, and cultural events as well as a Yiddish café, library, and bookshop.

Exercise 3

Complete these sentences with either גיין or פֿאָרן, as appropriate.

1 דוד האָט געוואָלט ______ פֿון ענגלאַנד קיין ישׂראל.
2 קענסטו ______ אין שטאָט, אָדער איז עס צו ווײַט?
3 רחל האָט ליב צו ______ אין פּאַרק לעבן איר דירה.
4 חנה האָט נישט ליב צו ______ מיט דער באַן.

Exercise 4

Read the following descriptions of different types of transport and provide the term that best fits the description. The first one has been done.

1 מען קען פֿליען מיט אים. = **עראָפּלאַן**
2 מע פֿאָרט מיט אים אויפֿן ים.
3 עס האָט צוויי רעדער און נישט קיין מאָטאָר.
4 אויב מע וויל פֿאָרן מיט אים, מוז מען גיין אונטער דער ערד (earth; ground).
5 עס האָט צוויי רעדער און אַ מאָטאָר.
6 עס האָט צוויי אָדער פֿיר טירן און אַ מאָטאָר.

Dialogue 2

(Audio 1:56)

Khane is considering signing up for an intensive Yiddish summer course in Vilnius, Lithuania. She asks Rokhl, who has done the course before, what it was like.

חנה מיינסטו אַז עס איז כּדאַי צו פֿאָרן קיין ווילנע אויפֿן זומער-קורס?

רחל וואָס פֿאַר אַ פֿראַגע! עס איז ממש כּדאַי!

חנה ווי איז געווען דער קורס וואָס דו האָסט דאָרטן געמאַכט?

רחל ס'איז געווען אויסערגעוויינטלעך! איך בין דאָרטן געווען אַ חודש און איך האָב גערעדט ייִדיש די גאַנצע צײַט. איך האָב געטראָפֿן אַ סך אינטערעסאַנטע מענטשן פֿון כּלערליי מדינות. מיר זענען געגאַנגען צוזאַמען אין אַ סך רעסטאָראַנען, און עס זענען געווען רעפֿעראַטן וועגן דער געשיכטע פֿון ייִדן אין ווילנע כּמעט יעדן אָוונט.

חנה איז די שטאָט שיין? וואָס האָסטו דאָרטן געזען?

רחל אוי, ירושלים דליטא איז פּרעכטיק! איך האָב געוווינט אין דער אַלטער שטאָט. אַ סך בנינים דאָרטן זענען לפּחות פֿיר אָדער פֿינף הונדערט יאָר אַלט און זייער קאָלירפֿול. איך בין געזעסן אין קאַפֿעען און געגאַנגען אין קונסט-גאַלעריעס. די ייִדישע געשיכטע פֿון דער שטאָט איז אויך זייער רײַך. דער ווילנער גאון האָט געוווינט נאָר אַ פּאָר הונדערט מעטער פֿון מײַן דירה. אַ מאָל איז די געשיכטע געווען טרויעריק - למשל, דער אוניווערסיטעט איז זייער נאָענט צום אַרײַנגאַנג פֿון ווילנער געטאָ.

חנה און וואָס מיטן קורס אַליין? ווי זענען געווען די לעקציעס?

רחל אוי, די לעקציעס! איך בין נישט געווען אויף אַלע - איך האָב נישט געקענט אַרויסקריכן פֿון בעט אין דער פֿרי!

Vocabulary

worthwhile, advisable	כּדאַי [קעדײַ]
Vilnius	ווילנע (די)
summer	זומער (דער), -ן\ס
really	ממש [מאַמעש]
contraction of עס	ס'
extraordinary; amazing	אויסערגעוויינטלעך
to meet	טרעפֿן, געטראָפֿן
country	מדינה [מעדינע] (די), -ות

lecture	רעפֿעראַט (דער), ־ן
history	געשיכטע (די), ־ס
each, every (see language point 7)	יעדן (masculine accusative)
Vilnius (literally: Jerusalem of Lithuania)	ירושלים דליטא [יערושאָלאַיִם דעליטע]
gorgeous	פּרעכטיק
building	בנין [ביניען] (דער|דאָס), ־ים [ביניאָנים]
at least	לפּחות [לעפּאָכעס]
colourful	קאָלירפֿול
art gallery	קונסט־גאַלעריע (די), ־ס
The Vilna Gaon, Rabbi Elijah ben Shlomo Zalman (see culture point)	דער ווילנער גאון [גאָען]
metre	מעטער (דער), ־ס
sad	טרויעריק
for example	למשל [לעמאָשל]
entrance	אַרײַנגאַנג (דער), ־ען
close	נאָענט
of Vilnius (see language point 9)	ווילנער
ghetto	געטאָ (די|דאָס), ־ס
itself	אַליין
to crawl out (see language point 2, Unit 13)	אַרויסקריכן

Language points

4 Lengths of time

In Yiddish when you say how long something lasted you don't use a preposition like English 'for'. You saw this in Dialogue 2, when Rokhl said,

איך בין דאָרטן געווען אַ חודש.
I was there [for] a month.

If the noun describing the amount of time has an associated article and/or adjective, these will be in the accusative:

איך בין דאָרטן געווען **דעם** גאַנצן חודש.
I was there [for] the whole month.

5 Large numbers and dates

Large numbers in Yiddish are very easy to form. Here are some examples:

101	הונדערט (און) איינס
102	הונדערט (און) צוויי
110	הונדערט (און) צען
111	הונדערט (און) עלף
120	הונדערט (און) צוואַנציק|צוואָנציק
121	הונדערט איין און צוואַנציק|צוואָנציק
130	הונדערט (און) דרײַסיק
199	הונדערט נײַן און נײַנציק
200	צוויי הונדערט
201	צוויי הונדערט (און) איינס
300	דרײַ הונדערט
900	נײַן הונדערט
1,000	טויזנט (דער), ־ער
1,200	טויזנט צוויי הונדערט
1,345	טויזנט דרײַ הונדערט פֿינף און פֿערציק
2,000	צוויי טויזנט
100,000	הונדערט טויזנט
1,000,000	מיליאָן (דער), ־ען
1,000,000,000	מיליאַרד (דער), ־ן

Dates can be read in two ways, both of which are equally acceptable. The first way resembles English:

1985 נײַנצן פֿינף און אַכציק

The second way is a bit different from English:

1985 טויזנט נײַן הונדערט פֿינף און אַכציק

For dates in the twenty-first century, there is only one possibility:

2015 צוויי טויזנט פֿופֿצן

6 עס איז\זענען געווען (There was/were)

To say 'there was/were' in the past, follow these steps:

1 Take the present-tense expression עס איז דאָ or עס זענען\זײַנען דאָ and remove the דאָ.
2 Put the verb into the past tense. You end up with:

there was — עס איז געווען

Example — **עס איז געווען** אַ גוטער רעסטאָראַן אין דער אַלטער שטאָט.
There was a good restaurant in the Old City.

there were — עס זענען\זײַנען געווען

Example — **עס זענען געווען** רעפֿעראַטן וועגן ייִדן אין ווילנע.
There were lectures about Jews in Vilnius.

To make this expression negative, put נישט\ניט after איז or זענען\זײַנען and remember to add קיין before the noun, whether singular or plural:

there wasn't — עס איז **נישט** געווען **קיין**

Example — **עס איז נישט געווען קיין** גוטער רעסטאָראַן אין דער אַלטער שטאָט.
There was no good restaurant in the Old City.

there weren't — עס זענען\זײַנען **נישט** געווען **קיין**

Example — **עס זענען נישט געווען קיין** רעפֿעראַטן וועגן ייִדן אין ווילנע.
There weren't any lectures about Jews in Vilnius.

7 Declining יעדער (each/every)

The adjective יעדער (each/every) is like other adjectives except in two respects:

1 It has no base form; it always appears directly before a noun and thus always has a gender and case suffix (e.g. יעדער מאַן, יעדע פֿרוי, מיט יעדן מאַן).

2 The neuter nominative/accusative form is יעדעס, which is different from most other adjectives. For example:

איך פֿאָר קיין ווילנע יעד**עס** יאָר.
I go to Vilnius every year.

8 Declining איינער (one)

The number איין (one) can be used like a noun, as in **איינער** פֿון מײַנע חבֿרים (**one** of my friends). In such cases it takes gender and case suffixes usually found with adjectives, as shown in the following table:

Dative	Accusative	Nominative	
איינ**עם**		איינ**ער**	Masculine
איינ**ער**	איינ**ע**		Feminine
איינ**עם**	איינ**ס**		Neuter

Here are some examples of this usage:

איינ**ער** פֿון מײַנע חבֿרים איז געקומען אויף דער חתונה.
One (masculine nominative) of my friends came to the wedding.

איך האָב געזען איינ**עם** פֿון מײַנע חבֿרים דאָרט.
I saw one (masculine accusative) of my friends there.

ער איז געזעסן מיט איינ**ער** פֿון זײַנע שוועסטער.
He was sitting with one (feminine dative) of his sisters.

9 Adjectives based on place names

Adjectives based on names of cities or countries, e.g. כעלעמער, ווילנער, אַמעריקאַנער (American), מעקסיקאַנער (Mexican), usually end in ער- and don't decline, e.g. דאָס ווילנער קינד, די ווילנער פֿרוי, דער ווילנער געטאָ, דעם ווילנער געטאָ, די ווילנער בנינים.

Culture point

Jewish Vilnius

Vilnius, Lithuania, often referred to in Yiddish as ירושלים דליטא (Jerusalem of Lithuania), has a rich Jewish history dating back to at least the sixteenth century. It was a centre of Jewish religious learning and the home of many famous yeshivas. In the eighteenth century it became the seat of the Misnagdim, or opponents of Hasidism and the Jewish Enlightenment, under the leadership of the great Talmudic scholar Rabbi Elijah ben Shlomo Zalman (1720–97), commonly known as the Vilna Gaon. In the late nineteenth and early twentieth centuries Vilnius developed a thriving secular Jewish culture with a vibrant Yiddish press as well as a wealth of literature, music, and artistic activities including the YIVO, the renowned Yiddish academic institute. In the inter-war period Jews comprised approximately 30 per cent of the city's population. During the Holocaust the Jews were confined to the Vilna ghetto and most were subsequently deported to concentration camps or murdered. Today the Jewish community of Vilnius numbers roughly 3,500, many of whom are Yiddish speakers.

Exercise 5

Answer the following questions in Yiddish about your most recent holiday.

1 וווּהין ביסטו געפֿאָרן?
2 ווי לאַנג ביסטו געבליבן?
3 פֿאַרוואָס האָסטו געוואָלט דאָרטן פֿאָרן?
4 ביסטו געפֿאָרן מיט אַן עראָפּלאַן, מיט אַן אויטאָ, מיט דער באַן אָדער מיטן אויטאָבוס?
5 וואָסערע ערטער האָסטו געזען?

Exercise 6 **(Audio 1:57)**

Use the following prompts to describe what there was and wasn't at the Yiddish summer course that Rokhl attended.

Example אַ סך מענטשן ← עס זענען געווען אַ סך מענטשן בײַם זומער־קורס.

1 גוטע לערערס
2 נישט קיין נודניקעס
3 אינטערעסאַנטע רעפּעראַטן
4 צו פֿיל לעקציעס אין דער פֿרי
5 נישט קיין פֿרײַע צײַט
6 אַ סך שווערע היימאַרבעט

Exercise 7

Say what there was and wasn't on your last holiday, using the expressions עס איז געווען/עס איז נישט געווען.

Example עס זענען געווען אַ סך שיינע בנינים.

Exercise 8

Read the following dates aloud.

1 1272
2 1760
3 1772
4 1810
5 1881
6 1908
7 1915
8 1945
9 2014
10 2032

Supplementary text

(Audio 1:58)

This is a folk-tale about a man's travels in search of a treasure.

דער אוצר אונטער דער וואַרשעווער בריק

עס איז אַ מאָל געווען אַ ייִד וואָס האָט געהייסן אײַזיק, יעקלס זון. אײַזיק איז געווען זייער אָרעם. ער האָט איין נאַכט געחלומט אַז עס ליגט אַן אוצר אונטער דער וואַרשעווער בריק.

איז ער געפֿאָרן קיין וואַרשע כּדי צו געפֿינען די בריק. ער איז געקומען צו דער בריק און האָט געזוכט דאָס אָרט וווּ ער האָט געזען דעם אוצר אין חלום, אָבער אַ סאָלדאַט איז דאָרט געשטאַנען און געהיט דאָס אָרט. אײַזיק האָט געוואַרט און געהאָפֿט אַז דער סאָלדאַט וועט אַוועקגיין.

דער סאָלדאַט האָט געזען אַז אַ מענטש שטייט אויף דער בריק און איז געגאַנגען צו זען וואָס ער טוט. ער האָט געפֿרעגט אײַזיקן וואָס ער וויל. אײַזיק האָט אים געזאָגט דעם אמת, אַז ער האָט געחלומט פֿון אַן אוצר אונטער דער בריק. דער סאָלדאַט האָט געזאָגט, ”דו ביסט אַ נאַר! איך אַליין האָב נעכטן געחלומט פֿון אַ גרויסן אוצר וואָס ליגט הינטערן אויוון אין דער היים פֿון אַ ייִד וואָס הייסט אײַזיק, יעקלס זון, אָבער דאָס הייסט נישט אַז איך דאַרף אַהינפֿאָרן כּדי צו זוכן דעם אוצר!“

איז אײַזיק אַהיימגעפֿאָרן.* ער האָט געפֿונען אַ גרויסן אוצר הינטערן אויוון און איז געוואָרן זייער רײַך.

* travelled home (see language point 2, Unit 13)

Unit Ten

עס וועט באַלד שנייען!

It's going to snow soon!

In this unit you will learn:

- how to talk about the weather and seasons
- how to talk about the future
- the months of the year and the Jewish calendar
- the future tense
- the expression אין . . . אַרום (in . . . time)
- how redundant עס is used
- about inversions of subject and verb
- words for 'this' and 'that'

Dialogue 1

(Audio 2:1)

It's a freezing winter day. Khane and Rokhl are dreaming of summer, but Dovid is happy with the cold weather.

רחל — איך האָב פֿײַנט דעם ווינטער! ווי לאַנג ביז די זון וועט נאָך אַ מאָל שײַנען?

חנה — יאָ, ס'איז אַ בראָך! איך האָב געהערט אַז אַ גרויסער שטורעם קומט. איך מיין אַז עס וועט אָנהייבן שנייען אין אַ פּאָר שעה אַרום.

דוד — אַ שטורעם? שניי? דאָס וועט זײַן ווּנדערבאַר! איך האָף אַז עס וועט אויך דונערן און בליצן.

חנה — וואָס? האָסטו טאַקע ליב אַזאַ שרעקלעכן וועטער?

דוד — יאָ, איך האָב אַזוי ליב ווינטער. איך האָב נישט אַזוי ליב די זון, און איך האָף אַז דער זומער וועט נישט זײַן צו וואַרעם.

רחל	וואָס זשע רעדסטו? איך קען זיך נישט דערוואַרטן אויפֿן זומער. איך האָף אַז עס וועט זײַן זייער הייס. איך וועל זיצן אין דרויסן די גאַנצע צײַט.
חנה	איך וועל ליגן אין גאָרטן און לייענען ראָמאַנען. און מיר וועלן קענען גיין שפּאַצירן אין פּאַרק!
דוד	פֿאַרוואָס וועט איר וואַרטן ביזן זומער? איך וועל איצט גיין שפּאַצירן אין פּאַרק.
רחל	ביסטו משוגע? עס גייט אַ רעגן, עס בלאָזט דער ווינט, דער הימל איז פֿול מיט וואָלקנס, און עס וועט באַלד שנייען!
דוד	יאָ, געוויי! עס איז אַ ווונדערבאַרער וועטער פֿאַר אַ שפּאַציר!

Vocabulary

to hate (see language point 3, Unit 14, for explanation of how to form the past tense of this type of verb)	פֿײַנט האָבן
winter	ווינטער (דער), -ןס
will (see language point 1)	וועט
to start (see language point 2, Unit 13, for explanation of how to form the past tense of this type of verb)	אָנהייבן
to shine	שײַנען, גע-ט
disaster	בראָך (דער), -ן
storm	שטורעם (דער), -ס
to snow	שנייען, גע-ט
in . . . time (see language point 2)	אין . . . אַרום
wonderful	ווונדערבאַר
to hope	האָפֿן, גע-ט
to thunder	דונערן, גע-ט
lightning (a verb with no English equivalent)	בליצן, גע-ט
warm	וואַרעם
outside	אין דרויסן
to walk; to take a walk (see language point 2, Unit 12, for explanation of how to form the past tense of this type of verb)	שפּאַצירן

wind	ווינט (דער), -ן
to blow	בלאָזן, גע-ן
cloud	וואָלקן (דער), -ס
exact; exactly	גענוי
walk	שפּאַציר (דער), -ן

Idioms

It's raining (literally: it goes a rain).	עס גייט אַ רעגן.
It's snowing (literally: it goes a snow).	עס גייט אַ שניי.
Oh no! How awful!	אַ בראָך!
I can't wait (for).	איך קען זיך נישט דערוואַרטן (אויף).

Additional vocabulary

tomorrow	מאָרגן
the day after tomorrow	איבערמאָרגן
spring	פֿרילינג (דער), -ען
autumn	האַרבסט (דער), -ן; אָסיען (דער), -ס

Here are the months of the year in Yiddish according to the Gregorian calendar. All month names are masculine.

January	יאַנואַר
February	פֿעברואַר
March	מאַרץ
April	אַפּריל
May	מײַ
June	יוני
July	יולי
August	אויגוסט
September	סעפּטעמבער
October	אָקטאָבער
November	נאָוועמבער
December	דעצעמבער

Language points

1 The future tense

The Yiddish future tense is very easy. It is formed with a special auxiliary verb that corresponds to English 'will' and conjugates like an irregular verb in the present tense:

Plural		Singular	
מיר וועלן We will	1st person plural	איך וועל I will	1st person singular
איר וועט You will	2nd person plural	דו וועסט You will	2nd person singular
זיי וועלן They will	3rd person plural	ער/זי/עס וועט He/she/it will	3rd person singular

There are three points to remember about this future auxiliary verb:

1 It has no infinitive and does not conjugate in any other tenses; its only use is to indicate future tense.
2 The ל of the base disappears in the second and third person singular and second person plural.
3 It is easy to confuse this future auxiliary verb with the irregular modal verb וועלן (to want). Just remember that the present tense forms of וועלן differ from the future auxiliary verb in that they all have a י (e.g. איך וויל) and a ל (e.g. ער וויל).

Take the form of the auxiliary verb that matches the subject of the sentence and place the verb you want to make future directly after it, in the infinitive. The resulting future verb looks like this:

איך **וועל ליגן** אין גאָרטן.
I'**ll lie** in [the] garden.

עס **וועט דונערן**.
It **will thunder**.

To negate a future verb, place נישט/ניט between the auxiliary verb and infinitive, e.g.:

עס **וועט נישט** דונערן.
It **won't** thunder.

Finally, remember that the Yiddish future tense can correspond to English 'will' and 'going to', depending on the context.

2 The expression אין . . . אַרום (in . . . time)

In Dialogue 1 Khane said,

עס וועט אָנהייבן שנייען **אין אַ פּאָר שעה אַרום**.
It's going to start snowing **in a few hours' time**.

The expression אין . . . אַרום is used for saying when something is going to happen in the future. Just insert the amount of time into the blank in the middle.

Here are some more examples:

in a minute's time	אין אַ מינוט אַרום
in three hours' time	אין דרײַ שעה אַרום
in four days' time	אין פֿיר טעג אַרום
in a week's time	אין אַ וואָך אַרום
in two weeks' time	אין צוויי וואָכן אַרום
in a month's time	אין אַ חודש אַרום
in six months' time	אין זעקס חדשים אַרום
in a year's time	אין אַ יאָר אַרום
in ten years' time	אין צען יאָר אַרום

3 עס וועט זײַן (there will be)

The future equivalents of עס איז דאָ and עס זענען/זײַנען דאָ are as follows:

there will be (singular) — עס וועט זײַן

Example **עס וועט זײַן** אַ גרויסער שטורעם אין ניו-יאָרק מאָרגן.
There's going to be a big storm in New York tomorrow.

there will be (plural) — עס וועלן זײַן

Example **עס וועלן זײַן** אַ סך שטורעמס די קומענדיקע וואָך.
There are going to be lots of storms next week.

Note that as in the past, in the future דאָ disappears from the expression.

To make this negative, put נישט/ניט between the auxiliary verb and זײַן, remembering to add קיין in the appropriate place. For example:

עס וועט **נישט** זײַן **קיין** גרויסער שטורעם אין ניו-יאָרק מאָרגן.
There **isn't** going to be a big storm in New York tomorrow.

עס וועלן **נישט** זײַן **קיין** סך שטורעמס די קומענדיקע וואָך.
There **aren't** going to be lots of storms next week.

4 Redundant עס

The word עס can be used in three different ways in Yiddish. You have already encountered two of these usages, both of which mirror English:

1 as a pronoun referring to a neuter subject

Example **עס** איז גוט. ← **דאָס בוך** איז גוט.
It is good. **The book** is good.

2 as a 'filler word' to start the sentence when there is no actual subject.

Example **עס** איז קאַלט אין דרויסן.
It's cold outside.

However, עס can also be used in sentences that already have a subject. For example, in Dialogue 1, Rokhl said,

עס בלאָזט **דער ווינט**.
The wind is blowing.

In this sentence עס is not strictly necessary because the sentence already has a subject, דער ווינט. This 'redundant' or 'expletive' use of עס is extremely widespread in Yiddish. It is particularly common in sentences referring to weather and the body, but it is acceptable in many other contexts as well. This use of עס is optional and doesn't really change the meaning of the sentence, but because it is so frequent you should learn to recognize it, and as you progress in your study of Yiddish you'll start to use it naturally. If you start a sentence with redundant עס, just remember that the verb comes next, and only after it the 'real' subject. The following sentences show you further examples of this usage. Note that the English translation is the same whether or not עס is used.

די זון שײַנט. The sun is shining.	←	**עס** שײַנט די זון. The sun is shining.
אַ רעגן גייט. It's raining.	←	**עס** גייט אַ רעגן. It's raining.
דער קאָפּ טוט וויי. My (literally: the) head hurts.	←	**עס** טוט וויי דער קאָפּ. My (literally: the) head hurts.
אַ מענטש קומט. A person's coming.	←	**עס** קומט אַ מענטש. A person's coming.

Exercise 1

Insert the correct forms of the future auxiliary verb into this excerpt from Khane's journal.

רחל ______ פֿאָרן קיין תּל-אָבֿיבֿ אין אַ פּאָר וואָכן אַרום ווײַל זי
האָט פֿײַנט דעם קאַלטן ווינטער אין לאָנדאָן. איך האָב זי געפֿרעגט,
"וואָס ______ די טאָן ווען דו ______ זײַן אין תּל-אָבֿיבֿ?"
רחל האָט געענטפֿערט, "איך ______ גיין צו חבֿרים." איך האָב
געפֿרעגט, "וואָס ______ איר טאָן צוזאַמען?" רחל האָט געלאָכט.
"מיר ______ גיין אין גוטע רעסטאָראַנען און זיי ______
פֿאָרן מיט מיר קיין ירושלים. מיר ______ אויך ליגן אויף דער
פֿלאַזשע. איך ______ נישט טראָגן קיין וואַרעמע קליידער און איך
______ נישט טראַכטן וועגן דער אַרבעט וואָס וואַרט אויף מיר אין
דער היים!"

Exercise 2 **(Audio 2:2)**

Answer the following questions in Yiddish using the future tense.

1 מיינסטו אַז עס וועט גיין אַ רעגן מאָרגן?
2 ווי וועט זײַן דער וועטער אין אַ חודש אַרום?
3 ווּ וועסטו זײַן אין זעקס חדשים אַרום?
4 וועסטו פֿאָרן אויף אַ זומער-קורס אין אַ יאָר אַרום?
5 ווייסטו ווּ דו וועסט וווינען אין פֿינף יאָר אַרום?
6 מיינסטו אַז דער וועטער וועט זײַן זייער הייס אין הונדערט יאָר אַרום?

Exercise 3

Describe what the weather is like in the following pictures.

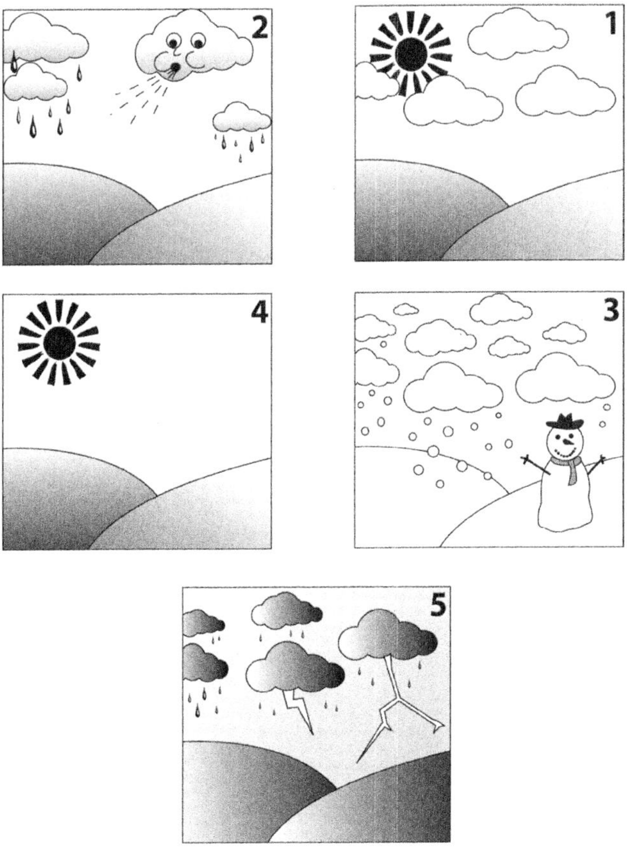

Exercise 4

Rewrite these sentences using redundant עס.

1 אַ שניי גייט.
2 אַ שטורעם קומט.
3 דער האַלדז טוט מיר וויי.
4 די זון שײַנט.
5 אַ ווינט בלאָזט.

Dialogue 2

(Audio 2:3)

Rokhl's friend Miriam is planning to come and visit her in London in the summer. She asks Rokhl what the weather will be like.

מרים איך בין קיין מאָל נישט געפֿאָרן קיין אייראָפּע. ווייסטו ווי דער וועטער וועט זײַן דעם זומער?

רחל עס איז אוממעגלעך צו וויסן. דער וועטער בײַט זיך כּסדר. דעם ווינטער, למשל, האָבן מיר געהאַט אַ סך רעגן און שטורעמס, אָבער אויך לאַנגע תּקופֿות מיט קלאָרע הימלען, און די וואָך איז דער וועטער גאַנץ וואַרעם.

מרים אָבער וואָס פֿאַר אַ וועטער האָט איר בדרך-כּלל זומערצײַט?

רחל זומערצײַט איז דער וועטער פּונקט אַזוי מאָדנע ווי ווינטערצײַט. פֿאַרגאַנגענעם זומער האָבן מיר געהאַט זייער הויכע טעמפּעראַטורן, אָבער אויך אַ סך רעגן און אַפֿילו גרויסע שטורעמס מיט דונער און בליצן.

מרים דאָס איז זייער מאָדנע. אפֿשר ווערט דער וועטער ווייניקער פֿאַרלאָזלעך ווײַל דער קלימאַט בײַט זיך. דער וועטער איז שוין אַנדערש אין אַ סך ערטער. לעצטנס בין איך געפֿאָרן קיין טאָראָנטאָ צו באַזוכן די משפּחה. עס איז געווען גאַנץ וואַרעם און עס איז נישט געווען קיין שניי. ווען איך בין געווען אַ קינד, האָבן מיר יעדעס יאָר געהאַט שניי אַ גאַנצן ווינטער.

רחל יאָ, אפֿשר ביסטו גערעכט. מע זאָגט אַז פֿריער איז דער וועטער געווען אַנדערש אין ענגלאַנד אויך. אָבער אויף איין זאַך קען מען זיך פֿאַרלאָזן: אין לאָנדאָן איז דער הימל גרוי אין אַלע סעזאָנען!

Vocabulary

Europe	אייראָפּע (די)
impossible	אוממעגלעך
to change (oneself) (see language point 4, Unit 12)	בײַטן זיך
constantly	כּסדר [קעסיידער]
period	תּקופֿה [טקופֿע] (די), ־ות
clear	קלאָר
usually	בדרך־כּלל [בעדערעך־קלאַל]
[in] summertime	זומערצײַט
exactly	פּונקט
as...as	אַזוי . . . ווי
strange	מאָדנע
[in] wintertime	ווינטערצײַט
last	פֿאַרגאַנגען
temperature	טעמפּעראַטור (די), ־ן
even	אַפֿילו [אַפֿילע]
thunder	דונער (דער), ־ן
lightning	בליץ (דער), ־ן
less	ווייניקער
reliable	פֿאַרלאָזלעך
climate	קלימאַט (דער), ־ן
different	אַנדערש
place	אָרט (דער|דאָס), ערטער
recently	לעצטנס
Toronto	טאָראָנטאָ
right (referring to a person)	גערעכט
to rely on (see language points 1 and 4, Unit 12)	פֿאַרלאָזן זיך אויף
season	סעזאָן (דער), ־ען

Language points

5 Inversions

Yiddish sentences normally begin with the subject, followed by the verb, and then any direct objects, indirect objects, and adverbs. The following sentence is an example of this typical Yiddish word order:

איך זיץ אין פּאַרק איצט.
I'm sitting in [the] park now.

If you break down the sentence into its individual elements, it looks like this:

איצט	אין פּאַרק	זיץ	איך
Adverb	Indirect object (Preposition + noun)	Verb	Subject

However, Yiddish word order is very flexible, so it is possible to start with the direct object, indirect object, or adverb if you want to emphasize that part of the sentence, and add the subject later.

Having said that, there is one strict rule concerning Yiddish word order: the verb must be in the second position in the sentence. So if you want to start the above sentence with the adverb איצט in order to emphasize it, you have a problem because the resulting sentence breaks this rule. For example, the following sentence is incorrect in Yiddish:

איצט איך זיץ אין פּאַרק.
Now I sit in [the] park.

In order to solve this problem, you have to switch the subject and the verb so that the verb remains in second position. All the other words in the sentence remain in exactly the same place. The resulting sentence is perfectly acceptable in Yiddish:

איצט זיץ איך אין פּאַרק.
Now I sit (literally: sit I) in [the] park.

This phenomenon of switching the subject and verb is called 'inversion'. Inversion is compulsory in Yiddish whenever the sentence starts with a word other than the subject. There are four main categories of words and phrases that trigger inversion:

1 Adverbs:

Example	**מאָרגן** פֿאָר איך קיין טאָראָנטאָ.	←	איך פֿאָר קיין טאָראָנטאָ **מאָרגן**.
	Tomorrow I'm travelling to Toronto.		I'm travelling to Toronto **tomorrow**.

2 Prepositional phrases (usually an indirect object composed of a preposition and a noun):

Example	**אין לאָנדאָן** איז דער הימל גרוי.	←	דער הימל איז גרוי **אין לאָנדאָן**.
	In London the sky is grey.		The sky is grey **in London**.

3 Direct objects (putting the direct object at the beginning of a sentence places emphasis on it):

Example	**די וואָלקנס** זע איך.	←	איך זע **די וואָלקנס**.
	I see ***the clouds*** (literally: the clouds I see).		I see **the clouds.**

4 A dependent clause (part of a sentence) followed by a main clause: in sentences with two parts separated by a comma, usually only one part can exist as a sentence on its own, while the other is dependent (i.e. it depends on the other part of the sentence in order to make sense). Dependent clauses often start with words like ווען, אַז, or אויב.

Example	Independent clause	Dependent clause
	האָבן מיר געהאַט שניי אַ גאַנצן ווינטער.	**ווען איך בין געווען אַ קינד,**
	We had snow all winter.	**When I was a child,**

Often a direct quote takes the place of the dependent clause:

Example	Independent clause	Direct quote
	זאָגט דוד.	**"איך האָב ליב ווינטער",**
	says Dovid	**'I love winter',**

In addition to these four categories, it is quite common in Yiddish to invert the subject and verb in a sentence in order to convey the idea of 'so', e.g.:

עס איז קאַלט אין דרויסן, טראָג איך אַ מאַנטל.
It's cold out, so I'm wearing a coat.

This practice is quite common in stories, in which clause after clause and even sentence after sentence may have inverted word order. Look out for examples of this in the text at the end of this unit.

6 'This' and 'that'

Yiddish has no special word for 'this' and does not always use the word for 'that'. The most common way of expressing both 'this' and 'that' is to use the definite article. In spoken Yiddish you add extra stress to the article when using it to mean 'this' or 'that', but in written Yiddish you have to infer the meaning from the context. For example:

איך האָב געלייענט **דאָס** בוך.
I've read **this/that** book.

In addition, it is possible to put the word אָט (just) before the article in order to emphasize this meaning:

איך האָב געלייענט **אָט דאָס** בוך.
I've read **this/that** book.

Alternatively, you can add the adjective דאָזיק, which is not used outside this context, after the article. This serves the same function of emphasizing the meaning 'this'/'that'. דאָזיק declines like a normal adjective:

איך האָב געלייענט **דאָס דאָזיקע** בוך.
I've read **this/that** book.

Finally, there is a special word for 'that', the adjective יענער, which can be used when you particularly want to stress that the noun in question is far away from you in time and/or space. יענער declines similarly to יעדער (each/every): it has no base form and the neuter form is יענס. For example:

איך האָב געלייענט **יענס** בוך.
I've read **that** book.

Culture point

The Jewish calendar

The Jewish calendar has 12 months of 29 or 30 days each. The months are based on the lunar cycle, with the new moon marking the first day of the month. However, this lunar system is modified by adding a 'leap month' every few years in order to keep in line with the solar year and thereby ensure that the Jewish festivals always fall in the same season.

Below is a list of the Jewish months. These month names are often used instead of the international month names in Haredi circles and when discussing traditional Jewish topics, e.g. festivals. Each Jewish month falls over parts of two international months. The months are all masculine.

September/October	תּישרי [טישרע]
October/November	חשוון [כעזשוון]
November/December	כּיסלו [קיסלעוו]
December/January	טבֿת [טייוועס]
January/February	שבֿט [שוואַט]
February/March	אָדר [אָדער]
March/April (in leap years only)	אָדר ב׳ [אָדער בייס]
March/April	ניסן [ניסן]
April/May	אייר [איִער]
May/June	סיוון [סיוון]
June/July	תּמוז [טאַמעז]
July/August	אָבֿ [אָוו]
August/September	אלול [עלעל]

Exercise 5

Rewrite these sentences by placing the words in bold at the beginning of the sentence and inverting the subject and verb.

1 איך שלאָף אַ סך **ווינטערצײַט**.
2 רחל זאָגט, "**איך האָב פֿײַנט ווינטער**".
3 דער הימל איז געווען בלוי **נעכטן**.
4 חנה איז שטענדיק הונגעריק **ווען עס איז קאַלט אין דרויסן**.
5 דער וועטער איז זייער מאָדנע **אין די מאָדערנע צײַטן**!
6 איך קען **דודן**, נישט רחלען.

Supplementary text

(Audio 2:4)
Here is another folk-tale about the Jews of Chelm, in which they use their own special reasoning to keep the winter snow from getting covered in footprints.

ווינטער אין כעלעם

די כעלעמער ייִדן האָבן שטאַרק ליב געהאַט דעם קאַלטן וועטער. יעדן ווינטער זענען זיי געוואָרן שטאַרק צופֿרידן ווען דער ערשטער שניי איז געפֿאַלן אין שטעטל. זיי האָבן ליב געהאַט צו זען ווי דאָס גאַנצע כעלעם ווערט ווײַס און שיין. זיי האָבן געוואַרט אַ גאַנצן האַרבסט און געהאָפֿט אַז דער שניי וועט באַלד קומען. חשוון-צײַט איז דער שניי געפֿאַלן און די כעלעמער זענען געווען מלא-שׂימחה. זענען זיי געשטאַנען אין דרויסן כּדי צו קוקן אויפֿן שיינעם שניי. אָבער זיי זענען געוואָרן אומעטיק ווען זיי האָבן געזען ווי דער שניי ווערט ברוין און שמוציק פֿון זייערע שיך. האָבן זיי געטראַכט און געטראַכט וואָס צו טאָן כּדי דער שניי זאָל בלײַבן ריין. האָט איין כעלעמער געזאָגט, "לאָמיר שיקן אַ מענטשן וואָס וועט גיין איבער די גאַסן און שרײַען אַז אַלע מוזן בלײַבן אין דער היים." אָבער די אַנדערע כעלעמער האָבן געזאָגט אַז דאָס וועט נישט העלפֿן, ווײַל דער מענטש וועט אַליין מאַכן דעם שניי שמוציק מיט זײַנע שיך. "וואָס קענען מיר טאָן?" האָבן זיי געפֿרעגט. צום סוף האָבן די כעלעמער געפֿונען אַ לייזונג וואָס אַלע האָבן ליב געהאַט: דער מענטש וואָס וועט שרײַען אַז מע מוז בלײַבן אין דער היים וועט אַליין נישט גיין איבערן שניי – פֿיר אַנדערע מענטשן וועלן אים טראָגן!

Unit Eleven

איך האָב פֿײַנט מײַן אַרבעט!

I hate my job!

In this unit you will learn:

- how to talk about work and professions
- how to make comparisons
- comparative and superlative adjectives and adverbs
- masculine and feminine names of professions
- when to use צו before infinitives
- about omitting דו

Dialogue 1

(Audio 2:6)

Dovid hates working as an administrator in a lawyer's office. He, Rokhl, and Khane discuss the advantages and disadvantages of various other professions.

רחל פֿאַרוואָס קומסטו אַזוי שפעט? מיר וואַרטן אויף דיר שוין אַ שעה!

דוד זײַט מוחל! איך האָב געמוזט בלײַבן בײַ דער נאַרישער אַרבעט. די אַדוואָקאַטן האָבן מיר געגעבן אַ באַרג מיט אַרבעט פונקט ווען איך האָב געוואָלט אַוועקגיין. מיט צוויי שעה שפעטער בין איך נאָך געזעסן בײַם קאָמפיוטער. איך האָב פֿײַנט מײַן אַרבעט! איך וויל נישט זיצן אַ גאַנצן טאָג אין אַ ביוראָ! איך וויל שרײַבן אַ דאָקטאָראַט אַזוי ווי דו, רחל.

רחל מיינסטו אַז דאָס וועט זײַן בעסער? עס ווערט שווערער און שווערער צו זײַן אַ דאָקטאָראַנט אָדער אַקאַדעמיקער. מען אַרבעט לענגערע שעהען, עס זענען דאָ ווייניקער פּאָזיציעס, און דאָס געהאַלט ווערט קלענער.

דוד אָבער דײַן אַרבעט איז אַ סך אינטערעסאַנטער און באַקוועמער! דו קענסט שלאָפֿן ביז שפעט און דו דאַרפֿסט נישט גיין אין ביוראָ.

חנה	אפֿשר קענסטו שטודירן אויף לערער אָדער ביבליאָטעקער? דאָס איז לײַכטער ווי שרײַבן אַ דאָקטאָראַט. מײַן מאַמע אַרבעט אין אַ ביבליאָטעק און זי האָט עס ליב.
דוד	יאָ, דאָס איז אַ גוטער געדאַנק. עס קען נישט זײַן ערגער ווי מײַן אַרבעט!
רחל	ס'קען יאָ זײַן ערגער! מײַן ייִנגערע שוועסטער שטודירט אויף ביבליאָטעקערין און זי האָט עס פֿײַנט.
חנה	טאָ וואָס איז אַ בעסערע פּראָפֿעסיע?
רחל	ס'איז בעסער בכלל נישט צו אַרבעטן!

Vocabulary

lawyer (see language point 3)	אַדוואָקאַט (דער), ־ן
. . . later (see language point 1)	מיט . . . שפּעטער
office	ביוראָ (דער|דאָס), ־ען
doctorate, PhD	דאָקטאָראַט (דער), ־ן
more difficult (see language point 1)	שווערער
(male) PhD student (see language point 3)	דאָקטאָראַנט (דער), ־ן
academic (see language point 3)	אַקאַדעמיקער (דער), ־ס
longer (see language point 1)	לענגער
position	פּאָזיציע (די), ־ס
salary	געהאַלט (דאָס), ־ן
more interesting (see language point 1)	אינטערעסאַנטער
more comfortable (see language point 1)	באַקוועמער
(male) teacher (see language point 3)	לערער
(male) librarian (see language point 3)	ביבליאָטעקער (דער), ־ס
easier (see language point 1)	לײַכטער
idea	געדאַנק (דער), ־ען
worse (see language point 1)	ערגער
(female) librarian (see language point 3)	ביבליאָטעקערין (די), ־ס

Idiom

to study in order to become a (doctor, teacher, lawyer)	שטודירן אויף (דאָקטער, לערער, אַדוואָקאַט)

Language points

1 Comparative adjectives

■ Forming the comparative

Yiddish has a special form of the adjective which is used when you want to compare different things and say that one is better, worse, bigger, smaller, etc. This comparative form is made by adding the suffix ער- to the adjective's base form. For example:

לײַכט**ער**	←	לײַכט
easier		easy

This practice is just like English (e.g. easy/easier, big/bigger). However, unlike English, Yiddish uses the ער- even on long adjectives:

אינטערעסאַנט**ער**	←	אינטערעסאַנט
more interesting		interesting
באַקוועמ**ער**	←	באַקוועם
more comfortable		comfortable

In addition, in many cases the vowel in the base of an adjective changes when the comparative suffix is added. Here are the most common types of vowel changes:

1.

		אַ
ע	←	אָ
		וי
		ײ

Examples	**ע**לט**ער**	←	**אַ**לט
	ק**ע**לט**ער**	←	ק**אַ**לט
	נ**ע**ענט**ער**	←	נ**אָ**ענט
	גר**ע**ס**ער**	←	גר**וי**ס
	ה**ע**כ**ער**	←	ה**וי**ך
	קל**ע**נ**ער**	←	קל**ײ**ן
	ש**ע**נ**ער**	←	ש**ײ**ן

2.	י	←	ו
Examples	יִינג**ער**	←	יונג
	פֿרימ**ער**	←	פֿרום
	קירצ**ער**	←	(short) קורץ
	געזינט**ער**	←	געזונט

It is important to note that not all adjectives containing the vowels listed above will change when the comparative suffix is added. For example, the comparative form of קראַנק (sick) is קראַנק**ער** (sicker), with no vowel change. It is best to memorize the most common comparatives with vowel changes as you encounter them. Such forms are listed in the glossary, as well as in Yiddish dictionaries.

In addition, there are two adjectives with completely irregular comparative forms:

בעסער	←	גוט
ערגער	←	(bad) שלעכט

Note that the stress of a comparative adjective stays on the same syllable as in the base form, e.g. באַקוועם, באַקוועמער.

■ Using the comparative

Comparative adjectives function just like other adjectives, i.e. they can be found in two positions, either after a verb or directly before the noun that they modify. When they appear after a verb, they never decline; only the base form is used, for example:

דײַן אַרבעט איז **לײַכטער**.
Your job is **easier**.

די שעהען ווערן **לענגער**.
The hours are getting **longer**.

However, when they appear directly before the noun, they take the normal gender and case suffixes. Be careful not to confuse the comparative suffix ער- with the masculine nominative and feminine dative suffix, which (coincidentally) is also ער-. Sometimes an adjective will have two ער- suffixes in a row, the first being the comparative suffix and the second one the gender/case suffix, as in the first example below.

דער עלטערער ברודער אַרבעט אין אַ ביבליאָטעק.
The old**er** (masculine nominative) brother works in a library.

מײַן ייִנגערע שוועסטער שטודירט אויף ביבליאָטעקערין.
My young**er** (feminine nominative) sister is studying to be a librarian.

איך רעד מיט דער ייִנגערער שוועסטער.
I'm talking to the young**er** (feminine dative) sister.

The Yiddish equivalents of English 'than' are ווי followed by a noun in the nominative case or פֿון followed by a noun in the dative case. These are interchangeable and equally acceptable. For example:

די שוועסטער איז עלטער **ווי דער** ברודער.
די שוועסטער איז עלטער **פֿון דעם** ברודער.
The sister is older **than the** brother.

2 Comparative adverbs

Comparative adverbs are identical to the base form of comparative adjectives:

די שוועסטער זינגט **שענער** ווי דער ברודער.
The sister sings **more beautifully** than the brother.

3 Masculine and feminine names of professions

Most Yiddish nouns describing professions have a masculine form and a feminine form. The masculine form often ends in ער-, e.g. לערער, ביבליאָטעקער, but may end in יסט-, e.g. זשורנאַ**ליסט** (journalist), or have no special ending, e.g. אַדוואָקאַט.

There are a few different ways of forming the feminine version.

1 The feminine form of professions ending in ער- is made by adding either קע- or ין-. Both are equally acceptable.

Example לערער ← לערער**קע**
לערער**ין**

2 The feminine form of *loshn-koydesh* professions is usually made by adding ‎-טע.

Example מחבר [מעכאַבער] ← מחבר**טע** [מעכאַבערטע]
(author)

3 The feminine form of professions ending in ‎-אַר or ‎-אָר is usually made by adding ‎-שע.

Example פּראָפֿעסאָר ← פּראָפֿעסאָר**שע**
(professor)

4 In most other cases the feminine form is made with ‎-קע.

Examples דאָקטאָראַנט ← דאָקטאָראַנט**קע**
זשורנאַליסט ← זשורנאַליסט**קע**

Final points to note:

- The stress of the word does not change when the feminine suffix is added.
- The plural of all feminine nouns describing professions is ‎-ס.
- In the case of professions not traditionally held by women, the masculine form may be used with reference to a woman, e.g. זי איז אַן אַקאַדעמיקער. In such cases masculine adjectives are used, e.g. זי איז אַ גוטער אַקאַדעמיקער.

Exercise 1

Insert comparative adjectives into these sentences, using the base form in brackets.

1 רחלס אַרבעט איז ____________ [אינטערעסאַנט] ווי דודס אַרבעט.
2 ניו-יאָרק איז ____________ [גרויס] ווי מאָנטרעאָל.
3 דודס אַרבעט איז ____________ [שווער] פֿון חנהס אַרבעט.
4 רחל זאָגט אַז עס איז ____________ [גוט] בכלל נישט צו אַרבעטן.
5 דער סטודענט איז ____________ [מיד] ווי דער לערער.
6 רחלס שוועסטער איז ____________ [יונג] ווי רחל.
7 מײַן נײַע פּאָזיציע איז ____________ [שלעכט] פֿון מײַן אַלטער פּאָזיציע.
8 ווילנע איז ____________ [קליין] ווי מעלבורן.

Exercise 2 **(Audio 2:7)**

Read this excerpt from Khane's journal and insert the correct comparative form of the adjectives in brackets. Remember to add the appropriate gender and case suffixes.

דוד וויל אַ ______ (גוט) אַרבעט. ער זאָגט, "אָפּשר וועל איך ווערן
אַ ביבליאָטעקער." רחל זאָגט, "רעד מיט מײַן ______ (יונג)
שוועסטער. זי וועט דיר זאָגן אַז דו וועסט זײַן אין אַ ______
(שלעכט) און ______ (שווער) פּאָליציע אויב דו וועסט ווערן אַ
ביבליאָטעקער. אַ ______ (קלוג) געדאַנק איז צו ווערן אַ
געשעפֿטסמאַן. דאָס איז אַ ______ (שיין) פּראָפֿעסיע." דוד זאָגט,
"אָבער געשעפֿטסלײַט אַרבעטן ______ (לאַנג) שעהען און האָבן
______ (קורץ) וואַקאַציעס. איך וויל אַ ______ (לײַכט).
______ (אינטערעסאַנט) פּראָפֿעסיע ווי איצט."

Exercise 3

Write a paragraph comparing two things, people, or places of your choice.

Dialogue 2

(Audio 2:8)

Dovid tells his uncle Yankl that he is thinking of leaving his job in order to do a PhD in Yiddish Studies. Yankl worries that this might not be a good career move.

יאַנקל — נו, דודל, וואָס הערט זיך? וואָס טוט זיך בײַ דער אַרבעט?

דוד — דעם אמת געזאָגט, מיין איך אַז איך וועל זיך באַלד אָפּזאָגן פֿון דער אַרבעט.

יאַנקל — וואָס? האָסטו געפֿונען אַ בעסערע פּאָזיציע אין אַ גרעסערער פֿירמע?

דוד — ניין, איך וויל שרײַבן אַ דאָקטאָראַט אין ייִדישע לימודים.

יאַנקל בּיסט אַראָפּ פֿון זינען? וואָס וועסטו קענען טאָן מיט דעם? דו וועסט ווערן אַ קעלנער, אָדער אַ פֿאַבריק-אַרבעטער, אָדער אַ בעטלער! דו וועסט זײַן דער גרעסטער קבצן אין לאָנדאָן!

דוד זאָרג זיך נישט, פֿעטער! איך קען אַ סך מענטשן וואָס אַרבעטן מיט ייִדיש. רחל וועט באַלד ענדיקן אַ דאָקטאָראַט וועגן ייִדישע שרײַבער און אַפּליקירט איצט אויף פֿאַרשיידענע אַקאַדעמישע פּאָסטנס. איר חבֿרטע אסתּר איז אַ זשורנאַליסטקע בײַם ייִדישן "פֿאָרווערטס", און איר חבֿרטע מרים איז אַ ייִדיש לערערקע. איך וועל אויך געפֿינען אַרבעט מיט ייִדיש.

יאַנקל דאָס איז דער ערגסטער פּלאַן וואָס איך האָב אַ מאָל געהערט! די קליגסטע זאַך וואָס דו קענסט טאָן איז בלײַבן ווו דו ביסט. פּרנסה איז אויך וויכטיק.

דוד אָבער תּורה איז די בעסטע סחורה! אפֿשר וועל איך זײַן דער אָרעמסטער פֿון דײַנע פּלימעניקעס, אָבער איך וועל אויך זײַן דער גליקלעכסטער.

Vocabulary

to resign (see language point 4, Unit 12, and language point 2, Unit 13)	אָפּזאָגן זיך (פֿון)
firm	פֿירמע (די), -ס
studies	לימודים (plural)
waiter	קעלנער (דער), -סן-
factory	פֿאַבריק (די), -ן
worker	אַרבעטער (דער), -סן-
beggar	בעטלער (דער), -סן-
biggest (see language point 4)	גרעסטער
pauper	קבצן [קאַפּצן] (דער), -ים [קאַפּצאָנים]
to worry (see language point 4, Unit 12)	זאָרגן זיך, זיך גע-ט
writer	שרײַבער (דער), -סן-
to apply (for) (see language point 2, Unit 12)	אַפּליקירן (אויף)
various	פֿאַרשיידן (often pronounced פֿאַרשידן)
post, position	פּאָסטן (דער), -ס
worst (see language point 4)	ערגסט

cleverest (see language point 4)	קליגסט
livelihood, a living	פרנסה [פּאַרנאָסע] (די), ־ות
important	וויכטיק
Torah	תּורה [טוירע] (די), ־ות
merchandise	סחורה [סכוירע] (די), ־ות
poorest (see language point 4)	אָרעמסט
happy	גליקלעך
happiest (see language point 4)	גליקלעכסט

Idioms and proverbs

What's new? (literally: what's heard?)	וואָס הערט זיך?
What's going on? (literally: what's done?)	וואָס טוט זיך?
to tell the truth (literally: the truth told)	דעם אמת געזאָגט
out of one's mind	אַראָפּ פֿון זינען
Torah is the best merchandise (i.e. education and Jewish learning are the most important pursuits).	תּורה איז די בעסטע סחורה.

Language points

4 Superlative adjectives

■ Forming the superlative

As well as saying that one thing is better, worse, or bigger than another, you can say that it is the best, the worst, the biggest. This is called the superlative form of the adjective. It is easy to form the superlative in Yiddish. Just follow these steps:

1 Take the **comparative form** of the adjective.

Examples לײַכטער
שענער
ייִנגער
בעסער
ערגער

2 Remove the comparative ער- suffix. In some cases the resulting form will be the same as the original base of the adjective, but if there is a vowel change in the comparative, this will remain.

Examples לײַכט-
שענ-
ייִנג-
בעס-
ערג-

3. Add the superlative suffix סט- onto this form.

Examples לײַכט**סט**
שענ**סט**
ייִנג**סט**
ערג**סט**

Note:
If the base of the adjective ends in ס, don't add another; just add ט-.

Examples זיס**ט** ← (sweet) זיס-
בעס**ט** ← בעס-

■ Using superlative adjectives

The superlative form of the adjective is not used on its own; instead, it always appears together with the definite article. (This is the same as English, e.g. 'the best', 'the biggest'.) Therefore you need to use the definite article that matches the noun associated with the superlative adjective. If the superlative adjective follows the verb of the sentence, its article will always be nominative, so you just need to match it with the gender of the preceding noun. Look at the following examples:

דער ברודער איז **דער** ייִנגסט**ער**.
That brother is the youngest (masculine nominative).

די שוועסטער איז **די** ייִנגסט**ע**.
That sister is the youngest (feminine nominative).

דאָס קינד איז **דאָס** ייִנגסט**ע**.
That child is the youngest (neuter nominative).

If the superlative is directly modifying a noun, you have to make sure you put it in the right case as well. For example:

דוד זעט **דעם** ייִנגסטן ברודער.
Dovid sees the youngest brother (masculine accusative).

רחל רעדט מיט **דער** ייִנגסט**ער** שוועסטער.
Rokhl's talking to the youngest sister (feminine dative).

Finally, if the adjective directly follows a possessive construction (e.g. מײַן, דײַן, זײַן or a construction like דודס ברודער), don't add the definite article. For example:

איר עלטסטע שוועסטער וווינט אין מעלבורן.
Her eldest sister lives in Melbourne.

דודס ייִנגסטער ברודער אַרבעט אין אַ קאַפֿע.
Dovid's youngest brother works in a café.

5 Superlative adverbs

Superlative adverbs are formed with צום or -אַמ followed by the superlative adjective with the masculine singular accusative suffix, e.g.:

רחל זינגט **צום שענסטן**.
רחל זינגט **אַמשענסטן**.
Rokhl sings **the most beautifully**.

6 When to use צו before infinitives

The Yiddish word צו often appears before infinitives, just like the English 'to' as in 'to run', 'to go'. In most cases this צו is optional and the sentence is perfectly correct either way, as in the following examples:

דוד האָט פֿײַנט אַרבעטן אין אַ ביוראָ.
דוד האָט פֿײַנט **צו** אַרבעטן אין אַ ביוראָ.
Dovid hates to work in an office.

However, there are some rules governing the use of צו before infinitives. צו is *not* used in the following cases:

1 after modal verbs

Example דוד וויל געפֿינען אַ נײַע אַרבעט.
Dovid wants to find a new job.

2 after the verbs העלפֿן, בלײַבן, ענדיקן, פּרוּוון (try), בעטן, לערנען, and לערנען זיך (learn)

Examples רחל ענדיקט שרײַבן אַ דאָקטאָראַט.
Rokhl is finishing writing a PhD.

חנה העלפֿט דודן געפֿינען אַ נײַע אַרבעט.
Khane is helping Dovid find a new job.

3 after verbs of motion, e.g. גיין, קומען, פֿאָרן

Example רחל פֿאָרט קיין אַמעריקע זוכן אַרבעט.
Rokhl is going to America to look for work.

Conversely, צו must be used in sentences starting with עס + זײַן + adjective.

Example עס איז שווער **צו** זײַן אַ סטודענט.
It's hard to be a student.

It is also typically used after ליב האָבן and פֿײַנט האָבן.

Example איך האָב ליב **צו** אַרבעטן דאָ.
I like to work here.

In other cases, you can choose whether or not to use צו before an infinitive.

7 Omitting דו

It is relatively common in Yiddish to omit the pronoun דו, particularly in questions and sentences with inversions. You saw an example of this in Dialogue 2, when Yankl said,

ביסט אַראָפּ פֿון זינען?
Are [you] out of your mind?

Exercise 4

Insert the correct superlative adjectives using the base forms in brackets. Remember to add the appropriate article (if needed) and gender/case suffixes.

1 דוד מיינט אַז זײַן אַרבעט איז ד____ ______ [שלעכט] אויף דער וועלט.
2 רחל זאָגט אַז אַקאַדעמיקערס אַרבעטן ד____ ______ [לאַנג] שעהען פֿון אַלע פּראָפֿעסיעס.
3 אַ ייִדיש שפּריכוואָרט (proverb) זאָגט, "ד____ ______ [שווער] אַרבעט איז ליידיק צו גיין".*
4 אָבער רחל זאָגט, "ד____ ______ [גוט] פּראָפֿעסיע איז בכלל נישט צו אַרבעטן!"
5 דודס ______ [יונג] ברודער לערנט אין ישיבֿה.
6 רחל שטודירט אין ד____ ______ [גרויס] אוניווערסיטעט אין ענגלאַנד.
7 איך וויל נאָר טאָן ד____ ______ [לײַכט] אַרבעט!
8 רחל מיינט אַז זי וווינט אין ד____ ______ [קליין] דירה אין לאָנדאָן.

* to go idle (literally: empty)

Exercise 5

Make sentences with superlative adjectives describing the following groups of three. Use the adjectives provided.

Example

רחל וווינט אין לאָנדאָן שוין 5 יאָר.
דוד וווינט אין לאָנדאָן זײַן גאַנץ לעבן.
חנה וווינט אין לאָנדאָן שוין 3 יאָר.
-לאַנג
-קורץ

← דוד וווינט די לענגסטע צײַט אין לאָנדאָן.
חנה וווינט די קירצסטע צײַט אין לאָנדאָן.

1 רחל אַרבעט 30 שעה אַ וואָך.
דוד אַרבעט 45 שעה אַ וואָך.
חנה אַרבעט 35 שעה אַ וואָך.
-לאַנג
-קורץ

2 חנהס הויז האָט זעקס צימערן.
דודס הויז האָט אַכט צימערן.
רחלס דירה האָט דרײַ צימערן.
-גרויס
-קליין

3 דודס זיידע איז 91 יאָר אַלט.
דודס פֿעטער איז 73 יאָר אַלט.
דודס פּלימעניק איז 7 יאָר אַלט.
-אַלט
-יונג

Exercise 6

Insert צו into these sentences if appropriate.

1 עס איז נישט גוט אַרבעטן צוועלף שעה אַ טאָג.
2 רחל העלפֿט דודן אַפּליקירן אויף דאָקטאָראַט-פּראָגראַמען (programmes).
3 מיר קענען פֿאַרשטיין אַ סך ייִדיש.
4 דוד וויל געפֿינען אַן אינטערעסאַנטע אַרבעט.
5 חנה לערנט זיך זינגען ייִדישע לידער.
6 דוד זאָגט, "איך גיי זוכן אַ נײַע אַרבעט!"

Supplementary text

(Audio 2:10)
This is a story about an encounter between a beggar and the famous financier and philanthropist Baron Rothschild.

דער באַראָן ראָטשילד און דער בעטלער

אַ מאָל איז אַן אָרעמער בעטלער געקומען צו ראָטשילדן. אַ דינער בײַ דער טיר האָט אים געפֿרעגט וואָס ער וויל. "איך מוז זען דעם באַראָן," האָט דער בעטלער געענטפֿערט.

האָט דער דינער אים גענומען צו ראָטשילדס סעקרעטאַר, וואָס האָט אים געפֿרעגט, "מיט וואָס קען איך אײַך העלפֿן?"

האָט דער בעטלער געענטפֿערט, "איך האָב אַ וויכטיקן ענין צו דיסקוטירן מיטן באַראָן." דער סעקרעטאַר האָט געזאָגט אַז דער באַראָן איז זייער

פֿאַרנומען און האָט איצט נישט קיין צײַט צו רעדן מיט אים. "עס וועט זײַן גיכער און בעסער צו רעדן מיט מיר," האָט ער געזאָגט. אָבער דער בעטלער איז געווען אַן עקשן. "ניין," האָט ער געזאָגט. "איך וויל רעדן נאָר מיטן באַראָן." צום סוף האָט דער סעקרעטאַר געמוזט נאָכגעבן און איז געגאַנגען זאָגן דעם באַראָן אַז ער מוז רעדן מיטן בעטלער.

איז ראָטשילד געקומען און האָט געפֿרעגט דעם בעטלער וואָס ער וויל. "נו, גאָרנישט, אין דער אמתן" האָט דער בעטלער געענטפֿערט. "איך האָב נאָר געוואָלט בעטן אַ נדבֿה בײַ אײַך".

איז דער באַראָן געוואָרן אין כּעס. "איר האָט מיך געשטערט נאָר כּדי צו בעטן אַ נדבֿה? פֿאַרשטייט איר נישט אַז איך האָב גרעסערע און וויכטיקערע געשעפֿטן צו פֿירן? פֿאַרוואָס האָט איר נישט געקענט בעטן בײַ מײַן סעקרעטאַר?" האָט ער געפֿרעגט.

"מײַן טײַערער באַראָן," האָט דער בעטלער געענטפֿערט, "איך ווייס אַז איר זײַט דער גרעסטער געשעפֿטסמאַן אויף דער וועלט, אָבער ביטע, גיט מיר נישט קיין עצות וועגן בעטלערײַ!"

Unit Twelve

וויפֿל האָסטו באַצאָלט פֿאַר די קאָמפּאַקטלעך?

How much did you pay for the CDs?

In this unit you will learn:

- how to talk about buying things, prices, and currencies
- unstressed prefixed verbs
- verbs ending in ־ירן-
- about omitting the definite article after prepositions
- verbs with זיך
- about Eastern European Jewish music

Dialogue 1

(Audio 2:12)

Dovid goes to buy CDs in a bookshop run by Yiddish-speaking Hasidic Jews.

דוד	האָט איר קאָמפּאַקטלעך מיט ייִדישער מוזיק?
קרעמער	יאָ, אַוודאי. וואָס זוכט איר? חזנות? חסידישע ניגונים?
דוד	אפֿשר חסידישע ניגונים. קענט איר עפּעס רעקאָמענדירן?
קרעמער	לאָמיר זען. קענט איר דאָס? עס איז זייער שיין.
דוד	האָט עס נאָר ניגונים, אָדער זענען דאָ אויך לידער מיט ווערטער?
קרעמער	דאָס זענען נאָר ניגונים. פֿאַרוואָס ווילט איר דווקא ווערטער?
דוד	איך לערן זיך ייִדיש און איך האָב ליב צו הערן לידער מיט ייִדישע ווערטער.
קרעמער	איר לערנט זיך ייִדיש? איז דער לערער אַ ליטוואַק? אײַער שפּראַך קלינגט ליטוויש.

דוד	ניין, איך האָב שטודירט כּלל-ייִדיש. עס איז נישט פּונקט ווי ליטוויש ייִדיש, אָבער זייער ענלעך.
קרעמער	לאָמיר טראַכטן. האָט איר ליב יום טובֿ ערליכן? ער זינגט אויף ייִדיש.
דוד	יאָ, איך האָב אים ליב. האָט איר דאָס קאָמפּאַקטל מיטן ליד "יעקבֿ?"
קרעמער	איך ווייס אַז מיר האָבן עס לעצטנס באַשטעלט, אָבער איך האָב נאָך נישט קאָנטראָלירט צי עס איז שוין אָנגעקומען. וואַרט אַ רגע, כ'וועל געבן אַ קוק אין ביוראָ. יאָ, מיר האָבן עטלעכע. איר ווילט נעמען?
דוד	יאָ, ביטע.
קרעמער	זײַט אַזוי גוט. זײַט געזונט, און האָט הנאָה פֿון די לידער – דאָרטן וועט איר הערן אַ היימיש לשון, נישט קיין כּלל-ייִדיש!

Vocabulary

CD	קאָמפּאַקטל (דאָס), -עך
music	מוזי̄ק (די), –
shopkeeper	קרעמער (דער), -ס
certainly, of course	אַוודאי [אַוואַדע]
to look for	זוכן, גע-ט
Jewish cantorial/liturgical music (see culture point)	חזנות [כאַזאָנעס] (דאָס), –
melody (often used in reference to wordless Hasidic melodies) (see culture point)	ניגון [ניגן] (דער), -ים [ניגונים]
to recommend (see language point 2)	רעקאָמענדירן
of all things; precisely	דווקא [דאַפ̄קע]
Lithuanian Jew	ליטוואַק (דער), -עס
Lithuanian Yiddish	ליטוויש
studied (see language point 2)	שטודי̄רט ← שטודירן
Standard Yiddish	כּלל [קלאַל]-ייִדיש (דאָס)
similar	ענלעך
Yom Tov Ehrlich (a popular Hasidic singer)	יום טובֿ [יאָנטעף] ערליך
Yaakov (Jacob) (a famous song by Yom Tov Ehrlich about an Eastern European Jewish refugee in Uzbekistan during World War 2)	יעקבֿ [יאַנקעוו]*
ordered (see language point 1)	באַשטע̄לט ← באַשטעלן

* pronounced יאַקאָוו in this song

whether (followed by inversion)	צי
arrived (see language point 2, Unit 13)	אָנגעקומען ← אָנקומען
moment	רגע [רעגע] (די), ־ס
contraction of איך	כ׳
some	עטלעכע
here you are (in the above context)	זײַ אַזוי גוט (singular) זײַט אַזוי גוט (plural)
to enjoy (see language point 3, Unit 14)	הנאה [האַנויע] האָבן
homey; traditional	היימיש

Idiom

to take (literally: give) a look   געבן אַ קוק

Language points

1 Unstressed prefixed verbs

While most Yiddish verbs conjugate like the ones that we have studied so far, there are several groups of verbs that work slightly differently. One such group is called 'unstressed prefixed verbs'. Verbs belonging to this category start with a prefix that does not get the accent when you pronounce the word. You already know quite a few of these verbs: for example, in the verbs **גע**דענקען (remember), **דער**ציילן (tell), and **פֿאַר**געסן (forget), the first syllable (in bold) is actually an unstressed prefix. There are six of these prefixes:

1 ־אַנט, e.g. **אַנט**לויפֿן (escape; run away)
2 ־באַ, e.g. **באַ**קומען (receive)
3 ־דער, e.g. **דער**ציילן (tell)
4 ־גע, e.g. **גע**דענקען (remember)
5 ־פֿאַר, e.g. **פֿאַר**געסן (forget)
6 ־צע, e.g. **צע**ברעכן (break)

As you can see, the prefixed verbs are often based on other, unprefixed verbs that you may know (e.g. אַנטלויפֿן is derived from לויפֿן; באַקומען is derived from קומען). The prefixes often have a meaning of sorts.

For example, -אַנט often means 'away'. You can see this clearly by comparing the unprefixed לויפֿן (run) with the prefixed אַנטלויפֿן (escape; run away). However, in many cases it is difficult or impossible to work out the relationship between a prefixed verb and its unprefixed equivalent. For example, the link between קומען (come) and **באַ**קומען (receive) is not at all transparent. In addition, some prefixed verbs have no unprefixed equivalent (at least in Modern Yiddish; they may have done in an earlier form of the language). For example, we have the prefixed verb פֿאַרגעסן, but there is no unprefixed verb 'געסן'. Therefore it is best just to memorize individual prefixed verbs when you encounter them (as you have been doing until now).

Unstressed prefixed verbs conjugate just like other verbs *except in the past tense*. The past tense differs because the past participle of these verbs never takes the prefix -גע. This is logical because these verbs already have a prefix of their own, so they won't accept another one! Look at these examples:

איך האָב **באַ**שטעלט אַ קאָמפּאַקטל.
I ordered a CD.

איך האָב **פֿאַר**געסן זײַן נאָמען.
I forgot his name.

In all other respects, the past tense of these verbs is just like that of other verbs:

1 The past tense can be formed with either האָבן or זײַן. It is simple to work out which prefixed verbs have זײַן as their auxiliary verb: if the 'base' verb takes זײַן, the prefixed verb does too.

Example איך **בין אַנט**לאָפֿן. ← איך **בין** געלאָפֿן.
I ran away. I ran.

The only exception to this is if the prefixed verb is transitive (i.e. can take a direct object). In such cases it always forms its past tense with האָבן because it no longer meets the criteria for זײַן verbs, which must be intransitive (i.e. not take a direct object).

Example איך **האָב באַ**קומען ← איך **בין** געקומען
I received (transitive) I came (intransitive)

2 The past participle can end in ט-, ן-, or ען- and may have vowel and/or consonant changes. Again, if you know how to form the

past participle of the corresponding unprefixed verb, then you can apply this to the prefixed version. For example:

Example (mourn) באַוויינען, באַ**וויינט**	←	(cry) **וויינען, גע**וויינט	
באַקומען, באַ**קומען**	←	קומען, גע**קומען**	
אַנטלויפֿן, אַנט**לאָפֿן**	←	לויפֿן, גע**לאָפֿן**	

If you come across a new unstressed prefixed verb and you don't recognize its base verb, just memorize its past participle as you would for any other new verb.

2 Verbs ending in ־ירן

There is another group consisting of verbs that have three or more syllables and end in ־ירן, e.g. שטודירן ,קאָנטראָלירן ,שפּאַצירן. These verbs, like unstressed prefixed verbs, do not use ־גע to form their past participle. In addition, their past participles all end in ־ט and never undergo vowel or consonant changes (making them very easy to conjugate!). Here are some examples from Dialogue 1:

איך האָב **שטודירט** כּלל-ייִדיש.
I **studied** Standard Yiddish.

איך האָב נאָך נישט **קאָנטראָלירט**.
I haven't **checked** yet.

3 Omitting the definite article after prepositions

It is very common in Yiddish to leave out the definite article after the prepositions of direction אין, לעבן, and פֿון. In such cases the noun following the preposition is still understood as being definite. For example, in Dialogue 1 the shopkeeper said,

כ'וועל געבן אַ קוק **אין** ביוראָ.
I'll have a look **in** [the] office.

Here are some more examples of this usage:

איך בין **אין** ביבליאָטעק.
I'm **in** [the] library.

מיר קומען **פֿון** רעסטאָראַן.
We're coming **from** [the] restaurant.

דוד וווינט **לעבן** פּאַרק.
Dovid lives **near** [the] park.

In the case of neuter nouns, the fact that definiteness is implied extends to any associated adjectives, which take the same dative suffixes that they do when following the definite article:

דאָס ליד קומט **פֿון נײַעם** קאָמפּאַקטל.
That song comes **from** [the] **new** CD.

This usage does not apply to the plural definite article, which can never be omitted after these prepositions. For example:

איך גיי **אין די** ביבליאָטעקן.
I'm going **to the** libraries.

Similarly, it does not apply to the indefinite article:

איך גיי **אין אַ** ביבליאָטעק.
I'm going **to a** library.

Finally, the singular definite article cannot be omitted if it is being used to mean 'this' or 'that'. For example:

איך האָב עס געלייענט **אין דעם** בוך.
I read it **in *this/that*** book.

Exercise 1 **(Audio 2:13)**

Insert the correct auxiliary verbs and past participles, using the infinitives in brackets.

1 דער פֿעטער יאַנקל ______ ______ [דערציילן] אינטערעסאַנטע מעשׂיות.
2 מיר ______ ______ [שפּאַצירן] אין פּאַרק אַפֿילו ווינטערצײַט.
3 איר ______ ______ [באַשטעלן] נײַע קאָמפּאַקטלעך.
4 רחל ______ ______ [אַפּליקירן] אויף פֿאַרשיידענע פּאָזיציעס.
5 דו ______ ______ [פֿאַרגעסן] צו נעמען דײַן מאַנטל.
6 חנה ______ ______ [צעברעכן] איר ראַדיאָ (radio).
7 איך ______ ______ [געדענקען] דעם שיינעם ניגון.
8 די קרעמערס ______ ______ [פֿאַרקויפֿן] אַ סך ייִדישע מוזיק.

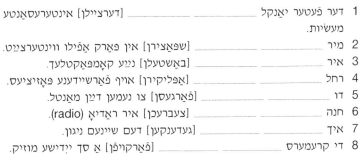

Exercise 2

Rewrite the following sentences, omitting the definite article if possible.

1 איך האָב געקויפֿט די קאָמפּאַקטלעך אין דער שטאָט.
2 מיר ווילן גיין אין די נײַע קראָמען.
3 חנה זיצט אין דער ביבליאָטעק.
4 דער קרעמער גיט אַ קוק אין דעם ביוראָ.
5 רחל גייט אין דעם אוניווערסיטעט.
6 ביסטו געגאַנגען אין דעם קאַפֿע?
7 דוד וויל עסן וועטשערע אין אַ רעסטאָראַן.

Dialogue 2

(Audio 2:14)

Rokhl, Khane, and Dovid are talking about Yiddish music.

רחל: עס וועט זײַן אַ קאָנצערט מיט ייִדישער מוזיק אין אוניווערסיטעט דעם קומענדיקן דאָנערשטיק. לאָמיר גיין!

חנה: קענסטו די קאַפּעליע?

רחל: כ'געדענק נישט דעם נאָמען, אָבער איך האָב זיי שוין אַ מאָל געהערט. זיי שפּילן כּלי-זמר מוזיק. איך קען דאָס מיידל וואָס שפּילט פֿידל; זי איז גאַנץ גוט.

חנה: ווי טראַדיציאָנעל זענען זיי? איך האָב נישט אַזוי ליב כּלי-זמר קאַפּעליעס וואָס ניצן מאָדערנע ניגונים און אינסטרומענטן.

רחל: האָסטו נישט ליב קיין נײַע מוזיק? האָסטו נאָר ליב אַלטמאָדישע זאַכן?

דוד: אגבֿ, איך האָב זיך נעכטן געקויפֿט אַ קאָמפּאַקטל פֿון יום טובֿ ערליכן. אפֿשר וועט עס דיר געפֿעלן, חנה.

רחל: ווו האָסטו עס געקויפֿט? וויפֿל האָט עס געקאָסט? איך קען זיך פֿאָרשטעלן אַז דו האָסט באַצאָלט צו פֿיל.

דוד: אין אַ קראָם נאָענט צו מײַן הויז. עס האָט געקאָסט פֿופֿצן פֿונט.

רחל: פֿופֿצן פֿונט! דאָס איז אַ סקאַנדאַל! דאָס קומענדיקע מאָל וועל איך דיר ווײַזן ווי צו באַשטעלן פֿון אַמעריקע אויף דער אינטערנעץ. דאָרט קענסטו געפֿינען דאָס זעלבע קאָמפּאַקטל פֿאַר צען דאָלאַר.

דוד: דו זאָגסט כּסדר אַז דו קענסט געפֿינען ביליקער, אָבער דו קויפֿסט קיין מאָל נישט קיין קאָמפּאַקטלעך - דו באָרגסט שטענדיק מײַנע!

Vocabulary

concert	קאָנצערט (דער), -ן
band	קאַפּעליע (די), -ס
to play	שפּילן, גע-ט
klezmer musician (see culture point)	כּלי-זמר [קלעזמער] (דער), -ים [קלעזמאָרים]
fiddle, violin	פֿידל (דער|די), -ען
traditional	טראַדיציאָנעל
instrument	אינסטרומענט (דער), -ן
by the way	אַגבֿ [אַגעוו]
to be pleasing (equivalent to English 'to like', e.g. עס געפֿעלט מיר = I like it)	געפֿעלן, -ן* (+ dative)
to cost	קאָסטן, גע-ט
to imagine (see language point 4; see also language point 2, Unit 13)	פֿאָרשטעלן זיך
pound	פֿונט (דער|דאָס), -ן
scandal	סקאַנדאַל (דער), -ן
to show	ווײַזן, געוויזן
Internet	אינטערנעץ (די), -ן
dollar	דאָלאַר (דער), -ן
to borrow	באָרגן, גע-ט

* conjugates with זײַן in past tense

Language points

4 Verbs with זיך

Uses of זיך

The word זיך (oneself) is a reflexive pronoun, a pronoun used when referring to the self. It can be used for all persons, corresponding to the English 'myself', 'yourself', 'himself', 'herself', 'ourselves', 'yourselves', and 'themselves'. It can be used as an object, e.g.:

> איך זע **זיך** אין שפּיגל.
> I see **myself** in [the] mirror.

However, the most common use of זיך is as part of a verb. You have already seen a few such verbs, e.g. לערנען זיך (learn), זאָרגן זיך (worry), בײַטן זיך (change). Some verbs may be used both with and without זיך; in such cases the variant with זיך means something different from the one without it. Other verbs exist only with זיך. Verbs with זיך fall into four main categories:

1. REFLEXIVE

These verbs are used when the object of the verb is the same as the subject. They correspond to reflexive verbs in languages like French, Spanish, and German. These verbs have the same basic meaning as their equivalents without זיך. Sometimes these correspond to verbs with 'oneself' in English, but in many cases the English equivalent is slightly different. You can see this in the following example:

איך וואַש **זיך**. I wash **myself**/I have a wash.	←	איך וואַש די קליידער. I wash **the clothes**.

In many cases, a reflexive verb with זיך and the corresponding verb without it may be translated by the same English verb, as in this example:

דער וועטער בײַט **זיך**. The weather changes (literally: **itself**).	←	איך בײַט דאָס קאָמפּאַקטל. I change **the CD**.

2. RECIPROCAL

In these verbs זיך corresponds to English 'each other'. Verbs like this always have a plural subject, e.g.:

> זיי קענען **זיך** פֿון אוניווערסיטעט.
> They know **each other** from university.

As in Category 1, the זיך is a necessary component in Yiddish, but 'each other' can often be left out in English, e.g.:

> זיי טרעפֿן **זיך** בײַם קאָנצערט.
> They're meeting (literally: each other) at the concert.

3. PASSIVE

Sometimes a verb with זיך most closely corresponds to a passive verb in English (e.g. is done, is heard, is made). For example:

> אַ שיינער ניגון הערט **זיך** דורכן פֿענצטער.
> A beautiful melody is heard (literally: hears itself) through the window.

4. NO PARTICULAR MEANING

Some verbs just require זיך, without the pronoun conveying any particular meaning. In these cases, just memorize the verb together with זיך as a single unit. For example:

> איך זאָרג **זיך** וועגן דודן.
> I worry about Dovid.

If you come across a new verb with זיך, the context usually makes it clear which category it falls into. In addition, if you want to convey the meaning of 'oneself' or 'each other', it is generally possible to add זיך to a verb that you already know and turn it into a reflexive or reciprocal verb.

■ Conjugating verbs with זיך

Verbs with זיך conjugate just like regular verbs in all tenses. The only thing you have to remember is that the זיך always goes directly after the main (conjugated) part of the verb. In the present tense this is simple because the verb has only one part:

> איך זאָרג **זיך**.
> I worry.

In the past and future it goes directly after the auxiliary verb:

איך האָב **זיך** געזאָרגט.
I worried.

איך וועל **זיך** זאָרגן.
I'll worry.

If you want to negate the verb, put ניט/נישט *after* זיך in all tenses:

איך זאָרג **זיך נישט**.
I don't worry.

איך האָב **זיך נישט** געזאָרגט.
I didn't worry.

איך וועל **זיך נישט** זאָרגן.
I won't worry.

5 Prices and currencies

Words for currencies (e.g. פֿונט, דאָלאַר) remain in the singular in conjunction with numbers, e.g.:

עס האָט געקאָסט פֿופֿצן **פֿונט**.
It cost fifteen **pound[s]**.

דאָרט קענסטו געפֿינען דאָס זעלבע קאָמפּאַקטל פֿאַר צען **דאָלאַר**.
You can find the same CD for ten **dollar[s]** there.

Here are the names of some more currencies that are particularly relevant to Yiddish speakers:

euro	אײראָ (דער), -ס
rouble	רובל (דער), –
shekel	שקל [שעקל] (דער), -ים [שקאָלים]

Culture point

Eastern European Jewish music

The Yiddish-speaking world has a vast musical heritage. One of the oldest forms of music is חזנות, liturgical compositions traditionally sung by cantors in the synagogue on Shabes and at festivals. Another is the ניגון, a wordless melody originally popularized in Hasidic circles as a form of meditation.

There is also a rich tradition of Yiddish folk songs. The lyrics cover an enormous range of subject matter reflecting all aspects of Jewish life. Some have no known author, while others were written by poets and then absorbed into the 'folk' repertoire. Folk melodies may derive from the Jewish religious tradition with influences from various European cultures.

In pre-World War 2 Eastern Europe a musician was known as a 'klezmer'. Klezmorim played a variety of instruments (e.g. violin, accordion, clarinet, hammered dulcimer, bass, drums) in different settings including weddings and celebrations. Around 1980 this type of music was adapted into a genre called 'klezmer'. Klezmer now enjoys widespread popularity, with groups performing both traditional and modern repertoires.

Exercise 3

Rewrite the following sentences in the past tense, remembering to put זיך in the right place. Check the glossary for the meaning of any unfamiliar verbs.

1 מיר אײַלן זיך אויפֿן קאָנצערט.
2 איך לערן זיך ייִדיש אין אוניווערסיטעט.
3 דוד קויפֿט זיך אַ נײַ קאָמפּאַקטל.
4 די חבֿרים טרעפֿן זיך בײַם קאָנצערט.
5 דו פֿרעגסט זיך פֿאַרוואָס חנה האָט ליב נאָר אַלטע מוזיק.
6 רחל דערמאָנט זיך אַז זי מוז צוריקגעבן דודן זײַן קאָמפּאַקטל.

Exercise 4

Rewrite the above sentences in the future tense.

Exercise 5

Look at the following items and say how much each one costs.

Example די טעלעוויזיע קאָסט צוויי הונדערט פֿערציק דאָלאַר. ←

1.

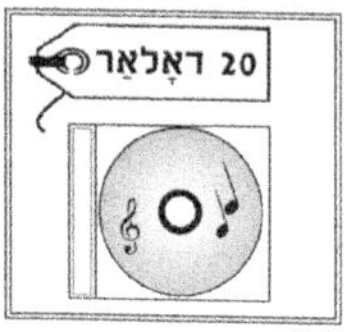

2.

3.

4.

5.

6.

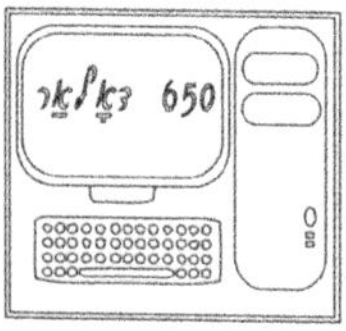

Supplementary text

(Audio 2:16)

This tale centres on a *dybbuk*, the spirit of a dead person that possesses a living body and must be exorcized by a rabbi. The *dybbuk* is a familiar theme in Yiddish folk culture.

דער דיבוק ניגון

אין אַ קליין שטעטל איז אַ מאָל געווען אַן אַלטער חזן. צוליב זײַן עלטער איז דעם חזנס קול שוין נישט געווען פֿאַרלאָזלעך. האָבן די ייִדן פֿון שטעטל באַשלאָסן אַז עס איז שוין צײַט צו געפֿינען אַ נײַעם חזן. זיי האָבן געפֿונען אַ יונגן מאַן וואָס איז געווען זייער פֿרום און אויך אַ וווּנדערבאַרער זינגער

מיט אַ פּרעכטיק קול. עס איז געווען אַ מחיה צו הערן ווען ער האָט געזונגען די תּפֿילות, און דאָס גאַנצע שטעטל האָט זיך געפֿרייט. דער אַלטער חזן, אָבער, איז געווען שטאַרק אומצופֿרידן. ער איז געווען אין כּעס מיט דער קהילה וואָס האָט באַשלאָסן אַז זיי ווילן אים שוין נישט האָבן ווי זייער חזן, און ער האָט נישט געקענט זאָגן אַ פֿרײַנטלעך וואָרט דעם נײַעם חזן. צום סוף איז דער אַלטער חזן געוואָרן קראַנק פֿון עגמת-נפֿש און איז געשטאָרבן פּונקט פֿאַר ראָש-השנה.

אַלע האָבן באַוויינט דעם אַלטן חזן. דער נײַער חזן און די גאַנצע קהילה זענען געגאַנגען אין שול דאַווענען די ראָש-השנה תּפֿילות. דער נײַער חזן האָט געעפֿנט דאָס מויל, אָבער פּלוצעם האָט ער נישט געקענט זינגען. ער האָט פּרובירט נאָך אַ מאָל, און האָט זיך דערשראָקן צו הערן ווי דאָס קול פֿונעם געשטאָרבענעם חזן קומט פֿון זײַן האַלדז. ער האָט ווײַטער געזונגען און אַלץ איז געווען לויטן קול פֿונעם אַלטן חזן. האָט דער נײַער חזן גלײַך פֿאַרשטאַנען אַז דאָס איז אַ דיבוק. האָט ער געחלשט פֿון שרעק. ווען מע איז געקומען אים אַהיימשלעפּן, האָט זיך דערהערט דאָס קול פֿונעם אַלטן חזן: "איך בין דער חזן פֿון שטעטל און דאָס איז מײַן שול! איך וועל זינגען די תּפֿילות לויט מײַן ניגון!"

האָט מען געבראַנגט דעם יונגן חזן צום רבין. "ר' חזן," האָט דער רבי געזאָגט צום דיבוק, "דײַן צײַט אויף דער ערד איז שוין פֿאַרבײַ. איצט מוזסטו גיין צו דײַן אייביקער רו און לאָזן דעם יונגן חזן זינגען אַנשטאָט דיר." אָבער דאָס האָט נישט געהאָלפֿן. דער יונגער חזן האָט פּרובירט זינגען, אָבער דאָס קול איז געווען דעם אַלטן חזנס.

האָט דער רבי פּרובירט נאָך אַ מאָל. "ר' חזן," האָט ער געזאָגט,"איך וועל דיר לערנען אַ נײַעם ניגון. עס איז אַ זעלטענער ניגון וואָס וועט דיך באַפֿרײַען פֿון דײַנע פֿליכטן דאָ אויף דער ערד און עפֿענען די טויערן פֿון עולם-הבא. דו וועסט זינגען דעם ניגון צו די צדיקים אין גן-עדן."

האָט דער רבי געזונגען דעם ניגון. דער אַלטער חזן איז געווען צופֿרידן און דער דיבוק האָט פֿאַרלאָזן דעם גוף פֿונעם יונגן חזן. דער יונגער חזן האָט געעפֿנט דאָס מויל און געזונגען, און אַלע האָבן געהערט זײַן שיין קול.

Unit Thirteen

איך וויל זען אַ נײַעם פֿילם אויף ייִדיש!

I want to see a new film in Yiddish!

In this unit you will learn:

- how to speculate about possibilities
- how to make fulfillable conditions
- converbs (stressed prefixed verbs)
- how to decline the adjective אַנדער (other)
- about Yiddish theatre and film

Dialogue 1

(Audio 2:18)

There's going to be a screening of 'The Dybbuk' at the Jewish cultural centre. Rokhl asks Dovid and Khane if they want to go.

רחל	מע וועט ווײַזן "דער דיבוק" אין ייִדישן קולטור-צענטער דינסטיק. ווילט איר גיין?
דוד	אויב איך וועל האָבן צײַט, וועל איך גיין. אָבער איך דאַרף נאָך שרײַבן אַ סך דאָקטאָראַט-אַפּליקאַציעס.
חנה	איך ווייס נישט אויב איך האָב חשק. כ'האָב עס שוין געזען אַזוי פֿיל מאָל.
רחל	אָבער דו האָסט עס געזען אין דער היים. דאָס וועט זײַן אויף אַ גרויסן עקראַן!
חנה	נו, לאָמיר זען. אויב איך וועל האָבן כּוח וועל איך אפֿשר גיין. אָבער אַנשטאָט "דער דיבוק", קענען מיר פּשוט גיין אין קינאָ צו זען אַ נײַעם פֿילם!
רחל	אָבער אויב מיר וועלן גיין אין קינאָ, וועט דער פֿילם נישט זײַן אויף ייִדיש! דאָס איז געווען דער גאַנצער ענין.
חנה	וואָס מיט בלײַבן אין דער היים און זען אַ ייִדישן פֿילם וואָס מיר האָבן נאָך נישט געזען? איך האָב געקויפֿט "ייִדל מיטן פֿידל", "מאַמעלע", און "גאָט, מענטש, און טײַוול" און נאָך נישט באַוויזן זיי זען.

רחל	אָבער אויב מיר וועלן דאָס טאָן, וועלן מיר מוזן זיי זען אויף דײַן קליינער טעלעוויזיע. איך האָב געוואָלט גיין אין קינאָ!
דוד	נו, אין אָרדענונג. איך וועל גיין מיט דיר צו זען "דער דיבוק" דינסטיק און ענדיקן די אַפּליקאַציעס מיטוואָך.
חנה	און דאַן קענט איר קומען צו מיר דאָנערשטיק צו זען די אַנדערע פֿילמען!
רחל	אויב איך וועל זען אַזוי פֿיל אַלטע ייִדישע פֿילמען אין איין וואָך, וועל איך אָנהייבן זען אַלץ אויף שוואַרץ און ווײַס!

Vocabulary

to show	ווײַזן, געוויזן
culture	קולטו̄ר (די), -ן
centre	צענטער (דער), -ס
application	אַפּליקאַציע (די), -ס
desire	חשק [כיישעק] (דער), –
screen	עקראַ̄ן (דער), -ען
strength; power; energy	כּוח [קויעך] (דער), -ות [קויכעס]
instead of	אַנשטאָ̄ט
point (in the above context)	ענין [איניען] (דער), -ים [איניאָנים]
God	גאָט (דער), געטער
devil	טײַוול (דער), טײַוולאָנים
to manage to do in time	באַווײַזן, באַוויזן
then	דאַן

Idiom

to feel like האָבן חשק

Language point

1 Fulfillable conditions

In Yiddish, when you want to say that something might happen in the future if a particular condition is met, you use a construction called a ‘fulfillable’ condition. You saw several examples of this in Dialogue 1. For example, Dovid said,

אויב איך וועל האָבן צײַט, וועל איך גיין.
If I have time, I’ll go.

A fulfillable condition is made up of two clauses. The first is a dependent clause stating the condition (e.g. ‘If I have time’). It is formed like this:

object (if relevant) + future tense verb + subject + (if) אויב
←

Example צײַט + וועל האָבן + איך + אויב
←

אויב איך וועל האָבן צײַט
If I have time

This is almost the same as English, except that in Yiddish the verb is in the future tense while in English it is in the present.

The second clause is an independent clause telling us what will happen if the condition given in the first clause is met. This ‘outcome’ clause is formed as follows:

object (if relevant) + infinitive + subject + future auxiliary verb
←

Example אין קינאָ + גיין + איך + וועל
←

וועל איך גיין אין קינאָ
I’ll go to [the] cinema

The most important point to note here is that because this is an independent clause following a dependent one, inversion occurs and so the future auxiliary verb comes before the subject.

There is usually (but not necessarily) a comma between the two clauses.

As in English, if you want to place emphasis on the ‘outcome’ clause you can put it before the ‘condition’ clause. If you do this, there is no inversion in the ‘condition’ clause and there is usually no comma between the two clauses:

איך וועל גיין אויב איך וועל האָבן צײַט.
I’ll go if I have time.

Exercise 1

Change these statements into fulfillable conditions.

Example איך האָב צײַט, גיי איך אין קינאָ. ← אויב איך וועל האָבן צײַט, וועל איך גיין אין קינאָ.

1 מיר האָבן חשק, זעען מיר אַ פֿילם.
2 רחל געפֿינט נישט קיין אַרבעט אין לאָנדאָן, פֿאָרט זי קיין אַמעריקע.
3 דו האָסט ליב דעם פֿילם, זע איך עס אויך.
4 איך פֿאָר אין מאה שערים, רעד איך אַ סך ייִדיש.
5 דוד ווערט אַ סטודענט, איז דער פֿעטער יאַנקל אומצופֿרידן.
6 רחל בלײַבט אין לאָנדאָן, איז חנה גליקלעך.
7 דו רעדסט אַ סך, ווערט דײַן ייִדיש זייער גוט.
8 רחל אַרבעט שווער, ענדיקט זי באַלד דעם דאָקטאָראַט.

Exercise 2

Rokhl has made a list of all the things she's going to do tomorrow if she has time. Use the list to make sentences with fulfillable conditions.

Example גיין אין ביבליאָטעק ← אויב רחל וועט האָבן צײַט, וועט זי גיין אין ביבליאָטעק.

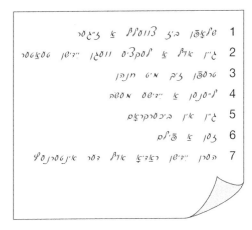

1 שלאָפֿן ביז צוועלף אַ זייגער
2 גיין אויף אַ לעקציע וועגן ייִדישן טעאַטער
3 טרעפֿן זיך מיט חנהן
4 לייענען אַ ייִדישע מעשׂה
5 גיין אין ביכערקראָם
6 זען אַ פֿילם
7 הערן ייִדישן ראַדיאָ אויף דער אינטערנעץ

Exercise 3

Use fulfillable conditions to answer these questions.

1 אויב דו וועסט האָבן צײַט, וועסטו גיין אין קינאָ הײַנט?
2 אויב דו וועסט גיין אין קינאָ, וואָס וועסטו זען?
3 אויב דער פֿילם וועט זײַן שלעכט, וועסטו פֿאַרלאָזן אין מיטן (in the middle)?
4 אויב די זון וועט שײַנען מאָרגן, וועסטו גיין אין פּאַרק?
5 אויב עס וועט גיין אַ רעגן מאָרגן, וועסטו בלײַבן אין דער היים?

Dialogue 2

(Audio 2:19)

Rokhl and Dovid are at Khane's watching Yiddish films. Rokhl laments the lack of new Yiddish films and drama.

רחל „ייִדל מיטן פֿידל“ איז געווען זייער שיין. אָבער עס איז אַרויסגעקומען אין 1936! איך וויל זען אַ נײַעם פֿילם אויף ייִדיש, אָבער ס'איז פֿאַראַן אַזוי ווייניק.

דוד האָסטו געזען „אַ געשעפֿט“? דאָס איז אַ נײַער פֿילם אין גאַנצן אויף ייִדיש.

רחל דער פֿילם איז געווען אויף אַזאַ נידעריקער מדרגה! סתּם זײַן אויף ייִדיש איז נישט גענוג - דער פֿילם דאַרף אויך האָבן אַ שטאַרקן סיפּור־המעשׂה און גוטע אַקטיאָרן. אַניש, טויג עס אויף כּפּרות! און וואָס שייך טעאַטער, איז דער מצבֿ נישט קיין סך בעסער. עס זענען נישטאָ אַזוי פֿיל ייִדישע טעאַטערס אויף דער וועלט.

דוד נו, אפֿשר קענען מיר אַליין צוגרייטן אַ ייִדישע פּיעסע. וואָס מיינט איר?

רחל דאָס איז אַ שיינער געדאַנק, אָבער ווער האָט צײַט אויף אַזעלכע פּראָיעקטן?

דוד מע דאַרף נישט אַליין אויסטראַכטן אַ נײַע מעשׂה, מע קען אויסקלײַבן אַ גוטע פּיעסע, אפֿשר פֿון שלום עליכמען, י. ל. פּרצן, אָדער פֿון אַן אַנדער גוטן שרײַבער ווי אַהרן צײַטלין.

חנה נו, לאָמיר אָנהייבן!

רחל הייבט אָן געזונטערהייט, אָבער איך האָב נאָר געוואָלט זען נײַע ייִדישע פֿילמען, נישט ווערן אַן אַקטריסע און רעזשיסאָרשע!

דוד נו, אַז מע קען ניט ווי מע וויל, דאַרף מען וועלן ווי מע קען!

Vocabulary

came out (see language point 2)	אַרױסגעקומען ← אַרױסקומען
few; little	װײניק
business; shop; deal	געשעפֿט (דאָס), -ן
low	ניִדעריק
level	מדרגה [מאַדרייגע] (די), -ות
just; for no reason	סתּם [סטאַם]
plot	סיפּור-המעשׂה [סיפּעראַמײַסע] (דער), -יות
otherwise	אַנישט
to be useful, good for something	טויגן, גע-ט
ceremony traditionally done just before Yom Kippur (the Day of Atonement) in which a chicken (or its equivalent in money) is ritually given as a sin offering	כּפּרות [קאַפּאָרעס]
relating to	שייך [שײַעך]
play	פּיעסע (די), -ס
such (used with plural nouns)	אַזעלכע
project	פּראָיעקט (דער), -ן
to invent (see language point 2)	אױסטראַכטן
to choose (see language point 2)	אױסקלײַבן
Sholem Aleichem (pseudonym of Yiddish author Sholem Rabinowitz, 1859–1916; see supplementary text, Unit 15)	שלום עליכם
Y. L. Peretz (Yiddish author, 1852–1915; see supplementary text, Unit 15)	י. ל. פּרץ [פּערעץ]
Aaron Zeitlin (Yiddish author, 1898–1973)	אַהרן [אַרן] צײַטלין
start (imperative; see language point 2)	הייבט אָן
in good health	געזונטערהײט
actress	אַקטריסע (די), -ס
(female) director	רעזשיסאָרשע (די), -ס

Idioms and proverbs

synonym of עס איזוזענען דאָ	עס איזוזענען פֿאַראַן
to be good for nothing (literally: good for the kapores ceremony)	טויגן אויף כּפּרות
as for; regarding	וואָס שייך
following imperative, similar to 'by all means…' or '…for all I care!', e.g. 'By all means start!' 'Start for all I care!'	. . . געזונטערהייט
If you can't [do] what you want, want what you can [do]!	אַז מע קען ניט ווי מע וויל, דאַרף מען וועלן ווי מע קען!

Language points

2 Converbs (stressed prefixed verbs)

In Unit 12 we discussed unstressed prefixed verbs like דערציילן and פֿאַרגעסן. There is another type of prefixed verb in Yiddish, called 'converbs' or 'stressed prefixed verbs'. As the second name indicates, these verbs have a prefix that gets the accent when the word is pronounced. There are several of these in Dialogue 2, for example **אַרויס**קומען (come out), **אָנ**הייבן (start). The bold part of the word is the stressed prefix. Converbs resemble unstressed prefixed verbs in two ways: (1) they are derived from 'base' verbs, and (2) the relationship between the 'base' verb and its prefixed equivalent is sometimes clear but often not. However, converbs differ from unstressed prefixed verbs in two important ways: (1) they can be composed of more than 30 prefixes, as opposed to just 6, and (2) they conjugate differently.

First let's look at how to conjugate converbs, and then we'll examine the meanings of the different prefixes.

■ Conjugating converbs

The infinitive of converbs always consists of a stressed prefix followed by the 'base', which operates according to the normal rules of infinitives (i.e. some end in ן- and some in ען-).

In the present tense, the prefix separates from the base and goes after it. For example:

אַרויסגיין ← איך גיי **אַרויס**
to go **out** — I go **out**

If you want to negate the verb, insert נישט/ניט after the base and before the prefix:

איך גיי נישט **אַרויס**.
I don't go **out**.

Here is the complete present-tense conjugation of אַרויסגיין:

Plural		Singular	
מיר גייען אַרויס	1st person plural	איך גיי אַרויס	1st person singular
איר גייט אַרויס	2nd person plural	דו גייסט אַרויס	2nd person singular
זיי גייען אַרויס	3rd person plural	ער/זי/עס גייט אַרויס	3rd person singular

To form the past tense of a converb, follow these steps:

1 First remove the prefix, then put the base verb into the past tense (i.e. choose the correct helping verb, האָבן or זײַן, followed by the past participle). If you know the base verb, this is easy; if you don't, you can find it in the glossary of this book or in a Yiddish dictionary. For example:

אַרויסנעמען (take out) ← נעמען ← איך האָב גענומען
אַרויסגיין ← גיין ← איך בין געגאַנגען

2 Next, attach the prefix directly to the past participle:

איך האָב גענומען ← איך האָב **אַרויס**גענומען
איך בין געגאַנגען ← איך בין **אַרויס**געגאַנגען

Note that the stress stays on the prefix rather than moving to the verb's penultimate syllable.

If you want to add נישט/ניט, put it after the auxiliary verb, as you would with an unprefixed verb:

איך בין אַרויסגעגאַנגען ← איך בין **נישט** אַרויסגעגאַנגען

To form the future tense of a converb, put the infinitive form after the future auxiliary verb:

איך וועל אַרויסגיין.
I'll go out.

Again, נישטוניט goes directly after the auxiliary verb:

איך וועל **נישט** אַרויסגיין.
I **won't** go out.

In the imperative, as in the present tense, the prefix separates from the base and goes after it:

גיי(ט) אַרויס!
Go out!

As usual, נישטוניט goes after the base verb:

גיי(ט) **נישט** אַרויס!
Don't go out!

If צו is used in conjunction with the infinitive of a converb, it gets sandwiched between the prefix and the base:

חנה האָט נישט ליב אַרויס**צו**גיין.
Khane doesn't like to go out.

Finally, note that converbs may appear in conjunction with זיך. In such cases זיך goes directly after the conjugated part of the verb, as expected:

איך כאַפּ **זיך** אויף
I wake up

אויפֿכאַפּן זיך
to wake up
←
איך האָב **זיך** אויפֿגעכאַפּט
I woke up

איך האָב **זיך** נישט אויפֿגעכאַפּט
I didn't wake up

■ Meaning of converbs

Converb prefixes can be divided into two categories depending on meaning. (Don't worry; both categories conjugate in the same way!) Category 1 consists of prefixes having something to do with direction, e.g. -אַרײַנ (in), -אַרויס (out), -אַראָפּ (down), -אַרויפֿ (up), -אַרומ (around).

These prefixes can be added mechanically to any verb having something to do with movement or direction, e.g. גיין, קומען, לויפֿן, טאַנצן, נעמען, and the meaning is usually completely predictable as the combination of that action and that direction. For example:

אַרויסקומען	=	קומען	+	אַרויס-
come out		come		out
אַרומלויפֿן	=	לויפֿן	+	אַרומ-
run around		run		around

In the present tense the position of Category 1 prefixes within a sentence can be quite flexible. They can go directly after the conjugated part of the verb, as in:

ער נעמט **אַרײַן** די ביכער אין שטוב.
He takes the books into the house.

But often they can go in the middle or at the end, after any direct and/or indirect objects:

ער נעמט די ביכער **אַרײַן** אין שטוב.
ער נעמט די ביכער אין שטוב **אַרײַן**.
He takes the books into the house.

Here is a complete list of Category 1 prefixes. You can use them to work out the meaning of new converbs.

in	אַרײַנ-	through	(אַ)דורכ-
with	מיט-	away	אַוועק-
after	נאָך-	opposite	אַנטקעגנ-
by, alongside	פֿאַרבײַ-	down	אַנידער-
in advance	פֿאָרויס-	down	אַראָפּ-
apart	פֿונאַנדער-	out	אַרויס-
together	צוזאַמען	up	אַרויפֿ-
together	צונויפֿ-	around	אַרומ-
back	צוריק-	under	אַרונטער-
		over	אַריבער-

Category 2, by contrast, consists of prefixes whose meanings are less clear. Sometimes you can see a connection between converbs with these prefixes and their unprefixed equivalents, though the precise relationship is not always predictable. For example, it is easy to see that there is a connection between רעדן (speak) and אײַנרעדן (persuade), but it is difficult to work out exactly how the meaning 'persuade' was reached by adding the prefix אײַנ- to the base verb, and there is no way of predicting what the same prefix will mean when added to a different base verb. In other cases it is very difficult to identify any kind of link between the base and prefixed verbs, e.g. הערן 'hear' vs. אויפֿהערן 'stop'; הייבן 'lift' vs. אָנהייבן 'start'. There are some patterns governing the use of Category 2 prefixes, but they are not clear enough to be useful at this stage, so it's better just to memorize the meaning of individual converbs as you encounter them.

Note that Category 2 prefixes in the present tense generally follow the conjugated part of the verb relatively closely rather than going at the end of the sentence:

זיי גרייטן **צו** אַ פּיעסע.
They're putting on (literally: preparing) a play.

Here is a list of common Category 2 prefixes. Although familiarizing yourself with these prefixes won't necessarily help you work out the meaning of new converbs, it will enable you to recognize them as such and thereby allow you to conjugate them correctly.

אויס-	איבער-	בײַ-
אויפֿ-	אײַנ-	פֿאַר-
אומ-	אָנ-	צו-
אונטער-	אָפּ-	

3 Declining the adjective אַנדער (other)

The adjective אַנדער takes the same gender and case suffixes as other adjectives when it follows the definite article or a possessive adjective (e.g. זײַן אַנדערער פֿילם, די אַנדערע פּיעסע, דער אַנדערער פֿילם). However, when following the indefinite article or the negative article קיין, as well as when used in conjunction with a plural indefinite noun, it does not take gender or case suffixes. In such cases it has only two forms, the singular אַנדער and the plural אַנדערע.

דאָס איז אַן אַנדער פֿילם.
That's another (masculine nominative) film.

דאָס איז אַן אַנדער פּיעסע.
That's another (feminine nominative) play.

איך האָב געזען אַן אַנדער פֿילם.
I saw another (masculine accusative) film.

איך קען אַנדער**ע** פֿילמען.
I know other (plural) films.

Exercise 4

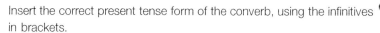

Insert the correct present tense form of the converb, using the infinitives in brackets.

1 רחל __________ __________ [אַרויסקומען] פֿון קולטור-צענטער.
2 איך __________ __________ [אַרײַנגיין] אין קינאָ.
3 מיר __________ __________ [אָנהייבן] לייענען אַ שווערע פּיעסע.
4 דוד __________ __________ [אַרויסנעמען] אַ סך ייִדישע פּיעסעס פֿון ביבליאָטעק.
5 מיר __________ __________ [אויפֿהערן] לייענען די שווערע פּיעסע.
6 איר __________ __________ [פֿאַרבײַגיין] אַ נײַעם טעאַטער.
7 דוד און חנה __________ __________ [צוגרייטן] אַ פּיעסע.
8 דו __________ __________ [אויסקלײַבן] אינטערעסאַנטע פֿילמען פֿאַרן פֿילם-קלוב (club).

Exercise 5 **(Audio 2:21)**

Rewrite the following excerpt from Khane's journal in the past tense. Check the glossary for any unfamiliar converbs.

דוד און איך גייען אַרײַן אין ביבליאָטעק און נעמען אַרויס אַ סך ביכער
מיט ייִדישע פּיעסעס. מיר הייבן אָן צו לייענען. אַ סך פּיעסעס זעען אויס
אינטערעסאַנט, אָבער מיר קלײַבן נישט אויס קיין פּיעסע ווײַל עס איז שווער
צו באַשליסן. איך ווער בייז און הער אויף לייענען. דוד ווערט מיד און
שלאָפֿט אײַן.

Exercise 6

Rewrite the excerpt from Exercise 5 in the future tense.

Exercise 7

Insert the correct form of the adjective אַנדער in these sentences.

1 איך וויל זען אַן אַנדער________ פּיעסע אויף ייִדיש.
2 וועגן וואָס איז דער אַנדער________ פֿילם?
3 לאָמיר גיין אין אַן אַנדער________ קינאָ.
4 האָסטו נישט קיין אַנדער________ פֿילמען?
5 איך האָב ליב דראַמעס (dramas) אָבער אויך אַנדער________ זשאַנערן (genres).
6 ווו איז דאָס אַנדער________ בוך?
7 עס איז אינעם אַנדער________ צימער.

Supplementary text

(Audio 2:22)

טעאַטער און פֿילם אויף ייִדיש

דער ייִדישער טעאַטער האָט זיך אַנטוויקלט פֿון דער אַלטער טראַדיציע פֿון פּורים-שפּילן, קאָמישע פּיעסעס וואָס מע האָט פֿאָרגעשטעלט פּורים-צײַט. דער פֿאָטער פֿונעם מאָדערנעם ייִדישן טעאַטער האָט געהייסן אַבֿרהם גאָלדפֿאַדן (1840–1908). ער האָט געשריבן און פֿאָרגעשטעלט מעלאָדראַמעס און מוזיקאַלישע פּיעסעס אין רומעניע, עסטרײַך, און רוסלאַנד. אין אָנהייב איז געווען שווער, ספּעציעל אין רוסלאַנד, ווו עס איז געווען אָסור פֿאָרצושטעלן פּיעסעס אויף ייִדיש ביז דער רעוואָלוציע פֿון 1905. אָבער שפּעטער האָט דער ייִדישער טעאַטער געבליט אין פּוילן, רוסלאַנד, און אַנדערע לענדער פֿון מיזרח-אייראָפּע. אַחוץ דעם, האָבן ייִדן וואָס האָבן אימיגרירט קיין אַמעריקע און מערבֿ-אייראָפּע סוף נײַנצנטן און אָנהייב צוואָנציקסטן יאָרהונדערט אָנגעהויבן גרינדן ייִדישע טעאַטערס אין די נײַע לענדער. עס האָט זיך אַנטוויקלט זייער אַ שטאַרקע טראַדיציע פֿון טעאַטער אויף ייִדיש אין לאָנדאָן, פּאַריז, בוענאָס-אײַרעס, און ניו-יאָרק.

מע האָט געשריבן ייִדישע פּיעסעס וועגן כּלערליי טעמעס. עס זענען דאָ פּיעסעס וואָס שטאַמען פֿונעם ייִדישן פֿאָלקלאָר, למשל "דער דיבוק" פֿון ש.

אַנ-סקין, דראַמעס וועגן ייִדישע אימיגראַנטן אין אַמעריקע, און מעשׂיות וועגן פֿאַרשיידענע אַספּעקטן פֿון ייִדישן לעבן אין מיזרח-אייראָפּע ווי, צום בײַשפּיל, קאָנפֿליקטן צווישן דורות. אָפֿטמאָל האָט מען באַזירט פּיעסעס אויף די ווערק פֿון באַרימטע ייִדישע שרײַבער ווי שלום עליכם. מע האָט אויך אַדאַפּטירט ליטעראַרישע ווערק פֿון אַנדערע שפּראַכן; למשל, "גאָט, מענטש, און טײַוול" פֿון יעקבֿ גאָרדינען שטיצט זיך אויף געטעס "פֿאַוסט".

אין די צוואָנציקער און דרײַסיקער יאָרן פֿון צוואָנציקסטן יאָרהונדערט איז אויך געווען אַן אויפֿבלי פֿון ייִדישן קינאָ. מע האָט געמאַכט פֿילמען אויף ייִדיש סײַ אין מיזרח-אייראָפּע, דער עיקר אין פּוילן, און סײַ אין אַמעריקע. די טעמעס וואָס מע האָט באַהאַנדלט אין די ייִדישע פֿילמען זענען געווען ענלעך צו די פּיעסעס: עס זענען געווען מוזיקאַלישע קאָמעדיעס ווי "ייִדל מיטן פֿידל" און "מאַמעלע", דראַמעס וועגן דעם ייִדישן לעבן, און איבעראַרבעטונגען פֿון ייִדישע ראָמאַנען. אַ סך ייִדישע פּיעסעס זענען אויך געוואָרן פֿילמען, ווי למשל "דער דיבוק" און "גאָט, מענטש, און טײַוול". אין די פֿופֿציקער און זעכציקער יאָרן, צוליב דעם חורבן און אַסימילאַציע, האָט מען כּמעט אין גאַנצן אויפֿגעהערט שאַפֿן נײַע ייִדישע פֿילמען. מע האָט אָבער ממשיך געווען מיט טעאַטער פֿאָרשטעלונגען אויף ייִדיש אין כּלערליי לענדער. הײַנט צו טאָג, קען מען נאָך זען ייִדישע פּיעסעס בײַ דער פֿאָלקסבינע אין ניו-יאָרק און אַ מאָל אין אַנדערע ערטער, צום בײַשפּיל ישׂראל, פּאַריז, שטראַזבורג, און בוקאַרעשט. אין יאָר 2005 איז אַרויסגעקומען דער ערשטער פֿילם אין גאַנצן אויף ייִדיש זינט די פֿופֿציקער יאָרן, אַ חסידישע קרימינאַל-דראַמע וואָס הייסט "אַ געשעפֿט". אין 2008 איז אַרויסגעקומען נאָך אַ פֿילם אין גאַנצן אויף ייִדיש, די ישׂראלדיקע דראַמע "בית אבי" ("מײַן טאַטנס שטוב" אויף העברעיִש), וואָס דערציילט די מעשׂה פֿון אַ מענטש פֿון דער שארית-הפּליטה אין ישׂראל אַ פּאָר יאָר נאָכן חורבן.

Unit Fourteen

איך קען נישט לייענען מײַנע בליצבריוו!

I can't read my emails!

In this unit you will learn:

- how to complain and talk about problems
- how to talk about modern technology
- how to make unfulfilled conditions
- how to form relative clauses
- periphrastic verbs
- about Yiddish on the Internet

Dialogue 1

(Audio 2:24)

Dovid has forgotten his password and can't open his email accounts. He is frustrated because he wants to know if he has been accepted to do a PhD. Rokhl suggests phoning the universities to enquire.

דוד אוי, איך בין אַזוי אויפֿגערעגט!

חנה וואָס האָט פּאַסירט?

דוד איך האָב פֿאַרלוירן דאָס שטיקל פּאַפּיר מיט אַלע מײַנע וואָרטצייכנס, און איצט קען איך נישט לייענען מײַנע בליצבריוו.

חנה געדענקסטו נישט דײַן וואָרטצייכן?

דוד אויב איך וואָלט געדענקט מײַן וואָרטצייכן, וואָלט איך נישט געהאַט קיין פּראָבלעם! אויב איך וואָלט געקענט לייענען מײַנע בליצבריוו, וואָלט איך געוווּסט צי מע האָט מיך אָנגענומען ווי אַ דאָקטאָראַנט. איך וואַרט אויף ענטפֿערס פֿון אַ סך אוניווערסיטעטן.

רחל אפֿשר קענסטו זיי אָנקלינגען?

דוד דאָס איז אַ גוטער פּלאַן. אָבער אַ סך פֿון די אוניווערסיטעטן זענען אין אַמעריקע, איז כ'וועל מוזן וואַרטן ביז כ'וועל אַהיימגיין. עס וואָלט געקאָסט אַ מאַיאָנטיק אויב איך וואָלט אָנגעקלונגען פֿון דער צעלקע.

רחל דו קענסט ניצן מײַן צעלקע. איך קען טעלעפֿאָנירן אַמעריקע כּמעט בחינם. אַזוי וועלן מיר קענען זיך דערוויסן איצט וואָסערע אוניווערסיטעטן האָבן דיך אָנגענומען.

דוד אין אָרדענונג, אַ דאַנק. אוי, איך קען נישט טעלעפֿאָנירן איצט! די אַלע טעלעפֿאָן-נומערן פֿון די אוניווערסיטעטן זענען געווען אויפֿן זעלבן שטיקל פּאַפּיר ווי די וואָרטצייכנס!

Vocabulary

annoyed; upset	אוי̄פֿגערעגט
to happen	פּאַסירן, -ט
to lose	פֿאַרלירן, פֿאַרלוירן/פֿאַרלאָרן
paper	פּאַפּי̄ר (דאָס), -ן
password	וואָ̄רטצייכן (דער), -ס
email	בליצבריוו (דער), –
would (see language point 1)	וואָלט
to accept	אָ̄ננעמען, אָ̄נגענומען
to phone	אָ̄נקלינגען, אָ̄נגעקלונגען
fortune	מאַיאָנטיק (דער), –
mobile/cellphone	צעלקע (די), -ס
free (of charge)	בחינם [בעכינעם]
to find out	דערוויסן זיך, זיך דערוווּ̄סט

Language point

1 Unfulfilled conditions

In Unit 13 you learned how to talk about a fulfillable future condition. In addition, there is another type of conditional sentence in Yiddish that you can use to talk about a condition that has not been met as of the time that the statement is made. There are several such 'unfulfilled' conditions in Dialogue 1. For example, Dovid said:

אויב איך וואָלט געקענט לייענען מײַנע בליצבריוו, וואָלט איך געוווּסט.
If I could read my emails, I would know.

This differs from a fulfillable condition because instead of speculating about a future condition that may be met, here the point is that the condition has already failed to be realized and so the sentence is presenting us with an imaginary, counterfactual version of the present situation: in reality, Dovid *can't* read his emails and therefore *doesn't* know.

Like fulfillable conditions, unfulfilled conditions are composed of two clauses, a dependent 'condition' clause introduced by אויב and an independent 'outcome' clause with inversion of subject and verb.

In addition, while fulfillable conditions use the future tense, unfulfilled conditions use a special conditional verb form, וואָלט. This form is related to the English 'would' both etymologically and in meaning. It conjugates like a present-tense verb:

Plural		Singular	
מיר וואָלט**ן** We would	1st person plural	איך וואָלט I would	1st person singular
איר וואָלט You would	2nd person plural	דו וואָלט**סט** You would	2nd person singular
זיי וואָלט**ן** They would	3rd person plural	ער/זי/עס וואָלט He/she/it would	3rd person singular

וואָלט is followed by the past participle of the main verb. This construction is used in both the 'condition' clause and the 'outcome' clause. Pay special attention to this point because in this respect Yiddish differs from English, in which the word 'would' is used only in the 'outcome' clause of unfulfilled conditions. This is how you form each clause of an unfulfilled condition:

'Condition' clause

objects (if appropriate) + past participle + וואָלט + subject + אויב ←

Example צײַט + געהאַט + וואָלט + איך + אויב ←

אויב איך וואָלט געהאַט צײַט
If I had time

'Outcome' clause

objects (if appropriate) + past participle + subject + וואָלט ←

Example דײַן בליצבריוו + געענטפֿערט + איך + וואָלט ←

וואָלט איך געענטפֿערט דײַן בליצבריוו.
I would answer your email.

As with fulfillable conditions, it is possible to switch the order of the clauses, in which case there is no inversion in the dependent clause:

איך וואָלט געוווּסט אויב איך וואָלט געקענט לייענען מײַנע בליצבריוו.
I would know if I could read my emails.

In addition to אויב, the 'condition' clause of unfulfilled conditions can be introduced by ווען or אַז with no change in meaning:

ווען איך וואָלט געקענט לייענען מײַנע בליצבריוו, וואָלט איך געוווּסט.
אַז איך וואָלט געקענט לייענען מײַנע בליצבריוו, וואָלט איך געוווּסט.
If I could read my emails, I would know.

Finally, note that the Yiddish unfulfilled condition actually corresponds to two different English constructions: depending on context, it might refer to a counterfactual version of the past instead of the present. For example, the sentence above could be translated alternatively as 'If I had been able to read my emails, I would have known'. Don't worry about this because the context will show you which interpretation makes the most sense.

Exercise 1 **(Audio 2:25)**

Change these statements into unfulfilled conditions.

Example דוד **געדענקט** זײַן וואָרטצייכן, **האָט** ער נישט קיין פּראָבלעם.

↓

אויב דוד **וואָלט געדענקט** זײַן וואָרטצייכן, **וואָלט** ער נישט **געהאַט** קיין פּראָבלעם.

1 איך האָב געלט, קויף איך ביכער אויף דער אינטערנעץ.
2 חנה האָט צײַט, שרײַבט זי בריוו אַנשטאָט בליצבריוו.
3 מיר האָבן אַ צעלקע, קענען מיר איצט טעלעפֿאָנירן.
4 איך פֿאַרגעס נישט מײַן וואָרטצייכן, קען איך לייענען מײַנע בליצבריוו.
5 דו באַקומסט מײַנע בליצבריוו, ווייסטו ווען איך קום.
6 דוד אַרבעט אין אַ ביוראָ, איז ער נישט צופֿרידן.
7 דוד און רחל שמועסן נישט אויף דער אינטערנעץ, בלײַבן זיי נישט אין קאָנטאַקט.

Exercise 2

Answer these questions, using unfulfilled conditions. Check any unfamiliar words in the glossary.

1 וואָס וואָלטסטו געטאָן אויב דו וואָלטסט געוווּנען דאָס גרויסע געווינס?
2 ווו וואָלטסטו געוווינט אויב דו וואָלטסט געקענט אויסקלײַבן?
3 וואָס וואָלטסטו געטאָן אויב דו וואָלטסט געווען דער פּרעמיער-מיניסטער, מלך, אָדער פּרעזידענט פֿון דער מדינה ווו דו וווינסט?
4 ווּהין וואָלטסטו געפֿאָרן אויב דו וואָלטסט געקענט מאַכן אַ לאַנגע נסיעה?
5 וואָס וואָלטסטו געטאָן אויב דו וואָלטסט געלעבט מיט הונדערט יאָר צוריק?

Dialogue 2

(Audio 2:26)

Dovid has phoned all of the universities and has found out that he has been accepted to do a PhD in Melbourne, Australia. Meanwhile, Rokhl has been offered a job in New York. Now Khane, Rokhl, and Dovid are discussing how they'll keep in touch.

חנה איך קען נישט גלייבן אַז איר וועט אַוועקפֿאָרן! ווי וועלן מיר קענען בלײַבן אין קאָנטאַקט?

רחל וואָס מיינסטו, אַז מיר לעבן אין נײַנצנטן יאָרהונדערט? מיר קענען רעדן אויף דער צעלקע, שיקן בליצבריוו, שמועסן אויף דער אינטערנעץ, און שטעלן נײַע בילדער פֿון זיך אַליין אויף פֿרײַנטשאַפֿט וועבזײַטלעך.

חנה רחל, האָסטו נישט מורא צו שטעלן אַזוי פֿיל פּערזענלעכע אינפֿאָרמאַציע אויף דער אינטערנעץ? איך האָב נישט אַזוי ליב דעם געדאַנק אַז אַלע זאָלן קענען לייענען וועגן מיר און קוקן אויף מײַנע בילדער.

רחל דו האָסט מורא פֿאַר אַלץ. די אינטערנעץ איז אין גאַנצן זיכער.

דוד איך בין מסכּים מיט רחלען. מע דאַרף נישט מורא האָבן פֿאַר דער אינטערנעץ.

חנה עס איז נישט נאָר אַז איך האָב מורא. איך האָב אויך רחמנות אויף מענטשן וואָס זיצן די גאַנצע צײַט בײַם קאָמפּיוטער מיט אַ צעלקע אין דער האַנט. אַזוי וועלן אמתע פֿאַרבינדונגען צווישן מענטשן נעלם ווערן.

רחל לאָמיר מאַכן אַזוי: איך און דוד וועלן שמועסן אויף דער אינטערנעץ, און דו קענסט שרײַבן בריוו און זיי שיקן מיט אַ טײַבעלע.

חנה מאַכט נישט חוזק פֿון מיר! איר וועט חרטה האָבן ווען איר וועט זען מײַנע שיינע בריוו!

Vocabulary

contact	קאָנטאַקט (דער), ־ן
to chat	שמועסן, גע־ט
myself, yourself, etc.	זיך אַליין
friendship	פֿרײַנטשאַפֿט (די), ־ן
website	וועבזײַטל (דאָס), ־עך
to be afraid (of) (see language point 3)	מורא [מוירע] האָבן (פֿאַר)
personal	פּערזענלעך
information	אינפֿאָרמאַציע (די), ־ס
safe; secure (in the above context)	זיכער
to agree (with) (see language point 3)	מסכּים [מאַסקעם] זײַן (מיט)
to feel sorry (for), to have pity (on) (see language point 3)	רחמנות [ראַכמאָנעס] האָבן (אויף)
real	אמת [עמעס]
connection; contact	פֿאַרבינדונג (די), ־ען

to disappear (see language point 3)	נעלם [ניילעם] ווערן
dove; pigeon	טײַבעלע ← טויב (די), ־ן
to make fun (of) (see language point 3)	חוזק [כויזעק] מאַכן (פֿון)
to regret (see language point 3)	חרטה [כאַראָטע] האָבן

Language points

2 Relative clauses

A relative clause is a clause that tells you a bit more about a subject or object that has just been mentioned (e.g. the girl who works here; the password that I forgot). In Yiddish it is very easy to form relative clauses; generally you can use וואָס to introduce them whatever the gender, case, and number of the antecedent (the person or thing about which you're giving more information). For example:

דער מענטש **וואָס** זיצט בײַם קאָמפּיוטער הייסט רחל.
The person **who** is sitting by the computer is called Rokhl.

דער וואָרטצייכן **וואָס** איך האָב פֿאַרגעסן איז געווען קאָמפּליצירט.
The password **that** I forgot was complicated.

However, there are a few points to consider. First, in addition to וואָס, the relative pronoun וועלכער can be used to form relative clauses. Unlike וואָס, וועלכער declines. It takes the same gender and case suffixes as a normal adjective except that the neuter nominative form is וועלכעס. For example:

דער מענטש **וועלכער** רעדט אויף אַ צעלקע הייסט דוד.
The person **who**'s speaking on a mobile is called Dovid.

דאָס בוך **וועלכעס** איך לייען איז פֿון שלום עליכמען.
The book **that** I'm reading is by Sholem Aleichem.

וועלכער is particularly commonly used when the relative pronoun is serving as an indirect object following a preposition. For example:

דאָס איז די פֿרוי **וועגן וועלכער** איך האָב געהערט.
That's the woman **about whom** I heard.

דאָס איז דער קאָמפּיוטער **מיט וועלכן** איך האָב געהאַט פּראָבלעמען.
That's the computer **with which** I had problems.

Additionally, if the antecedent is a person and the relative pronoun is functioning as a direct or indirect object, you can use וועמען (corresponding to the English relative pronoun 'whom') instead of וואָס or וועלכער. For example:

דער מענטש **וועמען** איך האָב געזען הייסט רחל.
The person **whom** I saw is called Rokhl.

דער מענטש מיט **וועמען** איך האָב גערעדט הייסט רחל.
The person with **whom** I spoke is called Rokhl.

The possessive form of וועמען is וועמענס (whose):

דער מענטש **וועמענס** נאָמען איז רחל זיצט בײַם קאָמפּיוטער.
The person **whose** name is Rokhl is sitting by the computer.

There are other ways of forming relative clauses in Yiddish, but you can learn them at a later stage of study.

3 Periphrastic verbs

There is another category of verbs in Yiddish called 'periphrastic' verbs. You are already familiar with two common periphrastic verbs, ליב האָבן and פֿײַנט האָבן. In Dialogue 2 you encountered a few more, e.g. מסכּים זײַן, נעלם ווערן. These verbs are all made up of two parts ('periphrastic' means something with more than one part), a conjugated part (e.g. האָבן, זײַן) and an unchanging part (e.g. ליב, מסכּים). The unchanging part gives the meaning of the verb, while the conjugated part functions as an auxiliary verb. Unlike prefixed verbs, periphrastic verbs cannot be divided into different categories of meaning depending on the auxiliary verb or unchanging part; just learn the meaning of each one as you encounter it. Often the unchanging part of periphrastic verbs derives from *loshn-koydesh* (e.g. מסכּים, חרטה), but not always.

Most periphrastic verbs have האָבן or זײַן as their auxiliary verb, but quite a few have ווערן and some have מאַכן. Occasionally periphrastic verbs have a different auxiliary verb, e.g. אָנטייל נעמען (to participate) uses נעמען.

The infinitive of periphrastic verbs always starts with the unchanging part, followed by the auxiliary verb (e.g. מסכּים זײַן). To form the present tense, reverse the order:

Plural		Singular	
מיר זענען/זײַנען מסכּים	1st person plural	איך בין מסכּים	1st person singular
איר זײַט מסכּים	2nd person plural	דו ביסט מסכּים	2nd person singular
זיי זענען/זײַנען מסכּים	3rd person plural	ער/זי/עס איז מסכּים	3rd person singular

To negate, put נישט/ניט between the two parts (i.e. after the conjugated part, as usual):

איך בין **נישט** מסכּים.
I **don't** agree.

To form the past tense, first put the conjugated (auxiliary) verb into the past, and then stick the unchanging part between the two parts of the conjugated verb:

ליב האָבן ← איך האָב געהאַט ← איך האָב **ליב** געהאַט
חוזק מאַכן ← איך האָב געמאַכט ← איך האָב **חוזק** געמאַכט
אָנטייל נעמען ← איך האָב גענומען ← איך האָב **אָנטייל** גענומען

To negate, put נישט/ניט directly after the conjugated part:

איך האָב **נישט** אָנטייל גענומען אין דער פּיעסע.
I **didn't** take part in the play.

A curious characteristic of periphrastic verbs formed with זײַן is that, contrary to what you would expect, they use האָבן as their past tense auxiliary verb. Pay special attention to this point because it is easy to forget. For example:

איך בין מסכּים ← איך **האָב** מסכּים געווען

However, periphrastic verbs formed with ווערן behave as expected and use זײַן as their past tense auxiliary verb:

עס ווערט נעלם ← עס **איז** נעלם געוואָרן

To form the future, start with the future auxiliary verb and then add the infinitive of the periphrastic verb, e.g.:

איך וועל מסכּים זײַן.
I'll agree.

To negate, put נישטוניט after the future auxiliary verb:

איך וועל **נישט** מסכּים זײַן.
I **won't** agree.

When using צו before the infinitive of a periphrastic verb, put it between the two parts:

עס איז נישט גוט מורא **צו** האָבן.
It's not good **to** be afraid.

Exercise 3

Choose the correct relative pronoun from those provided in brackets.

1 דאָס פּאַפּיר, ________ (אויף וועלכער, וועמענס, אויף וועלכן) דודס וואָרטצייכנס זענען, ליגט אין גאַס (street).
2 חנה האָט רחמנות אויף מענטשן ________ (וועמען, וועלכן, וואָס) זיצן שטענדיק בײַם קאָמפּיוטער.
3 דער מענטש ________ (וואָס, וועמענס, וועלכער) וואָרטצייכנס זענען נעלם געוואָרן הייסט דוד.
4 דאָס מיידל ________ (מיט וועמען, וואָס, מיט וועלכעס) איך שמועס הייסט רחל.
5 עס איז כּדאַי צו קוקן אויף די וועבזײַטלעך ________ (אויף וועמענס, אויף וועלכע, אויף וועמען) מע קען לייענען ייִדישע נײַעס.
6 דער מענטש ________ (וואָס, וועמענס, וועלכן) האָט נישט ליב פֿרײַנטשאַפֿט וועבזײַטלעך הייסט חנה.

Exercise 4

Answer the following questions in Yiddish, using the periphrastic verbs in bold.

1 **האָסטו ליב** צעלקעס?
2 **ביסטו מסכּים** אַז די אינטערנעץ איז אַ פּאָזיטיווע (positive) זאַך?
3 **האָט** חנה **רחמנות** אויף מענטשן וואָס ניצן די אינטערנעץ זייער אַ סך?
4 **מאַכט** רחל **חוזק** פֿון חנהן ווײַל זי וויל נישט ניצן די אינטערנעץ?
5 **האָט** חנה **מורא** אַז די אינטערנעץ איז נישט זיכער?

Exercise 5 (Audio 2:27)

Rewrite this excerpt from Khane's journal, putting the bold verbs into the past tense. Check any unfamiliar verbs in the glossary.

רחל **מאַכט חוזק** פֿון מיר ווײַל איך זאָג שטענדיק אַז צעלקעס און קאָמפּיוטערס **מאַכן קאַליע** די וועלט. זי **זאָגט**, "די אינטערנעץ איז ווּנדערבאַר!" אָבער איך **בין** נישט **מסכּים** מיט איר; איך **בין ממשיך** מיט מײַנע געדאַנקען. אָפֿטמאָל **שרײַב** איך אַ לאַנגן בליצבריוו, און דער בליצבריוו **ווערט** פֿלוצעם **נעלם**. יעדעס מאָל **האָב** איך **חרטה** וואָס איך האָב נישט געשריבן אַ בריוו מיט אַ פֿעדער און פּאַפּיר.

Exercise 6

Insert the correct future tense verb forms, using the infinitives provided in brackets at the end of each sentence.

1 אסתּר און חיים ______________ אין אַ וואָך אַרום. [חתונה האָבן]
2 דודס פֿעטער זאָגט, "דו ______________ אַז דו האָסט פֿאַרלאָזן די אַרבעט!" [חרטה האָבן]
3 רחל ______________ חנהס שיינע בריוו. [ליב האָבן]
4 איך האָף אַז מײַנע נײַע בליצבריוו ______________. [נישט נעלם ווערן]
5 דו ______________ דעם נײַעם פֿילם, עס איז אַזוי שלעכט! [פֿײַנט האָבן]

Supplementary text

(Audio 2:28)

ייִדיש אויף דער אינטערנעץ

עס איז פֿאַראַן אַ סטערעאָטיפּישע מיינונג אַז ייִדיש איז אַן אַלטמאָדישע שפּראַך וואָס האָט זיך נישט צוגעפּאַסט צו דער מאָדערנער טעכנאָלאָגישער וועלט. כאָטש ס'איז אמת אַז ייִדיש שפּיגלט אָפּ די אוראַלטע קולטור־ירושה פֿונעם ייִדישן פֿאָלק, איז עס אויך אַ מאָדערנע שפּראַך מיט אַלע פּיטשעווקעס. דאָס הייסט אַז ייִדיש געפֿינט זיך אויך אויף דער אינטערנעץ. אין דער אמתן, איז דאָס גאָר לאָגיש: ייִדיש איז דאָך אַ מינדערהייט־שפּראַך וואָס האָט נישט קיין געאָגראַפֿישן צענטער, אָבער דורך דער אינטערנעץ קענען ייִדיש רעדנדיקע מענטשן איבער דער גאַנצער וועלט בלײַבן אין פֿאַרבינדונג און פֿאַרשפּרייטן ייִדישע מאַטעריאַלן. עס זענען דאָ אַ סך וועבזײַטלעך וואָס זענען זייער ניצלעך פֿאַר מענטשן וועלכע פֿאַרנעמען זיך מיט ייִדיש. מע קען למשל לייענען די ייִדישע צײַטונגען "פֿאָרווערטס" און "אַלגעמיינער זשורנאַל" אויף דער אינטערנעץ, און מע קען הערן ייִדישן ראַדיאָ פֿון, צום בײַשפּיל, אויסטראַליע, ניו־יאָרק, און ישׂראל. אויף דעם "פֿאָרווערטס" וועבזײַטל קען מען אויך זען ווידעאָ פּראָגראַמען אויף ייִדיש. עס זענען אויך פֿאַראַן וועבזײַטלעך מיט אַנדערע סאָרטן מאַטעריאַל. עס איז ממש כּדאַי צו געבן אַ קוק אויפֿן וועבזײַטל פֿון דער נאַציאָנאַלער ייִדישער ביכער־צענטראַלע אין מאַסאַטשוסעטס, ווו מע קען לייענען און אַראָפּנעמען בחינם איבער צען טויזנט קלאַסישע ייִדישע ביכער פֿון אַלע זשאַנערן. און עס איז אינטערעסאַנט צו וויסן אַז די פּאָפּולערע אינטערנעץ־ענציקלאָפּעדיע "וויקיפּעדיע" איז פֿאַראַן אויך אויף ייִדיש. עס אַנטוויקלט זיך כּסדר און דאָרטן קען מען געפֿינען טויזנטער אַרטיקלען וועגן כּלערליי טעמעס, אַרײַנגערעכנט ייִדישקייט, געשיכטע, חסידות, פּאָליטיק, מוזיק, געאָגראַפֿיע, מאַטעמאַטיק, און וועלט־קולטורן.

Unit Fifteen

איך פֿלעג לייענען אַ סך

I used to read a lot

In this unit you will learn:

- how to talk about things you used to do in the past
- the past habitual form פֿלעג
- the passive
- dative constructions
- how to express desire with זאָלן
- about Yiddish literature

Dialogue 1

(Audio 2:30)

Dovid and Khane are discussing modern Yiddish literature with Rokhl, who specializes in this field.

דוד רחל, קענסטו מיר פֿאָרלייגן עפּעס צו לייענען פֿון די קלאַסיקער? דו ביסט דאָך אַ מבֿין.

רחל ס'איז פֿאַראַן אַזוי פֿיל! האָסטו געלייענט "פֿישקע דער קרומער" פֿון מענדעלען, אָדער "מאָטל פּייסי דעם חזנס" פֿון שלום עליכמען? אָדער די חסידישע און פֿאָלקסטימלעכע מעשׂיות פֿון פּרצן?

דוד איך פֿלעג לייענען אַ סך מעשׂיות פֿון פּרצן און שלום עליכמען אַז איך בין געווען ייִנגער, אָבער איך האָב נישט געלייענט קיין סך פֿון מענדעלען. די שפּראַך איז אַ ביסל שווער, מיט אַ סך לשון־קודש ווערטער.

רחל אָבער ער איז דאָך דער זיידע! דו מוזסט אים לייענען. ווען איך האָב אָנגעהויבן צו לייענען מענדעלען, פֿלעג איך זיצן מיט דער מעשׂה אין איין האַנט און אַ ווערטערבוך אין דער צווייטער. דו וועסט געניסן פֿון דעם, איך זאָג דיר צו.

חנה האָסט געלייענט עפּעס לעצטנס וואָס דו וואָלטסט רעקאָמענדירט?

רחל פֿריער פֿלעג איך לייענען אַ סך, אָבער לעצטנס האָב איך נישט קיין צײַט. וואָס מיט "די ברידער אַשכּנזי"? עס איז נישט געשריבן געוואָרן פֿון איינעם פֿון די קלאַסיקער, אָבער עס איז אַן אויסגעצייכנטער ראָמאַן.

חנה ווער האָט עס געשריבן? באַשעוויס?

רחל ניין, זײַן ברודער, י. י. זינגער. חנהלע, עס איז אַ שאָד וואָס איך קלײַב זיך אַריבער קיין אַמעריקע - דו האָסט אַ סך וואָס צו לערנען וועגן דער ייִדישער ליטעראַטור!

Vocabulary

to suggest	פֿאָרלייגן, פֿאָרגעלייגט
classic author (of Yiddish literature)	קלאַסיקער (דער), -ס
expert	מבֿין [מייוון] (דער), -ים [מעווינים]
Fishke the Lame (novel by Mendele, published 1869/1888)	פֿישקע דער קרומער
Mendele Moykher Sforim (pseudonym of Sholem Jacob Abramowitz, 1835/6–1917) (see supplementary text)	מענדעלע
Motl Peyse the Cantor's Son (novel by Sholem Aleichem, published 1907–16)	מאָטל פּייסי דעם חזנס
folk-style	פֿאָלקסטימלעך
used to (see language point 1)	פֿלעג
loshn-koydesh	לשון-קודש [לאָשן-קוידעש] (דאָס)
after all; don't you realize	דאָך
to benefit (from)	געניסן, גענאָסן (פֿון)
to promise	צוזאָגן, צוגעזאָגט
to recommend	רעקאָמענדירן, -ט
earlier, previously	פֿריער
The Brothers Ashkenazi (novel by I. J. Singer, published 1936)	די ברידער אַשכּנזי [אַשקענאַזי]
excellent; outstanding	אויסגעצייכנט
by (in the above context)	פֿון

Bashevis (Isaac Bashevis Singer, 1904–91)	באַשעוויס
Israel Joshua Singer (Yiddish author, 1893–1944)	י. י. זינגער
[the fact] that (in the above context)	וואָס
to move	אַרי̄בערקלײַבן זיך, זיך אַרי̄בערגעקליבן
literature	ליטעראַטו̄ר (די), ־ן

Language points

1 The past habitual form פֿלעג

In Yiddish, if you want to talk about something that you did frequently or habitually in the past, you can use a special construction consisting of the form פֿלעג, whose meaning is roughly equivalent to 'used to'. Even though פֿלעג refers to the past, it conjugates like a present tense verb:

Plural		Singular	
מיר פֿלעגן We used to	1st person plural	איך פֿלעג I used to	1st person singular
איר פֿלעג**ט** You used to	2nd person plural	דו פֿלעג**סט** You used to	2nd person singular
זיי פֿלעגן They used to	3rd person plural	ער/זי/עס פֿלעג(**ט**) He/she/it used to	3rd person singular

Note that the third person singular form has two equally acceptable variants, one with the expected ־ט and one without it.

פֿלעג is followed by the infinitive, e.g.:

איך **פֿלעג לייענען** אַ סך ווען איך בין געווען ייִנגער.
I **used to read** a lot when I was younger.

To negate, put נישט/ניט between פֿלעג and the infinitive:

איך פֿלעג **נישט** לייענען קיין סך.
I **didn't** used to read a lot.

2 The passive

■ Forming the passive

The passive is a verbal form used when you want to say that the subject of a sentence is the one having the action done to him/her/it, e.g. 'the book gets written', 'the CD was played', 'the film will be shown'. In Yiddish the passive is formed with ווערן, which acts as an auxiliary verb indicating passivity and conjugates in all tenses, followed by the past participle denoting the action in question. You saw an example of this construction in Dialogue 1:

> עס איז נישט געשריבן געוואָרן פֿון איינעם פֿון די קלאַסיקער.
> It wasn't written by one of the classic authors.

The present tense of the passive is formed like this:

past participle of main verb	+	present tense of ווערן	+	subject ←
Example גערשריבן	+	ווערט	+	דאָס בוך ←

> דאָס בוך ווערט געשריבן.
> The book is being written
> (or: the book gets written).

The past tense is formed like this:

געוואָרן	+	past participle of main verb	+	present tense of זײַן (the past tense auxiliary verb for ווערן)	+	subject ←
Example געוואָרן	+	געשריבן	+	איז	+	דאָס בוך ←

> דאָס בוך איז געשריבן געוואָרן.
> The book was written.

The future tense is formed like this:

ווערן	+	past participle of main verb	+	future auxiliary verb	+	subject ←
Example ווערן	+	געשריבן	+	וועט	+	דאָס בוך ←

> דאָס בוך וועט געשריבן ווערן.
> The book will be written.

Unfulfilled conditions are formed like this:

	געוואָרן	+	past participle of main verb	+ וואָלט	+	subject ←
Example	געוואָרן	+	געשריבן	+ וואָלט	+	דאָס בוך ←

דאָס בוך וואָלט געשריבן געוואָרן . . .
The book would be written...

To negate a passive verb in any tense, put נישט/ניט after the conjugated part, e.g.:

דאָס בוך ווערט **נישט** געשריבן.
The book **isn't** being written.

דאָס בוך איז **נישט** געשריבן געוואָרן.
The book **wasn't** written.

Using the passive

The passive is used less frequently in Yiddish than in English, because active sentences with the impersonal pronoun מע/מען can be used in the same way (e.g. you could say מע האָט געשריבן אַ בוך instead of אַ בוך איז געשריבן געוואָרן). However, the passive is still common enough, particularly with inanimate third person subjects (e.g. אַ בוך, אַ פּיעסע).

Often in a passive sentence the agent (the person or thing who caused the passive action to happen) is not mentioned. For example, in the sentence אַ בוך איז געשריבן געוואָרן, we don't know by whom the book was written. However, it is possible to add this information using the preposition פֿון (which in this context means 'by') followed by the agent in the dative. For example:

דאָס בוך איז געשריבן געוואָרן **פֿון מענדעלען**.
The book was written **by Mendele**.

Exercise 1

Insert the correct form of פֿלעג into these sentences.

1 איך ________ שרײַבן בריוו מיט דער האַנט איידער איך האָב געקויפֿט אַ קאָמפּיוטער.

2 רחל ________ גיין אָפֿט אין קרעטשמע ווען זי איז געווען אַ סטודענטקע.

3 דוד __________ טרינקען אַ סך קאַווע ווען ער האָט געאַרבעט אין ביוראָ.
4 מיר __________ נישט גיין אין קינאָ אַזוי אָפֿט, אָבער איצט גייען מיר אַ סך.
5 __________ דו גיין אין "פֿאָלקסבינע" ווען דו האָסט געוווינט אין ניו־יאָרק?
6 __________ איר לייענען אַ סך ביכער ווען איר זײַט געווען קינדער?

Exercise 2 **(Audio 2:31)**

Use these prompts to make sentences with פֿלעג describing what Dovid used to do as a child.

1 לייענען ביכער
2 מאָלן (paint) בילדער
3 הערן מוזיק
4 רעדן מיט חבֿרים
5 גיין אין פּאַרק
6 שפּילן פֿידל
7 שרײַבן מעשׂיות
8 נישט זען קיין סך טעלעוויזיע

Exercise 3

Khane has been reading about Yiddish literature and has made some notes for herself. Rewrite each sentence of her notes in the passive. If the subject of the active sentence is מענטשן, the passive sentence won't have an agent. Check any unfamiliar vocabulary in the glossary.

שלום עליכם האָט געשריבן אַ סך מעשׂיות וועגן טבֿיה דעם מילכיקער.
מע האָט פּובליקירט די מעשׂיות אין ייִדישע צײַטונגען. אַ סך מענטשן האָבן
געלייענט די מעשׂיות. מע האָט געמאַכט אַ ייִדישע פּיעסע און שפּעטער אַ
פֿילם וועגן טבֿיהן. אין 1964 האָט מען געמאַכט אַ פּיעסע אויף ענגליש.
מע רופֿט די פּיעסע "פֿידלער אויפֿן דאַך". מע האָט באַליבט די פּיעסע
אויף שלום עליכמס מעשׂיות. הײַנט פֿאַרקויפֿט מען דעם ייִדישן פֿילם אין
קראָמען און אויף דער אינטערנעץ. און מע וועט זיכער פֿאָרשטעלן די
פּיעסע נאָך אַ סך מאָל אויף ייִדיש.

Dialogue 2

(Audio 2:32)

Dovid, Khane, and Rokhl are meeting for one of the last times before Dovid and Rokhl are due to leave for Australia and America. But all does not go as expected.

חנה מיר איז אַזוי אומעטיק! איך וויל אַז איר זאָלט בלײַבן דאָ. אָבער איך ווייס אַז אײַך וועט זײַן גוט אין אַמעריקע און אין אויסטראַליע. דוד, ווילסט אַז מיר זאָלן דיך באַגלייטן אין פֿליפֿלאַץ?

דוד נו . . . איך מוז אײַך עפּעס דערציילן. געדענקט איר אַז איך האָב טעלעפֿאָנירט אַלע אוניווערסיטעטן? נו, איך בין צעמישט געוואָרן ווײַל איך האָב גערעדט מיט אַזוי פֿיל פֿאַרשיידענע אוניווערסיטעטן. איך האָב געמיינט אַז מײַן אַפּליקאַציע איז אָנגענומען געוואָרן אין מעלבורן, אָבער כ'האָב זיך ערשט דערוווּסט אַז עס איז געווען לאָנדאָן.

רחל וואָס? איז דו וועסט שרײַבן דעם דאָקטאָראַט דאָ?!

חנה דוד, דאָס איז ווּנדערבאַרע נײַעס! אָבער ס'איז נאָך אַלץ אַזוי טרויעריק אַז רחל פֿאָרט קיין אַמעריקע. רחל, איך האָב געוואָלט אַז דו זאָלסט געפֿינען אַרבעט אין לאָנדאָן און מיך לערנען ייִדישע ליטעראַטור!

רחל נו, איך האָב אויך נײַעס פֿאַר אײַך. נעכטן האָט מען מיר געמאָלדן אַז איך האָב באַקומען אַ פּאָסטן ווי אַ לערערקע פֿון מאָדערנער ייִדישער ליטעראַטור אין אוניווערסיטעט דאָ.

דוד וואָס? איז דו וועסט אויך בלײַבן אין לאָנדאָן?!

רחל נישט נאָר דאָס - איך וועל זײַן אינעם זעלבן אָפּטייל ווי דו, און חנה וועט קענען קומען אויף מײַנע לעקציעס.

חנה אוי, מיר וועלן לעבן ווי גאָט אין פֿראַנקרײַך! אַז דער סוף איז גוט איז אַלץ גוט!

Vocabulary

sad	אומעטיק
to accompany	באַגלייטן, -ט
confused	צעמישט
just (i.e. I've just found out)	ערשט
so (not to be confused with the identically written and pronounced third person singular form of the verb זײַן)	איז

news	נײַעס (די/דאָס), -
to inform	מעלדן, געמאָלדן
department	אָפּטייל (דער), -ן

Idioms and proverbs

to live the good life (literally: to live like God in France)	לעבן ווי גאָט אין פֿראַנקרײַך
All's well that ends well.	אַז דער סוף איז גוט איז אַלץ גוט.

Language points

3 Dative constructions

In Dialogue 2 Khane said,

מיר איז אַזוי אומעטיק!

This means 'I'm so sad' but literally translates as 'for me [it] is so sad!' In this sentence, the dative pronoun מיר is used with reference to what we would think of as the subject (i.e. 'I'), and the verb is third person singular rather than first person singular.

This is called a 'dative construction' because the pronoun or noun referring to what we would expect to be the subject is in the dative instead of the nominative.

Technically, the subject in such constructions is עס. If the dative pronoun or noun starts the sentence, this עס disappears, as in the above example. However, it is also possible to start the sentence with עס and put the dative pronoun or noun after the verb, e.g.:

עס איז מיר אַזוי אומעטיק!

Dative constructions are standard in sentences containing an adjective referring to an emotion or physical experience (usually temperature), e.g. קאַלט, הייס, אומעטיק, גוט, שלעכט.

If the dative element is a noun, the definite article (and any associated adjectives) will be in the dative without a preposition, e.g.:

דעם קליינעם קינד איז הייס.
The small child is hot (literally: [it]'s hot [for] the small child).

If the dative element is a person's name, it takes the accusative/dative suffix:

> **רחלען** איז שלעכט.
> Rokhl's not well (literally: [it]'s bad [for] Rokhl).

Pay special attention to this construction because it's quite different from English and therefore easy to forget. Keep in mind that if you directly translate an English sentence like 'I'm hot' into Yiddish, the meaning is quite different: איך בין הייס means 'I'm hot to the touch', not 'I feel hot'.

4 Expressing desire with זאָלן

In Yiddish, to say that someone wants to do something, you use the construction subject + וועלן + infinitive, e.g. דוד וויל לייענען מענדעלען. This is the same as English (Dovid wants to read Mendele).

However, to say that someone wants *someone else* to do something, the Yiddish construction is different from English. Look at this example:

> איך וויל אַז איר זאָלט בלײַבן דאָ.
> I want you to stay here (literally: I want that you should stay here).

The construction is formed like this:

infinitive	+	זאָלן in present tense	+	subject 2	+	אַז (optional)	+	וועלן (in appropriate tense)	+	subject 1 ←

This construction is also used with the verbs פֿאָדערן (demand/require) and הייסן (which can mean 'command/order' as well as 'be called'), e.g.:

> דער לערער פֿאָדערט (אַז) די סטודענטן זאָלן לייענען פרצן.
> The teacher requires the students to read Peretz.

Exercise 4

Use these prompts to make sentences with dative constructions.

Example ___ (דאָס קינד), הייס. ← דעם קינד איז הייס.
___ (ער), גוט. ← אים איז גוט.

1 ___ (איך), קאַלט
2 ___ (די חבֿרים), גוט
3 ___ (מיר), צו וואַרעם
4 ___ (זי), אומעטיק
5 ___ (רחל), נישט גוט

Exercise 5 **(Audio 2:33)**

Use these prompts to make sentences expressing desire with זאָלן.

Example חנה, רחל, בלײַבן אין לאָנדאָן ← חנה וויל (אַז) רחל זאָל בלײַבן אין לאָנדאָן.

1 רחל, דוד, לייענען מענדעלען
2 רחל, חנה, שטודירן ייִדישע ליטעראַטור
3 דער פֿעטער יאַנקל, דוד, נישט שרײַבן קיין דאָקטאָראַט
4 די לערערקע, די סטודענטן, ליב האָבן ייִדיש
5 איך, איר, זען ייִדישע פֿילמען
6 מיר, די דרײַ חבֿרים, לעבן ווי גאָט אין פֿראַנקרײַך

Supplementary text

(Audio 2:34)

די ייִדישע ליטעראַטור

עס איז פֿאַראַן זייער אַן אַלטע טראַדיציע פֿון ליטעראַטור אויף ייִדיש. מע קען שוין געפֿינען שפּורן פֿון ייִדיש אין די תּנ"ך קאָמענטאַרן פֿון דעם באַרימטן רבֿ רש"י, וועלכער האָט געלעבט אין פֿראַנקרײַך מיט טויזנט יאָר צוריק. אָבער דער ערשטער דאַטירטער באַווײַז פֿון ייִדיש אין אַ טעקסט איז אין אַ מחזור פֿון 1272. אין מיטל-עלטער האָט זיך אַנטוויקלט זייער אַ רײַכע ליטעראַטור אויף ייִדיש וואָס האָט כּולל געווען, צווישן אַנדערע, איבערזעצונגען און באַאַרבעטונגען פֿון תּנ"ך מעשׂיות, משלים, לידער,

מוסר, און נוסחאות פֿון אייראָפּעיִשע מעשׂיות (ווי למשל דאָס באַרימטע "באָוואָ-בוך", וואָס איז באַזירט געוואָרן אויף אַן איטאַליעניִשן מקור), און מעדיציניִשע טעקסטן. אין 17טן יאָרהונדערט איז פּובליקירט געוואָרן איינס פֿון די סאַמע באַרימטסטע ווערק אין דער ייִדישער ליטעראַטור, די "צאינה-וראינה", אַ דערקלערונג און אינטערפּרעטאַציע פֿונעם תּנ"ך וואָס ווערט שטודירט ביזן הײַנטיקן טאָג. אַן אַנדער גאָר וויכטיק ווערק פֿון דער תּקופֿה איז אַ בוך וואָס איז געשריבן געוואָרן פֿון גליקל האַמל, אַ בעל-הבתּישע אַלמנה וואָס האָט געשריבן וועגן איר לעבן און פֿון וועלכער מע קען לערנען אַ סך וועגן דעם מצבֿ פֿון ייִדן אין דער דאָזיקער צײַט.

טראָץ אָט דער רײַכער טראַדיציע פֿון ליטעראַטור, האָבן ייִדן בדרך-כּלל נישט געטראַכט פֿון ייִדיש ווי אַ שפּראַך פֿון הויכער קולטור, און אַ מאָדערנע ליטעראַטור האָט זיך נישט אַנטוויקלט ביז רעלאַטיוו שפּעט. מיט דער השׂכּלה אין 19טן יאָרהונדערט האָט זיך פֿאַרשפּרייט דאָס שרײַבן פֿון מעשׂיות און ראָמאַנען בײַ ייִדן, אָבער מע האָט אויסגעמיטן ייִדיש בײַם אָנהייב און אַנשטאָט דעם געשריבן אויף לשון-קודש, דײַטש, אָדער אַנדערע אייראָפּעיִשע שפּראַכן. אָבער אין מיטן 19טן יאָרהונדערט האָט מען אָנגעהויבן שרײַבן אַ סך מעשׂיות און ראָמאַנען אויף ייִדיש אויך, כּדי די מאַסן וואָס האָבן גערעדט נאָר ייִדיש זאָלן האָבן צוטריט צו די ווערק. עס איז גיך אַנטוויקלט געוואָרן אַ גרויסע און רײַכע ליטעראַטור. איינער פֿון די גרעסטע שרײַבער פֿון דער תּקופֿה איז מענדעלע מוכר ספֿרים, וואָס ווערט גערופֿן "דער זיידע פֿון דער מאָדערנער ייִדישער ליטעראַטור". ער האָט געשריבן מעשׂיות און ראָמאַנען מיט אַ סך הומאָר און שאַרפֿקייט וועגן דער טראַדיציאָנעלער ייִדישער געזעלשאַפֿט אין מיזרח-אייראָפּע. ער האָט געהאַט אַ שטאַרקע השפּעה אויף שלום עליכמען און י. ל. פּרצן, וואָס האָבן געשריבן וועגן כּמעט אַלע אַספּעקטן פֿון דעם ייִדישן לעבן אין זייער תּקופֿה. מענדעלע, שלום עליכם, און פּרץ ווערן גערופֿן די דרײַ "קלאַסיקער" פֿון דער ייִדישער ליטעראַטור.

אין דער ערשטער העלפֿט פֿון 20טן יאָרהונדערט איז געווען אַ ריזיקער אויפֿבלי פֿון פּראָזע, פּאָעזיע, דראַמעס, צײַטונגען, ליטעראַרישע זשורנאַלן, און עסייען אויף ייִדיש סײַ אין מיזרח-אייראָפּע און סײַ אין די לענדער אין וועלכע ייִדן האָבן אימיגרירט. אָבער דער חורבן האָט צעשטערט די אַנטוויקלונג פֿון דער ייִדישער ליטעראַטור אין ס'רובֿ מיזרח-אייראָפּעיִשע לענדער. ייִדישע שרײַבער האָבן ממשיך געווען זייער טעטיקייט אין סאָוועטן-פֿאַרבאַנד, אָבער אַ סך פֿון זיי זענען געהרגעט געוואָרן פֿון סטאַלינען אין 1952. אין ישׂראל איז דער מצבֿ אויך געווען שווער ווײַל עס איז געווען אַ שטאַרקע אַנטיפּאַטיע צו ייִדיש, כאָטש עטלעכע באַרימטע ייִדישע שרײַבער, ווי למשל אַבֿרהם סוצקעווער, יאָסל בירשטיין, אַבֿרהם קאַרפּינאָוויטש, און אַנדערע, האָבן געלעבט און געאַרבעט דאָרט נאָך דער מלחמה. ייִדישע אימיגראַנטן אין מערבֿ-אייראָפּע, אַמעריקע, און אַנדערע

לענדער האָבן ממשיך געווען צו שרײַבן, אָבער צוליב אַסימילאַציע זענען שוין נישט געווען קיין סך לייענערס צווישן די ייִנגערע דורות. הײַנט צו טאָג קען מען נאָך אַלץ געפֿינען נײַע ביכער אויף ייִדיש, נאָר אין די וועלטלעכע קרײַזן זענען נײַע ליטעראַרישע ווערק אַ זעלטנקייט. אין די חסידישע קרײַזן ווערן אָבער פּובליקירט אַ היפּש ביסל נײַע ייִדישע ראָמאַנען, ס'רובֿ דעטעקטיוו-ראָמאַנען און משפּחה דראַמעס. מע קען אויך געפֿינען קינדער ביכער אויף ייִדיש, סײַ אין די חסידישע און סײַ אין די וועלטלעכע קרײַזן. און עס איז דאָ אַזוי פֿיל מאַטעריאַל פֿון דער בלי-תּקופֿה פֿון דער ייִדישער ליטעראַטור (וואָס ווערט זייער ווייניק איבערגעזעצט אויף אַנדערע שפּראַכן) אַז לייענערס פֿון ייִדיש וועלן שטענדיק האָבן מיט וואָס זיך צו באַשעפֿטיקן.

Additional resources

Here are some more resources to help you as you continue studying Yiddish. This list is intended to provide a good selection but is not exhaustive.

Background reading about Yiddish

Harshav, Benjamin. 1990. *The Meaning of Yiddish*. Berkeley and Los Angeles: University of California Press.

Katz, Dovid. 2004. *Words on Fire: The Unfinished Story of Yiddish*. New York: Basic Books.

Weinreich, Max. 2008. *History of the Yiddish Language*. 2 volumes. Edited by Paul Glasser; translated by Shlomo Noble with the assistance of Joshua A. Fishman. New Haven, CT: Yale University Press.

Dictionaries

Harkavy, Alexander. 1928. *Yiddish–English–Hebrew Dictionary*. Reprinted, New Haven, CT, Yale University Press, 2006.

A good, comprehensive dictionary, although dated.

Niborski, Yitskhok. 1997. *ווערטערבוך פֿון לשון-קודש-שטאַמיקע ווערטער אין ייִדיש*. Paris: Bibliothèque Medem.

Dedicated solely to words deriving from *loshn-koydesh* component, with phonetic transcription, definition, and examples.

Niborski, Yitskhok and Bernard Vaisbrot. 2002. *Dictionnaire Yiddish–Français*. Paris: Bibliothèque Medem.

The most up-to-date, comprehensive Yiddish dictionary. Yiddish–French only.
Weinreich, Uriel. 1968. *Modern English–Yiddish Yiddish–English Dictionary*. New York: Random House.
A good first dictionary for learners and the only one with an English–Yiddish section.

Grammars

Jacobs, Neil. 2005. *Yiddish: A Linguistic Introduction*. Cambridge: Cambridge University Press.
Katz, Dovid. 1987. *Grammar of the Yiddish Language*. London: Duckworth.
Mark, Yudel. 1978. *גראַמאַטיק פֿון דער ייִדישער כּלל-שפּראַך*. New York: Congress for Jewish Culture.

Online bookstores

http://www.bikher.org/
National Yiddish Book Center, with bookstore and over 10,000 free downloadable Yiddish texts.

http://www.yiddishstore.com/
Yiddish books, CDs, and DVDs.

http://www.yiddishweb.com/
Bookstore of the Medem Biblyotek.

Online newspapers

http://www.yiddish.forward.com

http://www.algemeiner.com/generic.asp?cat=4

Online radio

http://www.yiddish.forward.com
Weekly 1-hour programme from New York.

http://www.sbs.com.au/yourlanguage/yiddish
Twice weekly 1-hour programme from Australia.

Summer courses

London (1 week; annual): http://www.jmi.org.uk/

New York (6 weeks; annual): http://yivo.as.nyu.edu/page/home

Paris (3 weeks; every 3 years): http://www.yiddishweb.com/

Tel Aviv (4 weeks; annual):
https://www.telavivuniv.org/SummerYiddish.aspx

Vilnius (4 weeks; annual):
http://www.judaicvilnius.com/en/main/summer/introduction

Textbooks with intermediate/advanced material

Aptroot, Marion and Holger Nath. 2002. *Einführung in die jiddische Sprache und Kultur*. Hamburg: Helmut Buske Verlag.

Estraikh, Gennady. 1996. *Intensive Yiddish*. Oxford: Oksforder Yidish Press.

Goldberg, David. 1996. *Yidish af Yidish*. New Haven, CT: Yale University Press.

Shaechter, Mordkhe. 2003. *Yiddish II: An Intermediate and Advanced Textbook*. Fourth edition. New York: League for Yiddish.

Zucker, Sheva. 2002. *Yiddish: An Introduction to the Language, Literature and Culture, Volume II*. New York: Workmen's Circle.

Grammar summary

Nouns and pronouns

The indefinite article

The indefinite article is אַ before consonants and אַן before vowels.

Noun gender, number, and case

Yiddish has three genders (masculine, feminine, and neuter), two numbers (singular and plural), and three cases (nominative [subject case], accusative [direct object case], and dative [indirect object case]). Definite articles and adjectives change according to gender, number, and case as follows:

<table>
<tr><td>Dative</td><td>Accusative</td><td>Nominative</td><td></td></tr>
<tr><td colspan="2">**דעם** גוט**ן** מאַן
אַ גוט**ן** מאַן</td><td>**דער** גוט**ער** מאַן
אַ גוט**ער** מאַן</td><td>Masculine</td></tr>
<tr><td>**דער** גוט**ער** פֿרוי
אַ גוט**ער** פֿרוי</td><td colspan="2">**די** גוט**ע** פֿרוי
אַ גוט**ע** פֿרוי</td><td>Feminine</td></tr>
<tr><td>**דעם** גוט**ן** בוך</td><td colspan="2">**דאָס** גוט**ע** בוך</td><td rowspan="2">Neuter</td></tr>
<tr><td colspan="3">אַ גוט בוך</td></tr>
<tr><td colspan="3">(**די**) גוט**ע** מענער, פֿרויען, ביכער</td><td>Plural</td></tr>
</table>

Pronouns

The pronouns decline as follows:

Dative	Accusative	Nominative	
מיר	מיך	איך	1st person singular
דיר	דיך	דו	2nd person singular
אים		ער	3rd person masculine singular
איר	זי		3rd person feminine singular
אים	עס		3rd person neuter singular

אונדז		מיר	1st person plural
אײַך		איר	2nd person plural
זיי			3rd person plural

Plurals

Yiddish plurals can be formed by adding one of the following suffixes to the noun:

1 ס-
2 ות-
3 ים-
4 עך- (for diminutives)
5 ך- (for iminutives)
6 עס-
7 ער- (sometimes with vowel change in base)
8 ן-
9 ען-.

The following possibilities exist as well:

1 no suffix; vowel change in base
2 no distinct plural form.

Diminutive and iminutive

The diminutive is formed by adding ל- to the noun. In addition, one of the following vowel changes may occur:

ע	←	אַ
		אָ
ײַ	←	ױ
ײ	←	ױ
י	←	ו

Additionally, if the noun ends in ן, ד is added before the diminutive suffix. If the noun ends in a vowel plus ל, כ is added before the diminutive suffix.

The iminutive is formed by adding עלע- to the noun. The vowel and consonant changes found in the diminutive apply to the iminutive as well.

Adjectives

Adjective gender and case

See Noun gender, number, and case.

Use of adjectives

Adjectives do not decline when following a verb (usually זײַן) and not directly preceding a noun.

Adjectives decline for gender, number, and case if they directly precede their associated noun.

Exceptional adjectives

The masculine accusative/dative and neuter dative suffix of two types of adjectives differ from the standard listed above:

1 Adjectives whose base form ends in ן take the suffix עם-.
2 Adjectives whose base form ends in ם *or* in a stressed vowel/diphthong take the suffix ען-. (Note that the adjective נײַ is exceptional, taking the suffix עם- instead of ען-.)

■ Other exceptions

1 יענער and יעדער
The neuter nominative/accusative of these adjectives is יענס and יעדעס respectively.
2 אַנדער
When following אַן this declines only for number, not gender or case.
3 Adjectives ending in ער- based on place names do not decline at all.

Comparative adjectives

The comparative is formed by adding ער- to the adjective.
In addition, the following vowel changes may occur:

1	ע	←	אַ
			אָ
			וי
			ײ
2	י	←	ו

This list contains the most common comparative adjectives with vowel changes.

עלטער		אַלט
קעלט**ער**		קאַלט
נעענט**ער**		נאָענט
גרעס**ער**		גרויס
העכ**ער**		הויך
קלענ**ער**	←	קליין
שענ**ער**		שיין
ייִנג**ער**		יונג
פֿרימ**ער**		פֿרום
קירצ**ער**		קורץ
געזינט**ער**		געזונט

These adjectives have irregular comparative forms:

בעסער	←	גוט
ערגער		שלעכט

Superlative adjectives

The superlative is formed by replacing the comparative suffix ער- with the superlative suffix סט-. Any vowel changes and other irregularities found in the comparative remain.

The superlative is used in conjunction with the definite article and appropriate gender and case suffixes.

Possessive adjectives

Possessive adjectives have two forms, singular and plural. They do not decline for gender or case.

Plural		Singular	
מײַנע	1st person singular	מײַן	1st person singular
דײַנע	2nd person singular	דײַן	2nd person singular
זײַנע **אירע**	3rd person singular	זײַן איר	3rd person singular
אונדזערע	1st person plural	אונדזער	1st person plural
אײַערע	2nd person plural	אײַער	2nd person plural
זײערע	3rd person plural	זײער	3rd person plural

Adverbs

Adverbs are identical to the base form of adjectives.

Comparative adverbs are identical to the base form of comparative adjectives.

Superlative adverbs consist of צום or -אַמ followed by the superlative adjective with masculine singular accusative suffix.

Verbs

Infinitives

The infinitive of most verbs is formed with the suffix ן-, e.g. שרײַבן, טאַנצן.

The suffix ען- is used with verbs whose base ends in one of the following letters or combinations of letters:

1 מ, e.g. קומען
2 נ, e.g. וווינען
3 נג, e.g. זינגען
4 נק, e.g. טרינקען
5 ל preceded by a consonant, e.g. שמייכלען
6 a stressed vowel or diphthong, e.g. שרײַען.

Regular verbs in the present tense

The present tense of regular verbs is formed by removing the infinitive suffix and adding the appropriate personal suffixes.

The present tense of verbs with the infinitive suffix ן- is formed as follows:

Plural		Singular	
מיר שרײַבן	1st person plural	איך שרײַב	1st person singular
איר שרײַבט	2nd person plural	דו שרײַבסט	2nd person singular
זיי שרײַבן	3rd person plural	ער/זי/עס שרײַבט	3rd person singular

The present tense of verbs with the infinitive suffix ען- is formed as follows:

Plural		Singular	
מיר וווינען	1st person plural	איך וווין	1st person singular
איר וווינט	2nd person plural	דו וווינסט	2nd person singular
זיי וווינען	3rd person plural	ער/זי/עס וווינט	3rd person singular

Additional points:

1 In questions, the second person singular pronoun דו merges with the verb and the ד disappears, e.g. שרײַבסט דו → שרײַבסטו.
2 If the base of the verb ends in ס, the second person singular suffix is ט- instead of סט-, e.g. עסן → דו עסט.
3 If the base of the verb ends in ט, the third person singular suffix is not added, e.g. אַרבעטן → ער אַרבעט.

Modal verbs

Yiddish has seven modal verbs:

דאַרפֿן
וועלן
זאָלן
מוזן
מעגן
נישט טאָרן
קענען

Modal verbs differ from other verbs as follows:

1 The third person singular present tense form does not take a suffix.
2 If a modal verb is followed by an infinitive, the infinitive is not introduced by צו.

Irregular verbs in the present tense

The following nine common verbs are irregular in the present tense.

1 The verb זײַן conjugates as follows:

Plural		Singular	
מיר זענען/זײַנען	1st person plural	איך בין	1st person singular
איר זײַט/זענט	2nd person plural	דו ביסט	2nd person singular
זיי זענען/זײַנען	3rd person plural	ער/זי/עס איז	3rd person singular

2 The first and third person plural suffix of the verbs גייִן, שטייִן, and פֿאַרשטייִן is עַן- instead of ן-.
3 The base vowel of the verb טאָן becomes ו and the first and third person plural suffix is ען-.
4 The base vowel of the verb ווייסן becomes יי.
5 The base vowel of the verb געבן becomes י and the ב disappears in the second and third person singular and second person plural.
6 The base vowel of the modal verb וועלן becomes י.
7 The verb האָבן drops the ב in the second and third person singular and the second person plural.

Negation

To make a sentence negative, put נישט/ניט directly after the conjugated part of the verb.

If the object or predicate (the part of the sentence following the verb זײַן) is indefinite, insert קיין immediately before it, e.g. איך האָב אַ טעלעוויזיע → איך האָב **נישט קיין** טעלעוויזיע.

Imperative

There are two imperative forms, singular and plural. The singular is identical to the first person singular present tense form (except for זײַן, whose imperative is זײַ). The plural is formed by suffixing ט- to the singular (except if the singular already ends in ט).

First person plural commands are formed with לאָמיר ('let's') + infinitive.

Past tense

The past tense is formed with the appropriate present tense form of האָבן or זײַן + past participle.

The past participle consists of the base of the verb with the prefix גע- and the suffix ט- or ן-. Sometimes there are vowel and/or consonant changes to the base as well.

This table illustrates the past tense of the verb וווינען.

Plural		Singular	
מיר האָבן **געוווינט**	1st person plural	איך האָב **געוווינט**	1st person singular
איר האָט **געוווינט**	2nd person plural	דו האָסט **געוווינט**	2nd person singular
זיי האָבן **געוווינט**	3rd person plural	ער/זי/עס האָט **געוווינט**	3rd person singular

These verbs have זײַן as their past tense auxiliary verb*:

1	בלײַבן	12	פֿאָרן
2	גיין	13	פֿליִען
3	געפֿעלן	14	קומען
4	הענגען	15	קריכן
5	וואַקסן	16	רײַטן
6	ווערן	17	שווימען
7	זײַן	18	שטאַרבן
8	זיצן	19	שטיין
9	לויפֿן	20	שלאָפֿן
10	ליגן	21	שפּרינגען
11	פֿאַלן		

Future tense

The future is formed with an auxiliary verb equivalent to 'will' (shown below), followed by the infinitive.

Plural		Singular	
מיר וועלן	1st person plural	איך וועל	1st person singular
איר **וועט**	2nd person plural	דו **וועסט**	2nd person singular
זיי וועלן	3rd person plural	ער/זי/עס **וועט**	3rd person singular

* Another verb not studied in this course, געשען (to happen), also conjugates with זײַן.

Past habitual (פֿלעג)

Past habitual actions can be expressed with the form פֿלעג + infinitive. פֿלעג conjugates as follows:

Plural		Singular	
מיר פֿלעגן	1st person plural	איך פֿלעג	1st person singular
איר פֿלעגט	2nd person plural	דו פֿלעגסט	2nd person singular
זיי פֿלעגן	3rd person plural	ער/זי/עס פֿלעג(ט)	3rd person singular

Unstressed prefixed verbs

Verbs with one of the prefixes listed below differ from other verbs as their past participles do not take the -גע prefix, only the -ט or -ן suffix.

1 אַנט-
2 באַ-
3 גע-
4 דער-
5 פֿאַר-
6 צע-

Verbs ending in -ירן

Similarly, the past participles of verbs ending in -ירן do not take the -גע prefix; furthermore, they always take the -ט suffix.

Verbs with זיך

The reflexive pronoun זיך is placed directly after the conjugated part of the verb. If the verb is negative, נישט/ניט goes after זיך:

present tense	איך לערן **זיך** (נישט/ניט)
past tense	איך האָב **זיך** (נישט/ניט) געלערנט
future tense	איך וועל **זיך** (נישט/ניט) לערנען
imperative	לערן **זיך** (נישט/ניט)!
פֿלעג	איך פֿלעג **זיך** (נישט/ניט) לערנען
וואָלט	איך וואָלט **זיך** (נישט/ניט) געלערנט

Converbs (stressed prefixed verbs)

Converbs conjugate as follows:

infinitive	**אָנ**הייבן; **אָנ**צוהייבן
present tense	איך הייב **אָן**
past tense	איך האָב **אָנ**געהויבן
future tense	איך וועל **אָנ**הייבן
imperative	הייב **אָן**!
פֿלעג	איך פֿלעג **אָנ**הייבן
וואָלט	איך וואָלט **אָנ**געהויבן

These are the most common converb prefixes:

Category 1 (transparent meaning)

אַרײַנ-	(אַ)דורכ-
מיט-	אַוועק-
נאָך-	אַנטקעגנ-
פֿאַרבײַ-	אַנידער-
פֿאָרויס-	אַראָפּ-
פֿונאַנדער-	אַרויס-
צוזאַמענ	אַרויפֿ-
צונויפֿ-	אַרומ-
צוריק-	אַרונטער-
	אַריבער-

Category 2 (less transparent meaning)

אָנ-	אויס-
אָפּ-	אויפֿ-
בײַ-	אומ-
פֿאַר-	אונטער-
צו-	איבער-
	אײַנ-

Periphrastic verbs

Periphrastic verbs consist of an unchanging part and a conjugating part, usually האָבן, זײַן, or ווערן but occasionally other verbs, e.g. מאַכן, נעמען. They conjugate as follows:

infinitive	מסכּים זײַן
present tense	איך בין מסכּים
past tense	איך האָב מסכּים געווען
future tense	איך וועל מסכּים זײַן
imperative	זײַ מסכּים!
פֿלעג	איך פֿלעג מסכּים זײַן
וואָלט	איך וואָלט מסכּים געווען

Note:
Periphrastic verbs with זײַן have האָבן as their past tense auxiliary verb.

The passive

The passive is formed with the auxiliary verb ווערן in the appropriate tense in conjunction with the passive participle of the relevant verb, as follows:

present tense	עס ווערט געשריבן
past tense	עס איז געשריבן געוואָרן
future tense	עס וועט געשריבן ווערן
פֿלעג	עס פֿלעג(ט) געשריבן ווערן
וואָלט	עס וואָלט געשריבן געוואָרן

The agent (person/thing who causes the passive action to happen) is introduced by פֿון (by).

צו before infinitives

צו is not used following:

1 modal verbs
2 the verbs העלפֿן, בלײַבן, ענדיקן, פּרוּוון, בעטן, לערנען, and לערנען זיך
3 verbs of motion.

Conversely, צו must be used following the construction עס + זײַן + adjective, and is typically used after ליב האָבן and פֿײַנט האָבן.

In other contexts צו is optional.

Sentence structure

Fulfillable conditions

Fulfillable conditions are formed as follows:

condition clause

object (if relevant)	+	future tense verb	+	subject	+	אויב ←

+ outcome clause

object (if relevant)	+	infinitive	+	subject	+	future auxiliary verb ←

Example אויב איך וועל האָבן צײַט, וועל איך זען אַ פֿילם.

Unfulfilled conditions

Unfulfilled conditions use a special auxiliary verb, וואָלט (would), which conjugates as follows:

Plural		Singular	
מיר וואָלטן	1st person plural	איך וואָלט	1st person singular
איר וואָלט	2nd person plural	דו וואָלט**סט**	2nd person singular
זיי וואָלטן	3rd person plural	ער/זי/עס וואָלט	3rd person singular

Unfulfilled conditions are formed as follows:

condition clause

objects (if appropriate)	+	past participle	+	וואָלט	+	subject	+	אויב\ווען\אַז ←

+ outcome clause

objects (if appropriate)	+	past participle	+	subject	+	וואָלט ←

Example אויב איך וואָלט געהאַט געלט, וואָלט איך געפֿאָרן קיין יאַפּאַן.

Inversions

Standard Yiddish word order is subject + verb + object. However, the subject and verb switch places in these circumstances:

1 in sentences beginning with an adverb, prepositional phrase, or direct object
2 in a main clause following a dependent clause or quote
3 optionally, to convey the meaning 'so' or stylistically in stories.

Expressing desire with זאָלן

The following construction is used to indicate that someone wants someone else to do something:

infinitive	+	זאָלן in present tense	+	subject 2	+	אַז (optional)	+	ווילן (in appropriate tense)	+	subject 1 ←

Example איך וויל (אַז) דו זאָלסט לייענען דאָס בוך.

Key to exercises

The Yiddish alphabet and pronunciation

Exercise 1

1 *nyu-york* (New York) 2 *kompyuter* (computer) 3 *shokolad* (chocolate) 4 *london* (London) 5 *beygl* (bagel) 6 *england* (England) 7 *telefon* (telephone) 8 *student* (student) 9 *oystralye* (Australia) 10 *amerike* (America) 11 *radyo* (radio) 12 *muzik* (music) 13 *televizye* (television) 14 *hong kong* (Hong Kong) 15 *kanade* (Canada) 16 *matematik* (mathematics) 17 *eroplan* (aeroplane) 18 *afrike* (Africa) 19 *eyrope* (Europe) 20 *melburn* (Melbourne)

Exercise 2

1 *zhurnalist* (journalist) 2 *dzhongl* (jungle) 3 *tshek* (cheque) 4 *prestizh* (prestige) 5 *tshelo* (cello) 6 *dzhentlmen* (gentleman) 7 *los andzheles* (Los Angeles) 8 *zhaket* (jacket) 9 *tshernobl* (Chernobyl) 10 *inzhenir* (engineer)

Exercise 3

1 *shabes* (Sabbath) 2 *loshn-koydesh* (Hebrew/Aramaic component of Yiddish) 3 *ester* (Esther) 4 *rosheshone* (Rosh HaShana/Jewish New Year) 5 *yisroel* (Israel) 6 *khanike* (Hanukka) 7 *yomkiper* (Yom Kippur/Day of Atonement) 8 *miryem* (Miriam) 9 *toyre* (Torah) 10 *mazltov* (congratulations)

Unit 1

Exercise 1

1 שלום עליכם! 3 ווי הייסטו? 5 וואָס מאַכסטו?

Exercise 2

1 בין 2 איז 3 זענען/זײַנען 4 זענען/זײַנען 5 ביסט 6 זײַט/זענט 7 זענען/זײַנען

Exercise 3

1 יאָ, רחל איז אַ סטודענטקע. 2 ניין, חנה איז אַ סטודענטקע. 3 דוד איז אויך אַ סטודענט. 4 יאָ, דוד איז קלוג. 5 יאָ, רחל איז פֿויל. 6 ניין, רחל און דוד זענען אין דעם זעלבן קלאַס.

Exercise 4

1 אַ 2 אַן 3 אַ 4 אַן 5 אַ

Exercise 5

1 האָבן 2 האָב 3 האָסט 4 האָט 5 האָט 6 האָבן

Exercise 6

1 ווער 2 פֿאַרוואָס 3 ווי 4 וואָס 5 ווער 6 פֿאַרוואָס 7 ווער

Unit 2

Exercise 1

1 ווינען 2 קום 3 רעדט 4 טרינקט 5 אַרבעטן 6 עסט 7 שרײַבט

Exercise 2

1 רעדן זיי ענגליש און רוסיש? 2 וווינסטו אין קאַנאַדע? 3 טרינקט רחל וואַסער? 4 קומען חנה און דוד פֿון ייִדיש קלאַס? 5 שרײַבט איר ייִדיש? 6 לייענט דוד שפּאַניש?

Exercise 3

1 **פֿאַרוואָס** איז די סטודענטקע מיד? 2 **וואָס** טרינקט זי? 3 **וויפֿל** שפּראַכן רעדט דוד? 4 **פֿון וואַנען** קומט רחל? 5 **ווער** איז דאָס? 6 **וואָס** איז דאָס?

Exercise 4

1 איך פֿאַרשטיי **נישט**ו**ניט** די לעקציע. 2 רחל איז **נישט**ו**ניט** זייער מיד. 3 דער מאַן זיצט **נישט**ו**ניט** אין מײַן קלאַס. 4 דו דערציילסט **נישט**ו**ניט** די וויצן. 5 איר קומט **נישט**ו**ניט** פֿון אויסטראַליע. 6 מיר אַרבעטן **נישט**ו**ניט** שווער. 7 איך פֿאַרגעס **נישט**ו**ניט** זײַן נאָמען.

Exercise 5

1 עס איז דאָ אַ פֿרוי פֿון פּוילן אין רחלס קלאַס. 2 עס זענען|זײַנען דאָ אַ סך גוטע סטודענטן אין רחלס קלאַס. 3 עס איז דאָ אַן אַקטיאָר אין רחלס קלאַס. 4 עס איז דאָ אַ זינגערין אין רחלס קלאַס. 5 עס זענען|זײַנען דאָ אַ סך באַרימטע מענטשן אין רחלס קלאַס. 6 עס איז דאָ אַ מאַן מיט ברילן אין רחלס קלאַס.

Exercise 6

די, דער, דער, די, די, דער, די, די, דאָס, די, דאָס, דער, די

Unit 3

Exercise 1

1 ניין, חנה האָט נישט ליב קרעטשמעס. 2 יאָ, איך האָב ליב טעאַטער. 3 ניין, די סטודענטן האָבן נישט ליב היימאַרבעט. 4 ניין, חנה האָט נישט ליב צו טאַנצן. 5 יאָ, איך האָב ליב צו גיין אין רעסטאָראַן.

Exercise 2

1 ווייסט 2 גייען 3 גיסט 4 גייען 5 פֿאַרשטייען 6 טוסטו 7 זעען 8 ווייס

Exercise 4

1 קלוג**ער** 2 גוט**ע** 3 אינטערעסאַנט**ע** 4 שיינ**ע** 5 קליינ**ע** 6 נײַ**ער** 7 שווער**ע**

Exercise 5

1 דער נײַער קינאָ איז שיין. 2 די מידע סטודענטקע עסט אַ געשמאַקע וועטשערע. 3 אַלע נײַע שפּראַכן זענען/זײַנען שווער. 4 די באַרימטע זינגערין פֿאַרשטייט ייִדיש. 5 דאָס גוטע בוך האָט שווערע ווערטער. 6 דאָס קלוגע מיידל זינגט שיינע לידער.

Unit 4

Exercise 1

1 איך עס נישטוניט קיין עפּל. 2 רחל האָט נישט קיין שיינע בילדער. 3 די בילדער זענען נישטוניט אויף די ווענט. 4 מיר האָבן נישטוניט ליב די נײַע טעלעוויזיע. 5 די סטודענטן וווינען נישטוניט אין קיין דירה. 6 דוד האָט נישטוניט קיין סך געלט. 7 דו האָסט נישטוניט קיין ווערטערבוך. 8 די סטודענטן זענען נישטוניט מיד. 9 חנה האָט נישטוניט קיין צײַט.

Exercise 2

-, דירהלע; -, לעמפּעלע; פֿענצטערל, -; בילדל, בילדעלע; ביימל, ביימעלע; שלאָפֿצימערל, -; בעטל, בעטעלע; טישל, טישעלע.

Exercise 5

1 חנה האָט ביכער. 2 די לערערקעס וווינען אין לאָנדאָן. 3 די לעמפּלעך זענען/זײַנען שיין. 4 די צימערן האָבן סאָפֿקעס. 5 רחל האָט שיינע בילדער. 6 די טעג זענען/זײַנען לאַנג. 7 רחל רעדט מיט חבֿרים. 8 די קליינע דירות זענען/זײַנען נישט באַקוועם.

Unit 5

Exercise 1

1 דײַנע 2 זײַן 3 אונדזערע 4 זײַנע 5 אײַער 6 זייער 7 מײַן 8 איר 9 מײַנע 10 דײַן

Exercise 2

1 דער ברודער איז זעקס און צוואַנציק/צוואָנציק יאַר אַלט. 2 די שוועסטער איז פֿינף און דרײַסיק יאָר אַלט. 3 די קוזינקע איז צוועלף יאָר אַלט. 4 דער פֿעטער איז דרײַ און זיבעציק יאָר אַלט. 5 דער פּלימעניק איז זיבן יאָר אַלט. 6 די באָבע

איז אַכט און אַכציק יאָר אַלט. 7 דער זיידע איז איין און נײַנציק יאָר אַלט. 8 די מאַמע איז נײַן און פֿופֿציק יאָר אַלט.

Exercise 3

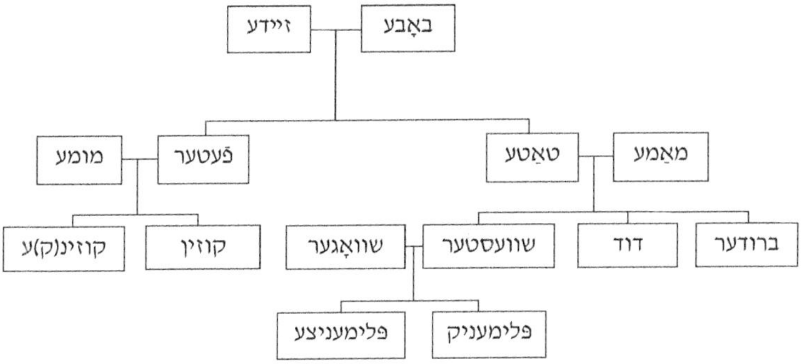

Exercise 4

1 דער, דעם 2 די, דאָס 3 דאָס, די 4 דער, דער 5 די, דעם 6 דער, דאָס

Exercise 5

דעם, עלטערן, דעם, ייִנגערן, ייִנגערע, די, קליין, קליינעם, שיין, נײַעם, די, דעם, די, אַנדערע

Exercise 6

1 צוועלף אַ זייגער 2 אַ פֿערטל נאָך זיבן 3 האַלב נײַן 4 פֿינף און צוואַנציק|צוואָנציק צוּפֿאַר עלף 5 פֿינף צוּפֿאַר צוויי 6 צוואַנציק|צוואָנציק נאָך איינס 7 צען צוּפֿאַר דרײַ 8 צען צוּפֿאַר זעקס

Exercise 7

1 רחל טרינקט קאַווע אַכט אַ זייגער (אין דער פֿרי). 2 רחל שרײַבט היימאַרבעט האַלב נײַן (אין דער פֿרי). 3 רחל גייט אין ביבליאָטעק אַ פֿערטל צוּפֿאַר נײַן (אין דער פֿרי). 4 רחל עסט וואַרעמעס האַלב איינס (נאָך מיטאָג). 5 רחל גייט אַהיים אַ פֿערטל צוּפֿאַר זיבן (אין אָוונט). 6 רחל עסט וועטשערע צוואַנציק|צוואָנציק נאָך זיבן (אין אָוונט). 7 רחל גייט אין קינאָ פֿינף און צוואַנציק|צוואָנציק צוּפֿאַר נײַן (אין אָוונט). 8 רחל קומט צוריק פֿון קינאָ צען נאָך צען (בײַ נאַכט).

Unit 6

Exercise 1

1 דעם 2 דער 3 דעם 4 דער 5 דעם 6 דער 7 דער 8 די

Exercise 2

1 דער לינקער 2 דער נײַער 3 דער בלאָנדער 4 דעם שײנעם 5 די געקרײַזלטע 6 דער גרויסער 7 די רויטע 8 דער באַקוועמער 9 דער רעכטער

Exercise 3

1 מען) רעדט מיט דעם מויל. 2 מען) לײענט מיט די אויגן. 3 מען) טראַכט מיט דעם קאָפּ. 4 מען) הערט מיט די אויערן. 5 מען) לויפֿט מיט די פֿיס. 6 מען) קײַט מיט די צײן. 7 מען) שמעקט מיט דער נאָז.

Exercise 4

1 צו דעם ← צום 2 מיט דעם ← מיטן 3 בײַ דעם ← בײַם 4 פֿון דעם ← פֿונעם
5 אויף דעם ← אויפֿן 6 מיט דער 7 אין דעם ← אינעם

Exercise 5

1 חנה זעט אסתּרן, חײמען, יוספֿן, און מרימען אין רחלס בילדער. 2 אסתּר גײט חתונה האָבן מיט חײמען. 3 רחל עסט װעטשערע מיט אסתּרן, חײמען, יוספֿן, און מרימען. 4 יוסף האָט שטענדיק אַ װערטערבוך אין דער האַנט. 5 רחל האָט צװײ לינקע פֿיס. 6 דוד רעדט מיט רחלען און חנהן.

Exercise 6

1 דעם, טאַטן 2 דעם, רבין 3 דער, מומען 4 דעם, זײדן 5 דער, באָבען 6 די, מאַמע

Exercise 7

1 דאָס איז דודס מאַנטל. 2 דאָס איז אסתּרס פֿינגערל. 3 דאָס איז דעם בחורס חבֿר. 4 זײ זענען דער לערערקעס בילדער. 5 חנהס טאַטע איז אַ דאָקטער. 6 רחלס דירה איז צו קלײן. 7 דאָס איז דער זשורנאַליסטקעס קאָמפּיוטער. 8 דאָס איז דעם סטודענטס װערטערבוך.

Unit 7

Exercise 1

1 דערציילט 2 נעם 3 לאָמיר גיין 4 גיב 5 לאָמיר זען 6 קומט 7 לייען 8 לאָמיר מאַכן

Exercise 2

איר, דיר, דיך, אונדז, אײַך, מיך, זיי

Exercise 3

קען, וויל, מוזסט, קענסט, וויל, מוז, טאָרסט נישט, מעגסט, זאָלסט, קענסטו

Exercise 4

דוד טראָגט אַ יאַרמלקע, ברילן, אַ מאַנטל, אַ העמד מיט פּאַסן, אַ רימען, הויזן, זאָקן, און שיך.
רחל טראָגט אַ היטל, אַ שאַליקל מיט פּאַסן, אַ בלוזקע מיט לאַנגע אַרבל און גרויסע קנעפּ, אַ לאַנגע ספּודניצע מיט פּאַסן, זאָקן, און שטיוול.

Exercise 5

←
1 אַרבל 3 שאַליקל 5 זאָקן 6 הענטשקעס 8 סאַנדאַלן

↓
2 ברילן 3 שיך 4 קאַפּאָטע 6 היטל 7 קנעפּ

Unit 8

Exercise 1

דוד, אסתּר, און איך האָבן געגעסן וועטשערע בײַ רחלען. דוד און איך האָבן געברענגט/געבראַכט אַ קוכן. רחל האָט געזאָגט, "איר האָט נישט געדאַרפֿט ברענגען קיין עסן!" מיר האָבן געפּרוּווט העלפֿן רחלען אין קיך, אָבער זי האָט נישט געוואָלט קיין הילף. זי האָט געמאַכט אַ סאַלאַט און געקאָכט אַ זופּ. איך האָב געזאָגט, "דו האָסט געאַרבעט צו שווער!" מיר האָבן געענדיקט עסן און רחל האָט אונדז געגעבן הייסע טיי. רחל און דוד האָבן אויך געטרונקען ווײַן. מיר האָבן גערעדט ביז שפּעט.

Exercise 2

1 רחל האָט שוין געקאָכט די זופּ. 2 אסתּר האָט געוואָלט העלפֿן רחלען. 3 רחל האָט נישט געוואָלט הילף ווייַל זי האָט שוין כּמעט געענדיקט. 4 רחל האָט געגעסן אין רעסטאָראַנען ווען זי האָט געוווינט אין ניו-יאָרק. 5 ניין, רחל האָט פֿאַרגעסן אָנצינדן דעם אויוון.

Exercise 4

1 דער ערשטער מענטש לייענט אַ בוך. 2 דער צווייטער מענטש שרייַבט. 3 דער דריטער מענטש עסט קוכן. 4 דער פֿערטער מענטש שלאָפֿט. 5 דער פֿופֿטער מענטש טרינקט קאַווע. 6 דער זעקסטער מענטש זעט טעלעוויזיע. 7 דער זיבעטער מענטש טאַנצט. 8 דער אַכטער מענטש לויפֿט. 9 דער נייַנטער מענטש רעדט אויפֿן טעלעפֿאָן. 10 דער צענטער מענטש הערט ראַדיאָ.

Exercise 5

דריטע, צווייטער, ערשטע, פֿערטע, ערשטע, פֿופֿציקסטע

Unit 9

Exercise 1

1 איז געקומען 2 בין געווען 3 זענען/זייַנען געשווומען 4 איז געלעגן 5 זייַט/זענט געפֿלויגן 6 זענען/זייַנען געפֿאָרן 7 זענען/זייַנען געגאַנגען 8 ביסט געזעסן 9 זענען/זייַנען געוואָרן 10 בין געשלאָפֿן

Exercise 2

קיין, אין, אויף, צו, אין, אין

Exercise 3

1 פֿאָרן 2 גיין 3 גיין 4 פֿאָרן

Exercise 4

2 שיף 3 ראָווער 4 אונטערגרונט-באַן 5 מאָטאָציקל 6 אויטאָ

Exercise 6

1 עס זענען/זײַנען געווען גוטע לערערס בײַם זומער-קורס. 2 עס זענען/זײַנען נישט געווען קיין נודניקעס . . . 3 עס זענען/זײַנען געווען אינטערעסאַנטע רעפֿעראַטן . . . 4 עס זענען/זײַנען געווען צו פֿיל לעקציעס אין דער פֿרי . . . 5 עס איז נישט געווען קיין פֿרײַע צײַט . . . 6 עס איז געווען אַ סך שווערע היימאַרבעט . . .

Exercise 8

1 צוועלף צוויי און זיבעציק 2 זיבעצן זעכציק 3 זיבעצן צוויי און זיבעציק 4 אַכצן צען 5 אַכצן איין און אַכציק 6 נײַנצן אַכט 7 נײַנצן פֿופֿצן 8 נײַנצן פֿינף און פֿערציק 9 צוויי טויזנט פֿערצן 10 צוויי טויזנט צוויי און דרײַסיק

Unit 10

Exercise 1

וועט, וועסטו, וועסט, וועל, וועט, וועלן, וועלן, וועל, וועל

Exercise 3

1 עס זענען דאָ וואָלקנס אין הימל; די זון שײַנט. 2 עס גייט אַ רעגן; עס זענען דאָ וואָלקנס אין הימל; עס בלאָזט אַ ווינט. 3 עס גייט אַ שניי; עס זענען דאָ אַ סך וואָלקנס אין הימל. 4 די זון שײַנט; עס זענען נישטאָ קיין וואָלקנס אין הימל. 5 עס בליצט; עס זענען דאָ שוואַרצע וואָלקנס אין הימל; עס גייט אַ רעגן.

Exercise 4

1 עס גייט אַ שניי. 2 עס קומט אַ שטורעם. 3 עס טוט מיר וויי דער האַלדז. 4 עס שײַנט די זון. 5 עס בלאָזט אַ ווינט.

Exercise 5

1 ווינטערצײַט שלאָף איך אַ סך. 2 "איך האָב פֿײַנט ווינטער", זאָגט רחל. 3 נעכטן איז דער הימל געווען בלוי. 4 ווען עס איז קאַלט אין דרויסן איז חנה שטענדיק הונגעריק. 5 אין די מאָדערנע צײַטן איז דער וועטער זייער מאָדנע! 6 דודן קען איך, נישט רחלען.

Unit 11

Exercise 1

1 אינטערעסאַנטער 2 גרעסער 3 שווערער 4 בעסער 5 מידער 6 ייִנגער 7 ערגער 8 קלענער

Exercise 2

בעסערע, ייִנגערער, ערגערער, שווערער, קליגערער, שענערע, לענגערע, קירצערע, לײַכטערע, אינטערעסאַנטערע

Exercise 4

1 די ערגסטע 2 די לענגסטע 3 די שווערסטע 4 די בעסטע 5 ייִנגסטער 6 דעם גרעסטן 7 די לײַכטסטע 8 דער קלענסטער

Exercise 5

1 דוד אַרבעט די לענגסטע שעהען. חנה אַרבעט די קירצסטע שעהען. 2 דודס הויז איז דאָס גרעסטע. רחלס דירה איז די קלענסטע. 3 דודס זיידע איז דער עלטסטער. דודס פּלימעניק איז דער ייִנגסטער.

Exercise 6

1 עס איז נישט גוט **צו** אַרבעטן צוועלף שעה אַ טאָג.
צו cannot be used in these sentences: 6–2

Unit 12

Exercise 1

1 האָט דערציילט 2 האָבן שפּאַצירט 3 האָט באַשטעלט 4 האָט אַפּליקירט 5 האָסט פֿאַרגעסן 6 האָט צעבראָכן 7 האָב געדענקט 8 האָבן פֿאַרקויפֿט

Exercise 2

1 איך האָב געקויפֿט די קאָמפּאַקטלעך אין שטאָט. 2 מיר ווילן גיין אין די נײַע קראָמען. 3 חנה זיצט אין ביבליאָטעק. 4 דער קרעמער גיט אַ קוק אין ביוראָ. 5 רחל גייט אין אוניווערסיטעט. 6 ביסטו געגאַנגען אין קאַפֿע? 7 דוד וויל עסן וועטשערע אין אַ רעסטאָראַן.

Exercise 3

1 מיר האָבן זיך געאײַלט אויפֿן קאָנצערט. 2 איך האָב זיך געלערנט ייִדיש אין אוניווערסיטעט. 3 דוד האָט זיך געקויפֿט אַ נײַ קאָמפּאַקטל. 4 די חבֿרים האָבן זיך געטראָפֿן בײַם קאָנצערט. 5 דו האָסט זיך געפֿרעגט פֿאַרוואָס חנה האָט ליב נאָר אַלטע מוזיק. 6 רחל האָט זיך דערמאָנט אַז זי מוז צוריקגעבן דודן זײַן קאָמפּאַקטל.

Exercise 4

1 . . . וועלן זיך אײַלן . . . 2 . . . וועל זיך לערנען . . . 3 . . . וועט זיך קויפֿן . . .
4 . . . וועלן זיך טרעפֿן . . . 5 . . . וועסט זיך פֿרעגן . . . 6 . . . וועט זיך דערמאָנען . . .

Exercise 5

1 דאָס קאָמפּאַקטל קאָסט צוואַנציק\צוואָנציק דאָלאַר. 2 דער פֿידל קאָסט זיבן הונדערט שקל. 3 די ספּודניצע קאָסט פֿופֿצן פֿונט. 4 דער ראָווער קאָסט הונדערט פֿערציק אייראָ. 5 דאָס ווערטערבוך קאָסט דרײַסיק אייראָ. 6 דער קאָמפּיוטער קאָסט זעקס הונדערט פֿופֿציק דאָלאַר.

Unit 13

Exercise 1

1 אויב מיר וועלן האָבן חשק, וועלן מיר זען אַ פֿילם. 2 אויב רחל וועט נישט געפֿינען קיין אַרבעט אין לאָנדאָן, וועט זי פֿאָרן קיין אַמעריקע. 3 אויב דו וועסט ליב האָבן דעם פֿילם, וועל איך עס אויך זען. 4 אויב איך וועל פֿאָרן אין מאה שערים, וועל איך רעדן אַ סך ייִדיש. 5 אויב דוד וועט ווערן אַ סטודענט, וועט דער פֿעטער יאַנקל זײַן אומצופֿרידן. 6 אויב רחל וועט בלײַבן אין לאָנדאָן, וועט חנה זײַן גליקלעך. 7 אויב דו וועסט רעדן אַ סך, וועט דײַן ייִדיש ווערן זייער גוט. 8 אויב רחל וועט אַרבעטן שווער, וועט זי באַלד ענדיקן דעם דאָקטאָראַט.

Exercise 2

אויב רחל וועט האָבן צײַט, וועט זי . . . 1 שלאָפֿן ביז צוועלף אַ זייגער. 2 גיין אויף אַ לעקציע. 3 זיך טרעפֿן מיט חנהן. 4 לייענען אַ ייִדישע מעשׂה. 5 גיין אין ביכערקראָם. 6 זען אַ פֿילם. 7 הערן ייִדישן ראַדיאָ אויף דער אינטערנעץ.

Exercise 4

1 קומט אַרויס 2 גיי אַרײַן 3 הייבן אָן 4 נעמט אַרויס 5 הערן אויף 6 גייט פֿאַרבײַ 7 גרייטן צו 8 קלײַבסט אויס

Exercise 5

דוד און איך זענען אַרײַנגעגאַנגען אין ביבליאָטעק און האָבן אַרויסגענומען אַ סך ביכער מיט ייִדישע פּיעסעס. מיר האָבן אָנגעהויבן צו לייענען. אַ סך פּיעסעס האָבן אויסגעזען אינטערעסאַנט, אָבער מיר האָבן נישט אויסגעקליבן קיין פּיעסע ווײַל עס איז געווען שווער צו באַשליסן. איך בין בייז געוואָרן און האָב אויפֿגעהערט לייענען. דוד איז מיד געוואָרן און איז אײַנגעשלאָפֿן.

Exercise 6

... וועלן אַרײַנגיין ... וועלן אַרויסנעמען ... וועלן אָנהייבן ... וועלן אויסזען ... וועלן נישט אויסקלײַבן ... וועט זײַן ... וועל בייז ווערן ... וועל אויפֿהערן ... וועט מיד ווערן ... וועט אײַנשלאָפֿן.

Exercise 7

1 אַנדער 2 אַנדערער 3 אַנדער 4 אַנדערע 5 אַנדערע 6 אַנדערע 7 אַנדערן

Unit 14

Exercise 1

1 אויב איך וואָלט געהאַט געלט, וואָלט איך געקויפֿט ביכער אויף דער אינטערנעץ.
2 אויב חנה וואָלט געהאַט צײַט, וואָלט זי געשריבן בריוו אַנשטאָט בליצבריוו.
3 אויב מיר וואָלטן געהאַט אַ צעלקע, וואָלטן מיר איצט געקענט טעלעפֿאָנירן.
4 אויב איך וואָלט נישט פֿאַרגעסן מײַן וואָרטצייכן, וואָלט איך געקענט לייענען מײַנע בליצבריוו. 5 אויב דו וואָלטסט באַקומען מײַנע בליצבריוו, וואָלטסטו געוווּסט ווען איך קום. 6 אויב דוד וואָלט געאַרבעט אין אַ ביוראָ, וואָלט ער נישט געווען צופֿרידן. 7 אויב דוד און רחל וואָלטן נישט געשמועסט אויף דער אינטערנעץ, וואָלטן זיי נישט געבליבן אין קאָנטאַקט.

Exercise 3

1 אויף וועלכן 2 וואָס 3 וועמענס 4 מיט וועמען 5 אויף וועלכע 6 וואָס

Exercise 5

רחל **האָט חוזק געמאַכט** פֿון מיר ווײַל איך זאָג שטענדיק אַז צעלקעס און קאָמפּיוטערס **האָבן קאַליע געמאַכט** די וועלט. זי **האָט געזאָגט**, "די אינטערנעץ איז וווּנדערבאַר!" אָבער איך **האָב** נישט **מסכּים געווען** מיט איר; איך **האָב ממשיך געווען** מיט מײַנע געדאַנקען. אָפֿטמאָל **האָב** איך **געשריבן** אַ לאַנגן בליצבריוו, און

דער בליצבריוו **איז** פּלוצעם **נעלם געוואָרן**. יעדעס מאָל **האָב** איך **חרטה געהאַט** וואָס איך האָב נישט געשריבן אַ בריוו מיט אַ פֿעדער און פּאַפּיר.

Exercise 6

1 וועלן חתונה האָבן 2 וועסט חרטה האָבן 3 וועט ליב האָבן 4 וועלן נישט נעלם ווערן 5 וועסט פֿײַנט האָבן

Unit 15

Exercise 1

1 פֿלעג 2 פֿלעג(ט) 3 פֿלעג(ט) 4 פֿלעגן 5 פֿלעגסטו 6 פֿלעגט

Exercise 2

1 דוד פֿלעג(ט) לייענען ביכער . . . ווען ער איז געווען אַ קינד.

Exercise 3

אַ סך מעשׂיות וועגן טבֿיה דעם מילכיקער זענען/זײַנען געשריבן געוואָרן פֿון שלום עליכמען. די מעשׂיות זענען/זײַנען פּובליקירט געוואָרן אין ייִדישע צײַטונגען. די מעשׂיות זענען/זײַנען געלייענט געוואָרן פֿון אַ סך מענטשן. אַ ייִדישע פּיעסע און שפּעטער אַ פֿילם זענען/זײַנען געמאַכט געוואָרן וועגן טבֿיהן. אין 1964 איז אַ פּיעסע געמאַכט געוואָרן אויף ענגליש. די פּיעסע ווערט גערופֿן "פֿידלער אויפֿן דאַך". די פּיעסע איז באַזירט געוואָרן אויף שלום עליכמס מעשׂיות. הײַנט ווערט דער ייִדישער פֿילם פֿאַרקויפֿט אין קראָמען און אויף דער אינטערנעץ. און די פּיעסע וועט זיכער פֿאָרגעשטעלט ווערן נאָך אַ סך מאָל אויף ייִדיש.

Exercise 4

1 מיר איז קאַלט. 2 די חבֿרים איז גוט. 3 אונדז איז צו וואַרעם. 4 איר איז אומעטיק. 5 רחלען איז נישט גוט.

Exercise 5

1 רחל וויל (אַז) דוד זאָל לייענען מענדעלען. 2 רחל וויל (אַז) חנה זאָל שטודירן ייִדישע ליטעראַטור. 3 דער פֿעטער יאַנקל וויל (אַז) דוד זאָל נישט שרײַבן קיין דאָקטאָראַט. 4 די לערערקע וויל (אַז) די סטודענטן זאָלן ליב האָבן ייִדיש. 5 איך וויל (אַז) איר זאָלט זען ייִדישע פֿילמען. 6 מיר ווילן (אַז) די דרײַ חבֿרים זאָלן לעבן ווי גאָט אין פֿראַנקרײַך.

Yiddish-English glossary

א

אַ/אַן	a/an
אַבי	as long as
אָבער	but; however
אָבֿ [אָוו]	July/August
אַבֿרהם [אַווראָם]	Abraham
אַגדה [אַגאָדע] (די), -ות	legend; non-legal sections of classical rabbinic texts, e.g. Talmud and midrash
אַדאַפּטירן, -ט	to adapt
אַדוואָקאַט (דער), -ן	lawyer
אָדער	or
אָדר [אָדער]	February/March
אָדר ב' [אָדער בייס]	March/April (leap years only)
אַהיים	(to) home
אַהיימגיין, אַהיימגעגאַנגען (+ זײַן)	to go home
אַהין	(to) there
אַהינפֿאָרן, אַהינגעפֿאָרן (+ זײַן)	to travel there
אַהער	(to) here
אַוודאי [אַוואַדע]	of course
אָוונט (דער), -ן	evening
אַוועקגיין, אַוועקגעגאַנגען (+ זײַן)	to go away
אוי	oh; oh dear; oh no
אוי וויי	oh no!
אויב	if
אויג (דאָס), -ן; אייגל (diminutive)	eye
אויגוסט (דער)	August
אויוון (דער), -ס; אייוול (diminutive)	oven; cooker/stove
אויטאָ (דער), -ס	car
אויטאָבוס (דער), -ן	bus
אויך	also
אויסגעמוטשעט	exhausted
אויסגעצייכנט	outstanding
אויסזען, אויסגעזען	to look (like); to seem
אויסטראַליע (די)	Australia
אויסמײַדן, אויסגעמיטן	to avoid
אויסערגעוויינטלעך	amazing; extraordinary
אויסקלײַבן, אויסגעקליבן	to choose
אויער (דער/דאָס), -ן	ear
אויף	on; about; to (an event); in (a language); for (length of time)
אויפֿבלי (דער), -ען	blossoming
אויפֿגערעגט	annoyed; upset

Italy	איטאַליע (די)
Italian (adjective); Italian language	איטאַליעניש (דאָס)
egg	איי (דאָס), -ער
eternal	אייביק
gentle	איידל
son-in-law	איידעם (דער), -ס/-עס
ice	אײַז (דאָס), -
fridge; coolbox/cooler	אײַזקאַסטן (דער), -ס
you (accusative/dative plural)	אײַך
to hurry	אײַלן זיך, זיך גע-ט
one (before noun)	איין
one (noun)	איינע(ר)
grandchild	אייניקל (דאָס), -עך
one (in counting)	איינס
idea	אײַנפֿאַל (דער), -ן
to fall asleep	אײַנשלאָפֿן, אײַנגעשלאָפֿן (+ זײַן)
your (plural)	אײַער, -ע
the day before yesterday	איידערנעכטן
April/May	אייר [איִער] (דער)
euro	אייראָ (דער), -ס
Europe	אייראָפּע (די)
European	אייראָפּעיִש
I	איך
him	אים
immigrant	אימיגראַנט (דער), -ן
immigrate	אימיגרירן, -ט
in; to	אין
OK	אין אָרדענונג
in . . . time	אין . . . אַרום
in truth	אין דער אמתן [עמעסן]
in the morning	אין דער פֿרי

to stop	אויפֿהערן, אויפֿגעהערט
to wake up	אויפֿכאַפּן זיך, זיך אויפֿגעכאַפּט
to get up; to stand up	אויפֿשטיין, אויפֿגעשטאַנען (+ זײַן)
impossible	אוממעגלעך
everywhere	אומעטום
sad	אומעטיק
displeased	אומצופֿרידן
and	און
us	אונדז
our	אונדזער, -ע
under	אונטער
underground/tube/subway	אונטערגרונט-באַן (די), -ען
	אונטערן = אונטער דעם
treasure	אוצר [אויצער] (דער), -ות [אויצרעס]
Ukrainian (adjective); Ukrainian language	אוקראַיִניש (דאָס)
the Ukraine	אוקראַיִנע (די)
ancient	אוראַלט
that; when; if	אַז
such a	אַזאַ
so	אַזוי
as . . . as	אַזוי . . . ווי
besides	אַחוץ [אַכוֹץ]
over	איבער
adaptation; revision	איבעראַרבעטונג (די), -ען
	איבערן = איבער דעם
the day after tomorrow	איבערמאָרגן
translation	איבערזעצונג (די), -ען
to translate	איבערזעצן, איבערגעזעצט
so	איז

אין דרויסן	outside
אינזשעניר (דער), -ן	engineer
אינטערנעץ (די), -ן	Internet
אינטערעסאַנט	interesting
אינטערפּרעטאַציע (די), -ן	interpretation
אינסטרומענט (דער), -ן	instrument
אינעם = אין דעם	
אינפֿאָרמאַציע (די), -ס	information
אינפֿעקציע (די), -ס	infection
איצט	now
איר	you (plural); her (dative pronoun)
איר, -ע	her (possessive adjective)
אַכט	eight; eighth
אַכציק	eighty
אַכציקסט	eightieth
אַכצן	eighteen
אַכצנט	eighteenth
אַלגעמיין	general
אלול [עלעל] (דער)	August/ September
אַלט, עלטער (comparative)	old
אַלטמאָדיש	old-fashioned
אליהו הנבֿיא [עליאָהו האַנאָווי]	the prophet Elijah
אַליין	alone; oneself
אַלמנה [אַלמאָנע] (די), -ות	widow
אַלמער (דער), -ס	wardrobe
אַלע (plural)	all
אַלץ	everything
אַמעריקאַנער	American
אַמעריקע (די)	America
אמת [עמעס], דער, -ן [עמעסן]	truth
אמת [עמעס]	true; real (adjective)
אָן	without
אַנדער	other
אַנדערש	different
אָנהייב (דער), -ן	beginning
אָנהייבן, אָנגעהויבן	to start
אָנהייבער (דער), -ס	beginner
אָנטאָן, אָנגעטאָן	to put on (clothes)
אַנטוויקלונג (די), -ען	development
אַנטוויקלען, -ט	to develop
אַנטיביאָטיק (דער), -ן	antibiotic
אַנטיפּאַטיע (די), -ס	dislike
אַנטלויפֿן, אַנטלאָפֿן (+ זײַן)	to escape; to run away
אָננעמען, אָנגענומען	to accept
אָנעם = אָן דעם	
אָנקומען, אָנגעקומען (+ זײַן)	to arrive
אָנקלינגען, אָנגעקלונגען	to phone
אַנשטאָט	instead of
אָסור [אָסער]	forbidden
אַסימילאַציע (די), -ס	assimilation
אָסיען (דער), -ס	autumn
אַ סך [סאַך]	many
אַספּעקט (דער), -ן	aspect
אָפּגאָס (דער), -ן	sink
אָפּזאָגן זיך, זיך אָפּגעזאָגט	to resign
אָפּטייל (דער), -ן	department
אַפּליקירן, -ט (אויף)	to apply (for)
אָפּנעמען, אָפּגענומען	to pick up
אַפּריל (דער)	April
אָפּשפּיגלען, אָפּגעשפּיגלט	to reflect
אָפֿט	often
אָפֿטמאָל	often
אַפֿילו [אַפֿילע]	even
אָפֿן	open
אַפֿריקע (די)	Africa

אַקאַדעמיקער (דער), -ס	academic
אָקטאָבער (דער)	October
אַקטיאָר (דער), -ן	actor
אַקטריסע (די), -ס	actress
אַקסל (דער), -ען	shoulder
אַראַביש (דאָס)	Arab (adjective); Arabic language
אָראַנזש	orange (does not decline)
אַראָפּנעמען, אַראָפּגענומען	to download
אַראָפּ פֿון זינען	insane
אַרבל (דער), -	sleeve
אַרבעט (די), -ן	work
אַרבעטן, גע-ט	to work
אַרבעטער (דער), -ס/-	worker
אַרגענטינע (די)	Argentina
אַרויסגיין, אַרויסגעגאַנגען (+ זײַן)	to go out
אַרויסוואַרפֿן, אַרויסגעוואָרפֿן	to throw out
אַרויסקריכן, אַרויסגעקראָכן (+ זײַן)	to crawl out
אַרום	around
אָרט (דער/דאָס), ערטער; ערטל (diminutive)	place
אַרטיקל (דער), -ען	article
אַריבערקלײַבן זיך, זיך אַריבערגעקליבן	to move (house, country)
אַרײַנגאַנג (דער), -ען	entrance
אַרײַנגערעכנט	including
אַרײַנשטופּן, אַרײַנגעשטופּט	to push in
אָרעם (דער), -ס	arm
אָרעם	poor
אָרעמאַן (דער), אָרעמע-לײַט	pauper
אַשכּנזי [אַשקענאַזי] (דער), -ים	Ashkenazi Jew
ב	
באַאַרבעטונג (די), -ען	adaptation
באָבע (די), -ס; באָבען (dative)	grandmother
באַגלייטן, -ט	to accompany
באָדצימער (דער), -ן	bathroom/ washroom
באַהאַנדלען, -ט	to deal with
באַווײַז (דער), -ן	evidence
באַוויינען, -ט	to mourn
באַזוכן, -ט	to visit
באַזירן, -ט	to base
באַלד	soon
באַלײַכטן, -ט/באַלויכטן	to illuminate
באַן (די), -ען	train
באַפֿרײַען, -ט	to free
באַצאָלן, -ט	to pay
באַק (די), -ן; בעקל (diminutive)	cheek
באַקן, גע-ט/גע-ן	to bake
באַקאַנט	familiar
באַקוועם	comfortable
באַקומען, -ען	to receive
באַראָן (דער), -ען	Baron
באָרגן, גע-ט	to borrow; to lend
באָרד (די), בערד; בערדל (diminutive)	beard
באַרימט	famous
באַשטעלן, -ט	to order
באַשיצן, -ט	to protect
באַשליסן, באַשלאָסן	to decide
באַשעפֿטיקן זיך, זיך -ט (מיט)	to occupy oneself (with)
בדרך-כּלל [בעדערעך-קלאַל]	usually
בויך (דער), בײַכער; בײַכל (diminutive)	stomach
בויען, גע-ט	to build

בוך (דאָס), ביכער; ביכל (diminutive)	book
בוענאָס-אײַרעס	Buenos Aires
בחור [באָכער] (דער), בחורים [באָכערים/ באָכורים]	boy; guy
בחינם [בעכינעם]	free (of charge)
ביבליאָטעק (די), -ן	library
ביבליאָטעקער (דער), -ס	librarian
ביוראָ (דער/דאָס), -ען	office
ביז	until
ביזן = ביז דעם	
ביטע	please
בײַ	at
בייגל (דער), -	bagel
בייז	angry; nasty
בײַטן, געביטן	to change (transitive)
בײַטן זיך, זיך געביטן	to change (oneself)
בײַשפּיל (דער), -ן	example
צום בײַשפּיל	for example
ביכערקראָם (די), -ען	bookshop
בילד (דאָס), -ער	picture; photo
ביסל (דאָס), -עך	little bit
בכלל [ביכלאַל]	at all
בלאָזן, גע-ן	to blow
בלאָנד	blond
בלוזקע (די), -ס	blouse
בלוט (דאָס), -	blood
בלוי	blue
בלום (די), -ען; בלימל (diminutive)	flower
בלײַבן, געבליבן (+ זײַן)	to stay
בליִען, גע-ט	to blossom
בליץ (דער), -ן	lightning
בליצבריוו (דער), -	email
בליצן, גע-ט	lightning (verb)
בנין [ביניען] (דער), -ים [ביניאָנים]	building
בעבעלע (דאָס), -ך	bean
בעט (דאָס), -ן	bed
בעטלער (דער), -ס/-	beggar
בעטלערײַ (דאָס)	begging
בעטן, גע-ן	to request
בעל-הביתטע [באַלעבאָסטע] (די), -ס [באַלעבאָסטעס]	hostess; housekeeper; housewife; proprietress
בעל-הבתּיש [באַלעבאַטיש]	well-to-do
בעל-שם-טובֿ [באַל-שעם-טאָוו] (דער)	Ba'al Shem Tov (founder of Hasidism)
בענקל (דאָס), -עך	chair
בענקען, גע-ט (נאָך)	to miss, long for
בערך [בעערעך]	approximately
בראַזיל (דאָס)	Brazil
בראָך (דער), -ן	disaster
אַ בראָך!	How awful!
ברוגז [ברויגעז]	feuding
ברודער (דער), ברידער; ברידערל (diminutive)	brother
ברויט (דאָס), -ן	bread
ברוין	brown
ברוך הבא [באָרעך האַבע]	welcome
ברוסט (די), בריסט	chest
ברייט	broad; wide
ברילן (plural)	glasses (spectacles)
בריק (די), -ן	bridge
ברעם (די), -ען	eyebrow
ברענגען, גע-ט/געבראַכט	to bring

ג

גאָמבע (די), -ס	chin
גאון [גאָען] (דער), -ים [געוינים]	genius
גאָלדן	golden

enough	גענוג
exact(ly)	גענוי
to benefit (from)	געניסן, גענאָסן (פֿון)
to find	געפֿינען, געפֿונען
to be located; to exist	געפֿינען זיך, זיך געפֿונען
to be pleasing	געפֿעלן, -ן (+ זײַן) (+ dative)
curly	געקרײַזלט
right (referring to a person)	גערעכט
history	געשיכטע (די), -ס
tasty	געשמאַק
to happen	געשען, -ן (+ זײַן)
business; shop	געשעפֿט (דאָס), -ן
businessman	געשעפֿטסמאַן (דער), געשעפֿטסלײַט
groschen (Polish coin of little value, similar to 'penny')	גראָשן (דער), -ס
grey	גרוי
big	גרויס, גרעסער (comparative)
to prepare	גרייטן, גע-ט
green	גרין
to establish	גרינדן, גע-טוגעגרינדעט
vegetable	גרינס (דאָס), -ן
flu	גריפּע (די), -ס

ד

here	דאָ
to pray	דאַוונען, גע-ט
this/that (after definite article)	דאָזיקע(ר)
dated	דאַטירט
roof	דאַך (דער), דעכער; דעכל (diminutive)
after all; don't you realize	דאָך
to seem	דאַכטן זיך, זיך גע-ט

quite	גאַנץ
completely	אין גאַנצן
street	גאַס (די), -ן; געסל (diminutive)
fork	גאָפּל (דער), -ען
quite	גאָר
garden	גאָרטן (דער), גערטנער; גערטנדל (diminutive)
help! mercy!	גוואַלד
good	גוט, בעסער (comparative), בעסט (superlative)
golem (clay man)	גולם [גוילעם] (דער), -ים [גוילאָמים]
body	גוף (דער), -ים
go; walk	גיין, געגאַנגען (+ זײַן)
it's raining/ snowing	עס גייט אַ רעגן/שניי
quick	גיך
straight; immediately	גלײַך
happy	גליקלעך
glass	גלעזל (דאָס), -עך
Paradise	גן-עדן [גאַן-איידן] (דער/דאָס), -ס
geography	געאָגראַפֿיע (די), -ס
geographical	געאָגראַפֿיש
to give birth to	געבוירן, -ן
to give	געבן, גע-ן
idea; thought	געדאַנק (דער), -ען
salary	געהאַלט (דאָס), -ן
common; usual	געוויינטלעך
prize	געווינס (דאָס), -ן
the jackpot	דאָס גרויסע געווינס
healthy	געזונט, געזינטער (comparative)
society	געזעלשאַפֿט (די), -ן
ghetto	געטאָ (די/דאָס), -ס
Goethe	געטע
yellow	געל

דאָלאַר (דער), -ן	dollar
דאָנערשטיק (דער), -ן	Thursday
דאַנק (דער), -ען	thank
אַ דאַנק	thanks
דאָס	the (neuter); that
דאָקטאָראַט (דער), -ן	PhD
דאָקטאָראַנט (דער), -ן	PhD student
דאָקטער (דער), דאָקטוירים	doctor
דאָרט(ן)	there
דאַרפֿן, גע-ט	to need
דו	you (nominative singular)
דווקא [דאַפֿקע]	of all things; precisely
דונער (דער), -ן	thunder
דונערן, גע-ט	to thunder
דור [דאָר] (דער), -ות [דוירעס]	generation
דורך	through
דורכן = דורך דעם	
דזשאָנגל (דער), -ען	jungle
דזשעז (דער), -	jazz
דזשענטלמען (דער), -ער	gentleman
די	the (feminine nominative/accusative; plural)
דיבוק [דיבעק] (דער), -ים [דיבוקים]	dybbuk
דײַטש (דאָס)	German (adjective); German language
דײַטשלאַנד (דאָס)	Germany
דײַן, -ע	your (singular)
דיך	you (accusative singular)
דיכטער (דער), -ס/-	poet
דינסטיק (דער), -ן	Tuesday
דינער (דער), -ס/-	servant
דיסקוטירן, -ט	to discuss
דיר	you (dative singular)
דירה [דירע] (די), -ות	flat/apartment
דעטעקטיוו (דער), -ן	detective
דעם	the (masculine accusative; masculine and neuter dative)
דעצעמבער (דער)	December
דער	the (masculine nominative; feminine dative)
דערהערן זיך, זיך -ט	to be heard
דערוויסן זיך, זיך דערוווּסט	to find out
דערמאָנען זיך, זיך -ט (אין)	to remind oneself (of)
דערציילן, -ט	to tell
דערקלערונג (די), -ען	explanation
דערשרעקן זיך, זיך דערשראָקן	to be shocked
דראַמע (די), -ס	drama
דרום [דאָרעם] (דער)	south
דרום- [דאָרעם] אַפֿריקע (די)	South Africa
דריט	third
דרײַ	three
דרײַסיק	thirty
דרײַסיקסט	thirtieth
דרײַסיקער	thirties
דרײַצן	thirteen
דרײַצנט	thirteenth

ה

האָבן, געהאַט	to have
האַלב	half (adjective)
האַלדז (דער), העלדזער; העלדזל (diminutive)	throat
האַלטן, גע-ן	to hold
הנאה [האַנאָע] האָבן, הנאה געהאַט	to enjoy

האַנט (די), הענט; הענטל (diminutive)	hand
האָפֿן, גע-ט	to hope
האָר (plural)	hair
האַרבסט (דער), -ן	autumn
האַרץ (דאָס), הערצער; האַרצן (dative), הערצל (diminutive)	heart
הויז (דאָס), הײַזער; הײַזל (diminutive)	house
הויזן (plural)	trousers
הויך, העכער (comparative)	high; tall
הומאָר (דער), -ן	humour
הונגעריק	hungry
הונדערט (דער), -ער	hundred
הונדערטסט	hundredth
הוסטן, גע-ט	to cough
היטל (דאָס), -עך	hat
היטן, גע-ט	to guard; to keep
היים (די), -ען	home
היימאַרבעט (די), -ן	homework
היימיש	homey; traditional
הײַנט	today
הײַנטיק	contemporary
הײַנט צו טאָג	nowadays
הייס	hot
הייסן, גע-ן	to be called; to command; to mean
הינדל (דאָס), -עך	chicken
היסטאָריש	historical
היפּש: אַ היפּש ביסל	a substantial amount
הלכה [האַלאָכע] (די), -ות	halakha, Jewish law
העברעיִש (דאָס)	Hebrew language
העלפֿט (די), -ן	half (noun)
העמד (דאָס), -ער	shirt
הענגען, געהאָנגען (+ זײַן)	to hang (intransitive)
הענטשקע (די), -ס	glove
הערן, גע-ט	to hear
הרגענען [האַרגענען], געהרגעט [געהאַרגעט]	to kill
השפּעה [האַשפּאָע] (די), -ות	influence
השׂכּלה [האַסקאָלע] (די)	Jewish Enlightenment
ו	
וואָך (די), -ן	week
וואָלט	would
וואָלקן (דער), -ס	cloud
וואַנט (די), ווענט; ווענטל (diminutive)	wall
וואַנע (די), -ס	bath
וואַנען: פֿון וואַנען	from where
וואָנצעס (plural)	moustache; whiskers
וואָס	what; that/who/which; [the fact] that
וואַסער (דאָס), -ן	water
וואָסער, -ע	which
וואָס פֿאַר אַ	which
וואַקאַציע (די), -ס	holiday/vacation
וואַקסן, געוואַקסן/געוואָקסן (+ זײַן)	to grow
וואָרט (דאָס), ווערטער; ווערטל (diminutive)	word
וואַרטן, גע-ט (אויף)	to wait (for)
וואָרטצייכן (דער), -ס	password
וואַרעם	warm
וואַרעמעס (דאָס), -ן	midday meal
וואַרפֿן, געוואָרפֿן	to throw
וואַרשע (די)	Warsaw

וואַרשעווער	from/of Warsaw
ווּ	where
ווּהין	where to
וווינען, גע-ט	to live
ווּנדער (דער), -ס/-	wonder
ווּנדערבאַר	wonderful
ווי	as; how; than
ווי אַזוי	how
ווידעאָ (דער), -ס	video
ווידער	again
ווײַב (דאָס), -ער	wife; woman
ווײַזן, געוויזן	to show
ווײַט	far
ווײַטער	again; further
וויי טאָן, וויי געטאָן (+ dative)	to hurt
ווײַל	because
וויינען, גע-ט	to cry
ווייניקער	less
ווײַס	white
וויכטיק	important
ווילנע (די)	Vilnius
ווילנער	from/of Vilnius
ווינט (דער), -ן	wind
ווינטער (דער), -ן/ס	winter
ווינטערצײַט	[in] wintertime
וויסן, געוווּסט	to know
וויפֿל	how many/much
וויץ (דער), -ן	joke
וויקיפּעדיע (די)	Wikipedia
וועבזײַטל (דאָס), -עך	website
וועג (דער), -ן	road; way
וועגן	about
וועגעטאַריער (דער), -	vegetarian
וועט	(he/she/it, you plural) will
וועטשערע (די), -ס	dinner/supper
וועלט (די), -ן	world
וועל	(I) will
וועלטלעך	secular
וועלכ(ע)ס	which (neuter)
וועלכע(ר)	which (masculine/feminine)
וועלן	(we, they) will
וועלן, געוואָלט	to want
וועמען	whom (accusative/dative of ווער)
וועמענס	whose
ווען	when; if
וועסט	(you singular) will
ווער	who
ווערטערבוך (דאָס), -ביכער; ווערטערביכל (diminutive)	dictionary
ווערן, געוואָרן (+ זײַן)	to become; passive auxiliary verb
ווערק (דאָס), -	(literary) work

ז

זאָגן, גע-ט	to say
זאָלן, גע-ט	should
זאַלץ (די/דאָס), -ן	salt
זאַפּט (דער), -ן	juice
זאָק (דער/די), -ן; זעקל (diminutive)	sock
זאָרגן זיך, זיך גע-ט	to worry
זוכן, גע-ט	to look for
זומער (דער), -ן/ס	summer
זומערצײַט	[in] summertime
זון (דער), זין; זינדל (diminutive)	son
זון (די), -ען	sun
זונטיק (דער), -ן	Sunday
זי	she
זיבן	seven
זיבעט	seventh
זיבעציק	seventy
זיבעציקסט	seventieth

seventeen	זיבעצן
they	זיי
here you are; please	זײַ(ט) אַזוי גוט
clock; watch	זייגער (דער), -ס
o'clock	אַ זייגער
grandfather	זיידע (דער), -ס; זיידן (dative)
his	זײַן, -ע
to be	זײַן, געווען (+ זײַן)
very	זייער
their	זייער, -ע
oneself	זיך
oneself	זיך אַליין
certain; safe; sure	זיכער
to sing	זינגען, געזונגען
(female) singer	זינגערין (די), -ס
since	זינט
to sit	זיצן, געזעסן (+ זײַן)
Shabes table songs	זמירות [זמירעס] (plural)
sixty	זעכציק
sixtieth	זעכציקסט
sixties	זעכציקער
sixteen	זעכצן
same	זעלבע(ר)
rare; special	זעלטן
rarity	זעלטנקייט (די), -ן
to see	זען, גע-ן
six	זעקס
sixth	זעקסט
frog	זשאַבע (די), -ס
genre	זשאַנער (דער), -ן/ס
jacket	זשאַקעט (דער), -ן
journal; magazine	זשורנאַל (דער), -ן
(male) journalist	זשורנאַליסט (דער), -ן
(female) journalist	זשורנאַליסטקע (די), -ס
so (following question words)	זשע

ח

Chabadnik, follower of the Lubavitch Hasidic movement	חב"דניק [כאַבאַדניק] (דער), -עס
friend	חבֿר [כאַווער] (דער), -ים [כאַוויירים]
(female) friend	חבֿרטע [כאַווערטע] (די), -ס
month	חודש [כוידעש] (דער), -ים [כאַדאָשים]
to make fun (of)	חוזק [כויזעק] מאַכן, חוזק גע-ט (פֿון)
Holocaust	חורבן [כורבם] (דער)
cantorial music	חזנות [כאַזאָנעס] (דאָס)
Haifa	חיפֿה [כייפֿע] (די)
challa, braided bread for Shabes and festivals	חלה [כאַלע] (די), -ות
dream	חלום [כאָלעם] (דער), -ות [כאַלוימעס]
to dream	חלומען [כאָלעמען], גע-ט [געכאָלעמט]
God forbid	חלילה [כאָלילע]
to faint	חלשן [כאַלעשן], גע-ט [געכאַלעשט]
Hanukka	חנוכּה [כאַניקע] (דער)
charming; cute	חנעוודיק [כיינעוודיק]
Hasid	חסיד [כאָסיד] (דער), -ים [כסידים]
Hasidism	חסידות [כסידעס] (דאָס)
Hasidic	חסידיש [כסידיש]
to regret	חרטה [כאַראָטע] האָבן, חרטה געהאַט
October/November	חשוון [כעזשוון] (דער)

חתונה [כאַסענע] (די), -ות	wedding
חתונה [כאַסענע]-געהאַטע (די), -	married woman
חתונה [כאַסענע] האָבן, חתונה געהאַט	to get married
חתן [כאָסן] (דער), חתנים [כאַסאַנים]	fiancé; groom

ט

טאָ	so
טאָג (דער), טעג	day
טאַטע (דער), -ס; טאַטן (accusative/dative)	dad; father
טאַטע-מאַמע (plural)	parents
טאָכטער (די), טעכטער; טעכטערל (diminutive)	daughter
טאָן, גע-ן	to do
טאָפּ (דער), טעפּ	cooking pot
טאַקע; ממש [מאַמעש]	really
טאָראָנטאָ	Toronto
טאָרן: ני(ש)ט טאָרן, ני(ש)ט גע-ט	not to be permitted
טבֿיה [טעוויע]	Tevye (man's name)
טבֿת [טייוועס] (דער)	December/January
טויב (די), -ן; טײַבל (diminutive)	dove; pigeon
טויזנט (דער), -ער	thousand
טויער (דער), -ן	gate
טונקל	dark
טיי (דער/די), -ען	tea
טײַך (דער), -ן	river
טײַער	cherished; expensive
טיף	deep
טיר (די), -ן	door
טיש (דער), -ן	table
טלית [טאַלעס] (דער), טליתים [טאַלייסים]	prayer shawl
טעטיקייט (די), -ן	activity
טעכנאָלאָגיע (די), -ס	technology
טעכנאָלאָגיש	technological
טעלעוויזיע (די), -ס	television
טעלעפֿאָן (דער), -ען	telephone
טעלעפֿאָנירן, -ט	to phone
טעלער (דער), -ס	plate
טעמע (די), -ס	topic
טעמפּעראַטור (די), -ן	temperature
טעפּל (דאָס), -עך	cup
טעקסט (דער), -ן	text
טראַדיציאָנעל	traditional
טראַדיציע (די), -ס	tradition
טראָגן, גע-ן	to carry; to wear
טראַכטן, גע-ט	to think
טראַמווײַ (דער), -ען	tram
טראָץ	despite
טרויעריק	sad
טרינקען, געטרונקען	to drink
טרעפֿן, געטראָפֿן	to meet
טרעפֿן זיך, זיך געטראָפֿן	to meet each other
טשאָלנט (דער/דאָס), -ן/-ער	cholent
טשײַניק (דער), -עס	teapot
טשעלאָ (דער), -ס	cello
טשעק (דער), -ן	cheque

י

יאָ	yes
יאַנואַר (דער)	January
יאַפּאַן (דאָס)	Japan
יאַפּאַניש (דאָס)	Japanese (adjective); Japanese language
יאָר (דאָס), -ן	year
יאָרהונדערט (דער), -ער	century

Israeli	ישׂראלדיק [ייִסראָעלדיק]

כּ

advisable, worthwhile	כּדאַי [קעדײַ]
in order to	כּדי [קעדײ]
to include	כּולל [קוילעל] זײַן, כּולל געווען
Western Wall	כּותל [קויסל] (דער)
November/ December	כּיסלו [קיסלעוו] (דער)
magic	כּישוף [קישעף] (דער), -ים [קישופֿים]
bride; fiancée	כּלה [קאַלע] (די), -ות
klezmer musician	כּלי-זמר [קלעזמער] (דער), -ים [קלעזמאָרים]
Standard Yiddish	כּלל [קלאַל]-ייִדיש (דאָס)
all kinds of	כּלערליי [קאָלערליי]
almost	כּמעט [קימאַט]
constantly	כּסדר [קעסיידער]
anger	כּעס [קאַס] (דער)
angry (with)	אין כּעס (אויף/מיט)

כ

	כ' = איך
although; at least	כאָטש
to catch	כאַפּן, גע-ט
China	כינע (די)
Chinese (adjective); Chinese language	כינעזיש (דאָס)
Chelm	כעלעם
from/of Chelm	כעלעמער

ל

logical	לאָגיש
to leave; to let	לאָזן, גע-טועג-ן
patch	לאַטע (די), -ס

kippa/yarmulke/ skullcap	יאַרמלקע (די), -ס
clear chicken soup	יויך (די), -ן; ייַכל (diminutive)
July	יולי (דער)
(Jewish) festival; man's name	יום-טובֿ [יאָנטעף] (דער), -ים [יאָנטויוים]
Yom Kippur/Day of Atonement	יום-כּיפּור [יאָמקיפּער] (דער)
young	יונג, ייִנגער (comparative)
June	יוני (דער)
Jew	ייִד (דער), -ן; ייִדן (accusative/ dative)
Jewish/Yiddish (adjective); Yiddish language	ייִדיש (דאָס)
Jewishness; Judaism	ייִדישקייט (די/דאָס)
boy	ייִנגל (דאָס), -עך
ocean; sea	ים [יאַם] (דער), -ען
every (neuter)	יעדעס
every (masculine/ feminine)	יעדע(ר)
that (neuter)	יענס
that (masculine/ feminine)	יענע(ר)
Yekl (man's name)	יעקל
heritage	ירושה [יערושע] (די), -ות
Jerusalem	ירושלים [יערושאָלאַיִם]
Vilnius	ירושלים דליטא [יערושאָלאַיִם דעליטע]
yeshiva	ישיבֿה [יעשיווע] (די), -ות
Israel	ישׂראל [ייִסראָעל] (דאָס)

לאָמיר	let's
לאַנד (דאָס), לענדער; לענדל (diminutive)	country
לאָנדאָן	London
לאַנג, לענגער (comparative)	long
לאָקש (דער), -ן	noodle
לאָס אַנדזשעלעס	Los Angeles
לויט	according to
לויטן = לויט דעם	
לויפֿן, געלאָפֿן (+ זײַן)	to run
לונג (די), -ען	lung
ליב האָבן, ליב געהאַט	to like; to love
ליגן, געלעגן (+ זײַן)	to lie
ליטוואַק (דער), -עס	Lithuanian Jew
ליטוויש (דאָס)	Lithuanian Jewish (adjective); Lithuanian Yiddish
ליטע (די)	Lithuania
ליטעראַטור (די), -ן	literature
ליטעראַריש	literary
ליידיק	empty
ליידיק גיין, ליידיק געגאַנגען (+ זײַן)	to be idle
לייזונג (די), -ען	solution
לײַכט	easy
ליים (די/דאָס)	clay
לייענען, גע-ט	to read
לייענער (דער), -ס/-	reader
לילאַ	purple (does not decline)
לימודים (plural)	studies
לינק	left
למשל [לעמאָשל]	for example
לעבן	near
לעבן (דאָס), -ס	life
לעבן, גע-ט	to live
לעטיש (דאָס)	Latvian (adjective); Latvian language
לעטלאַנד (דאָס)	Latvia
לעמפּל (דאָס), -עך	lamp, light
לעפֿל (דער), -	spoon
לעצט	last
לעצטנס	recently
לעקציע (די), -ס	lesson
לערנען, גע-ט	to teach; to study
לערנען זיך, זיך גע-ט	to learn
לערער (דער), -ס/-	(male) teacher
לערערקע (די), -ס	(female) teacher
לפּחות [לעפּאָכעס]	at least
לשון [לאָשן] (דאָס), -ות [לעשוינעס]	language
לשון־קודש [לאָשן־קוידעש] (דאָס)	Hebrew-Aramaic component of Yiddish

מ

מאָדנע	strange
מאָדערן	modern
מאה שערים [מייע שעאָרים]	Meah Shearim
מאָטאָציקל (דער), -ען	motorcycle
מאָטאָר (דער), -ן	motor
מאַטעמאַטיק (די)	mathematics
מאַטעריאַל (דער), -ן	material
מאַיאָנטיק (דער), -	fortune
מאַיאָנעז (דער)	mayonnaise
מאַכן, גע-ט	to do; to make
מאָל (דאָס), -	instance, time
אַ מאָל	sometimes
מאָלן, גע-ט/גע-ן	to paint
מאַמע (די), -ס; מאַמען (dative)	mother; mum/mom
מאַן (דער), מענער	husband; man
מאָנטיק (דער), -ן	Monday
מאַנטל (דער), -ען	coat
מאָנטרעאָל	Montreal
מאַסן (plural)	masses
מאָרגן	tomorrow
מאַרץ (דער)	March

my	מײַן, -ע
opinion	מיינונג (די), -ען
to believe	מיינען, גע-ט
me (accusative)	מיך
million	מיליאָן (דער), -ען
billion	מיליאַרד (דער), -ן
milk	מילך (די)
dairy	מילכיק
milkman	מילכיקער
minority	מינדערהייט (די), -ן
minute	מינוט (די), -ן
we; me (dative)	מיר
overjoyed	מלא-שׂימחה [מאָלע-סימכע]
war	מלחמה [מילכאָמע] (די), -ות
king	מלך [מיילעך] (דער), -ים [מעלאָכים]
really	ממש [מאַמעש]
to continue	ממשיך [מאַמשעך] זײַן, ממשיך געווען
party	מסיבה [מעסיבע] (די), -ות
to agree (with)	מסכּים [מאַסקעם] זײַן, מסכּים געווען (מיט)
one/you/they	מע(ן)
to be permitted	מעגן, גע-ט
medicine	מעדיצין (די), -ען
medical	מעדיציניש
metre	מעטער (דער), -ס
melodrama	מעלאָדראַמע (די), -ס
to inform	מעלדן, געמאָלדן
person	מענטש (דער), -ן; מענטשן (accusative/dative)
knife	מעסער (דער/דאָס), -ס
Mexico	מעקסיקע (די)
Mexican	מעקסיקאַנער
more	מער
carrot	מער (דער/די), -ן
market	מאַרק (דער), מערק
expert	מבֿין [מייוון] (דער), -ים [מעווינים]
country, nation	מדינה [מעדינע] (די), -ות
Maharal (Rabbi Judah Loew)	מהר"ל [מאַהאַראַל] (דער)
music	מוזיק (די), -ן
musical	מוזיקאַליש
to have to; must	מוזן, גע-ט
to pardon	מוחל [מויכל] זײַן, מוחל געווען
mouth	מויל (דאָס), מײַלער; מײַלכל (diminutive)
aunt	מומע (די), -ס; מומען (dative)
Saturday night (after end of Shabes)	מוצא-שבת [מויצע-שאַבעס]
to be afraid (of)	מורא [מוירע] האָבן, מורא געהאַט (פֿאַר)
to murmur	מורמלען, גע-ט
luck	מזל [מאַזל] (דאָס)
congratulations	מזל-טובֿ [מאַזלטאָוו]
in-laws	מחותּנים [מעכוטאָנים] (plural)
machzor, Jewish holiday prayer book	מחזור [מאַכזער] (דער/דאָס), -ים [מאַכזוירים]
a delight	מחיה [מעכײַע] (די), -ות
ugly	מיאוס [מיעס]
tired	מיד
east	מיזרח [מיזרעך] (דער)
with	מיט
Wednesday	מיטוואָך (דער), -ן
Middle Ages	מיטל-עלטער (דער)
	מיטן = מיט דעם
May	מײַ (דער)
girl	מיידל (דאָס), -עך

מער: וואָס איז דער מער?	what's the matter?
מערבֿ [מײַרעוו] (דער)	west
מעשׂה [מײַסע] (די), מעשׂיות [מײַסעס]	story
מצבֿ [מאַצעוו] (דער), -ים [מאַצאָווים]	situation
מקור [מאָקער] (דער), -ים [מעקוירים]	source
משוגע [מעשוגע]	crazy
משוגעת [מעשוגאַס] (דאָס), -ן	madness
משל [מאָשל] (דער/דאָס), -ים [מעשאָלים]	fable; parable
משפּחה [מישפּאָכע] (די), -ות	family

נ

נאָוועמבער (דער)	November
נאָז (די), נעז; נעזל (diminutive)	nose
נאָך	after; more; still
נאָכגעבן, נאָכגעגעבן	to relent
נאַכט (די), נעכט	night
נאָכן = נאָך דעם	
נאָמען (דער), נעמען	name
נאָענט, נעענטער (comparative)	close
נאַציאָנאַל	national
נאַקן (דער), -ס	neck
נאַר (דער), נאַראָנים	fool; idiot
נאָר	only; but rather
נאַריש	silly; stupid
נדבֿה [נעדאָווע] (די), -ות	charitable donation
נו	come on; so; well
נודניק (דער), -עס	annoying person, pain in the neck
נודנע	boring
נול	zero
נוסח [נוסעך] (דער), נוסחאָות [נוסכאָעס]	version
ניגון [ניגן] (דער), -ים [ניגונים]	melody
ניו-יאָרק	New York
ניט	not
נײַ	new
ניין	no
נײַן	nine
נײַנט	ninth
נײַנציק	ninety
נײַנציקסט	ninetieth
נײַנצן	nineteen
נײַנצנט	nineteenth
נײַעס (די/דאָס)	news
ניסן [ניסן] (דער)	March/April
ניסן, גענאָסן	to sneeze
ניצן, גע-ט	to use
נישט	not
נסיעה [נעסיע] (די), -ות	trip
נעגל (plural)	fingernails
נעלם [נײילעם] ווערן, נעלם געוואָרן (+ זײַן)	to disappear
נעמען, גענומען	to take

ס

ס' = עס	
סאָבוויי (דער/די), -ס	underground/subway (used in US)
סאָוועטן-פֿאַרבאַנד (דער)	Soviet Union
סאַלאָן (דער), -ען	living room
סאָלדאַט (דער), -ן	soldier
סאַמע	very (+ superlative, e.g. 'the very biggest')

סאַנדאַל (דער), -ן	sandal
סאָפֿקע (די), -ס	sofa
סאָרט (דער), -ן	sort
סוף [סאָף] (דער), -ן	end
סחורה [סכוירע] (די), -ות	merchandise
סטאַלין	Stalin
סטודענט (דער), -ן	(male) student
סטודענטקע (די), -ס	(female) student
סטערעאָטיפּיש	stereotypical
סיבה [סיבע] (די), -ות	reason
סיוון [סיוון] (דער)	May/June
סײַ . . . סײַ	both . . . and
סכּנה [סאַקאָנע] (די), -ות	danger
סעזאָן (דער), -ען	season
סעפּטעמבער (דער)	September
סעקונדע (די), -ס	second
סעקרעטאַר (דער), -ן	secretary
ספּודניצע (די), -ס	skirt
ספּעציעל	especially
ספֿר [סייפֿער] (דער), -ים [ספֿאָרים]	Jewish religious book
סקאָווראָדע (די), -ס	frying pan
סקאַנדאַל (דער), -ן	scandal
ס'רובֿ [סראָוו]	most (of)

ע

עגמת-נפֿש [אַגמעס-נעפֿעש] (דאָס)	unhappiness
עולם-הבא [אוילעם-האַבע] (דער/די)	afterlife/world to come
עטלעכע	some
עלטערן (plural)	parents
עליכם שלום [אַלייכעם שאָלעם]	hello (reply)
עלנבויגן (דער), -ס	elbow
עלף	eleven
עלפֿט	eleventh
ענגלאַנד (דאָס)	England
ענגליש (דאָס)	English (adjective); English language
ענדיקן, גע-ט	to finish
ענין [איניען] (דער/דאָס), -ים [איניאָנים]	issue; point
ענלעך	similar
ענציקלאָפּעדיע (די), -ס	encyclopaedia
עסטרײַך (דאָס)	Austria
עפּל (דער), -	apple
עפּעס	something; some kind of
עפֿענען, געעפֿנט	to open
עצה [אייצע], -ות	advice
עקראַן (דער), -ען	screen
עקשן [אַקשן] (דער), -ים [אַקשאָנים]	stubborn person
ער	he
עראָפּלאַן (דער), -ען	aeroplane
ערבֿ-שבת [ערעוו שאַבעס] (דער)	Friday evening/night
ערד (די), -	earth
ערשט	first; just recently

פּ

פּאה [פּייע] (די), -ות	sidelock
פּאָזיטיוו	positive
פּאָזיציע (די), -ס	position
פּאָליטיק (די), -ן	politics
פּאָליצע (די), -ס	shelf
פּאָמידאָר (דער), -ן	tomato
פּאָמעראַנץ (דער), -ן	orange
פּאַס (דער), -ן	stripe
פּאָסטן (דער), -ס	position, post
פּאַסירן, -ט	to happen
פּאַסן, גע-ט (+ dative)	to fit; to suit
פּאָעזיע (די), -ס	poetry
פּאָפּולער	popular
פּאַפּיר (דאָס), -ן	paper

פּאָר (די|דאָס), ־|־ן	couple; few; pair
פּאָרטוגאַליש	Portuguese
פּאַריז	Paris
פּאַרעווע	neither meaty nor dairy
פּאָרפֿאָלק (דאָס), פּאָרפֿעלקער	couple
פּובליקירן, ־ט	to publish
פּויליש	Polish (adjective); Polish language
פּוילן (דאָס)	Poland
פּונקט	exactly
פּופּיק (דער), ־עס	belly-button
פּורים־שפּיל (די), ־ן	Purim play
פּיטשעווקע (די), ־ס	detail
פּיעסע (די), ־ס	play
פּלאַזשע (די), ־ס	beach
פּלאַן (דער), פּלענער	idea; plan
פּלוצעם	suddenly
פּלימעניצע (די), ־ס	niece
פּלימעניק (דער), ־עס	nephew
פּנים [פּאָנעם] (דאָס), ־ער [פּענעמער]; פּנימל [פּענעמל] (diminutive)	face
פּסוק [פּאָסעק] (דער), ־ים [פּסוקים]	biblical verse
פּערזענלעך	personal
פּראָבלעם (די), ־ען	problem
פּראָג	Prague
פּראָגראַם (די), ־ען	programme
פּראָדוצירן, ־ט	to produce
פּראָזע (די), ־ס	prose
פּראַקטיצירן, ־ט	to practise
פּרובירן, ־ט	to try
פּרוּוון, גע־ט	to try
פּרנסה [פּאַרנאָסע] (די), ־ות	livelihood
פּרעזידענט (דער), ־ן	president
פּרעכטיק	gorgeous
פּרעמיער־מיניסטער (דער), ־מיניסטאָרן	prime minister
פּרעסטיזש (דער), ־	prestige
פּרשה [פּאַרשע] (די), פּרשיות [פּאַרשעס]	Torah portion

פֿ

פֿאַבריק (די), ־ן	factory
פֿאָדערן, גע־ט	to demand; to require
פֿאָטער (דער), ־ס	father
פֿאַלן, גע־ן (+ זײַן)	to fall
פֿאָלקלאָר (דער), ־	folklore
פֿאָלקסבינע (די)	Folksbiene (Yiddish theatre in New York)
פֿאָלקסטימלעך	folk-style
פֿאַר	before; for
פֿאַראייניקט	united
פֿאַראייניקטע שטאַטן	United States
פֿאַרבײַ	past
פֿאַרבינדונג (די), ־ען	connection; contact
פֿאַרגאַנגען	last (month, year)
פֿאַרגעסן, ־ן	to forget
פֿאַרוואָס|פֿאַר וואָס	why
פֿאָרווערטס (דער)	*Forward* (Yiddish newspaper)
פֿאַרזוכן, ־ט	to taste
פֿאַרלאָזלעך	reliable
פֿאַרלאָזן, ־ן	to leave
פֿאַרלאָזן זיך, זיך ־ן (אויף)	to rely (on)
פֿאַרליבט (אין)	in love (with)
פֿאָרלייגן, פֿאָרגעלייגט	to suggest
פֿאַרלירן, פֿאַרלוירן|פֿאַרלאָרן	to lose
פֿאַרן = פֿאַר דעם	
פֿאָרן, גע־ן (+ זײַן)	to go (by vehicle); to travel
פֿאַרנומען	busy

four	פֿיר
company, firm	פֿירמע (די), ־ס
fish	פֿיש (דער), –
meat	פֿלייש (דאָס), ־ן
meaty	פֿליישיק
obligation	פֿליכט (די), ־ן
to fly	פֿליִען, געפֿלויגן (+ זײַן)
airport	פֿליפֿלאַץ (דער), פֿליפֿלעצער
used to	פֿלעג
February	פֿעברואַר (דער)
feather; pen	פֿעדער (די), ־ן
uncle	פֿעטער (דער), ־ס
window	פֿענצטער (דער/דאָס), –
pepper	פֿעפֿער (דער)
fourth	פֿערט
quarter	פֿערטל (דאָס), ־עך
forty	פֿערציק
fortieth	פֿערציקסט
forties	פֿערציקער
fourteen	פֿערצן
fourteenth	פֿערצנט
French (adjective); French language	פֿראַנצויזיש/פֿראַנצייזיש
France	פֿראַנקרײַך (דאָס)
fruit	פֿרוכט (די), ־ן
observant, religious	פֿרום, פֿרימער (comparative)
early	פֿרי
free	פֿרײַ
Friday	פֿרײַטיק (דער), ־ן
friend	פֿרײַנד/פֿרײַנט (דער), –
friendly	פֿרײַנטלעך
friendship	פֿרײַנטשאַפֿט (די), ־ן
to be happy; to rejoice	פֿרייען זיך, זיך גע־ט
spring	פֿרילינג (דער), ־ען
before; earlier	פֿריער
previous	פֿריערדיק

to occupy oneself (with)	פֿאַרנעמען זיך, זיך פֿאַרנומען (מיט)
having a cold	פֿאַרקילט
opposite; reversed	פֿאַרקערט
to fix	פֿאַרריכטן, ־טו/פֿאַרראָכטן
to understand	פֿאַרשטיין, פֿאַרשטאַנען
performance	פֿאָרשטעלונג (די), ־ען
to introduce; to perform	פֿאָרשטעלן, פֿאָרגעשטעלט
to imagine	פֿאָרשטעלן זיך, זיך פֿאָרגעשטעלט
different; various	פֿאַרשיידן
to disseminate	פֿאַרשפּרייטן, ־ט
lazy	פֿויל
from; of; by	פֿון
pound	פֿונט (דער/דאָס), ־ן
	פֿונעם = פֿון דעם
foot	פֿוס (דער), פֿיס; פֿיסל (diminutive)
on foot	צו פֿוס
fifth	פֿופֿט
fifty	פֿופֿציק
fiftieth	פֿופֿציקסט
fifties	פֿופֿציקער
fifteen	פֿופֿצן
fifteenth	פֿופֿצנט
fever	פֿיבער (דער/דאָס), –
figure	פֿיגור (די), ־ן
fiddle, violin	פֿידל (דער/די), ־ען
fiddler	פֿידלער (דער), ־ס
to hate	פֿײַנט האָבן, פֿײַנט געהאַט
so much	פֿיל: אַזוי פֿיל
too much	צו פֿיל
film	פֿילם (דער), ־ען
finger	פֿינגער (דער), –
ring	פֿינגערל (דאָס), ־עך
five	פֿינף
fifth	פֿינפֿט

פֿרישטיק (דער), ־ן	breakfast
פֿרעגן, גע־ט	to ask
פֿרעגן זיך, זיך גע־ט	to ask oneself/ each other
פֿרעמדער (דער), פֿרעמדע	foreigner; stranger (declines like adjective)

צ

צאינה־וראינה [צענערענע] (די)	Tsenerene, Yiddish Bible commentary
צאָן (דער), ציין; ציינדל (diminutive)	tooth
צדיק [צאַדיק] (דער), ־ים	righteous person
צו	to; too
צוגרייטן, צוגעגרייט	to prepare
צוואַנציק|צוואָנציק	twenty
צוואַנציקסט|צוואָנציקסט	twentieth
צוואָנציקער	twenties
צוויי	two
צווייט	second
צוועלף	twelve
צוועלפֿט	twelfth
צוזאָגן, צוגעזאָגט	to promise
צוזאַמען	together
צוטריט (דער)	access
צוליב	because of
צוליבן = צוליב דעם	
צום = צו דעם	
צונג (די), צינגער; צינגל (diminutive)	tongue
צופּאַסן זיך, זיך צוגעפּאַסט	to adapt oneself
צופֿרידן	happy; satisfied
צוקער (דער)	sugar
צוריק	back
צוריקגעבן, צוריקגעגעבן	to give back
צי	introduces yes/ no questions; whether
ציבעלע (די), ־ס	onion
צימעס (דער), ־ן	a dish of carrots and raisins
צימער (דער|דאָס), ־ן	room
צעהאַקן, ־ט	to chop apart
צעלקע (די), ־ס	mobile/cellphone
צעמישט	confused; mixed together
צען	ten
צענט	tenth
צענטער (דער), ־ס	centre
צענטראַלע (די), ־ס	headquarters
צעריסן	torn
צעשטערן, ־ט	to destroy
צפֿון [צאָפֿן] (דער)	north

ק

קאַווע (די), ־ס	coffee
קאָך־בוך (דאָס), קאָך־ביכער	cookbook
קאָכן, גע־ט	to cook
קאַלט, קעלטער (comparative)	cold
קאַליע מאַכן, קאַליע גע־ט	to destroy
קאָליר (דער), ־ן	colour
קאָלירפֿול	colourful
קאָמיש	funny
קאָמעדיע (די), ־ס	comedy
קאָמענטאַר (דער), ־ן	commentary
קאָמפּאַקטל (דאָס), ־עך	CD
קאָמפּיוטער (דער), ־ס	computer
קאָמפּלעט (דער), ־ן	suit
קאַנאַדע (די)	Canada
קאָנטאַקט (דער), ־ן	contact

clear	קלאָר, קלערער (comparative)
club	קלוב (דער), -ן
clever	קלוג, קליגער (comparative)
dress	קליידל (דאָס), -עך
clothes	קליידער (plural)
small	קליין, קלענער (comparative)
climate	קלימאַט (דער), -ן
garlic	קנאָבל (דער), -
knee	קני (דער/די), -/-ען
button	קנאָפּ (דער), קנעפּ; קנעפּל (diminutive)
cheese	קעז (דער), -ן
waiter	קעלנער (דער), -ס/-
to be able; can; to know (a language, person)	קענען, גע-ט
pocket	קעשענע (די), -ס
shop	קראָם (די), -ען; קרעמל (diminutive)
relative	קרובֿ [קאָרעוו] (דער), -ים [קרויווים]
circle	קרײַז (דער), -ן
to crawl	קריכן, געקראָכן (+ זײַן)
criminal	קרימינאַל
inn; bar, pub	קרעטשמע (די), -ס
shopkeeper	קרעמער (דער), -ס
	ר
wheel	ראָד (די/דאָס), רעדער
radio	ראַדיאָ (דער), -ס
bicycle	ראָווער (דער), -ס
pink	ראָזע
novel	ראָמאַן (דער), -ען
Jewish New Year	ראָש-השנה [ראָשעשאָנע] (דער)

conflict	קאָנפֿליקט (דער), -ן
to cost	קאָסטן, גע-ט
head	קאָפּ (דער), קעפּ; קעפּל (diminutive)
long coat	קאַפּאָטע (די), -ס
band (music)	קאַפּעליע [די], -ס
café	קאַפֿע (דער), -ען
porridge	קאַשע (די), -ס
pauper	קבצן [קאַפּצן] (דער), -ים [קאַפּצאָנים]
community	קהילה [קעהילע] (די), -ות
potato or noodle casserole	קוגל (דער), -ען
(male) cousin	קוזין (דער), -ען
(female) cousin	קוזינ(ק)ע (די), -ס
to buy	קויפֿן, גע-ט
voice	קול [קאָל] (דאָס), -ער [קעלער]; קולכל [קעלכל] (diminutive)
culture	קולטור (די), -ן
to come	קומען, גע-ען (+ זײַן)
next	קומענדיק
art gallery	קונסט-גאַלעריע (די), -ס
look	קוק (דער), -ן
to look	קוקן, גע-ט
course	קורס (דער), -ן
short	קורץ, קירצער (comparative)
to; negative article	קיין
never	קיין מאָל ני(ש)ט
to chew	קײַען, גע-ט
kitchen	קיך (די), -ן
cinema	קינאָ (דער), -ס
child	קינד (דאָס), -ער
class	קלאַס (דער), -ן
classic author	קלאַסיקער (דער), -ס/-
classic	קלאַסיש

ר' = רב [רעב]	Mr
רבֿ [ראָוו] (דער), רבנים [ראַבאָנים]	rabbi
רבי [רעבע] (דער), -ים [ראַבעיִם]; רבין [רעבן] (accusative/dative)	rebbe
רגע [רעגע] (די), -ס	moment
רו (די)	rest
רובל (דער), –	rouble
רויט	red
רויִק	calm
רומעניע (די)	Romania
רומעניש (דאָס)	Romanian (adjective); Romanian language
רונד	round
רוסיש (דאָס)	Russian (adjective); Russian language
רוסלאַנד (דאָס)	Russia
רופֿן, גע-ן	to call
רוקן (דער), -ס	back
רחמנות [ראַכמאָנעס] האָבן, רחמנות געהאַט (אויף)	to feel sorry (for)
ריזיק	huge
רײַטן, געריטן (+ זײַן)	to ride
רײַך	rich
ריין	clean
רימען (דער), -ס	belt
רעגן (דער), -ס	rain
רעדן, גע-ט	to speak
רעדנדיק	speaking
רעוואָלוציע (די), -ס	revolution
רעכט	right
רעלאַטיוו	relative(ly)
רעסטאָראַן (דער), -ען	restaurant
רעפֿעראַט (דער), -ן	lecture
רעצעפּט (דער), -ן	prescription; recipe
רעקאָמענדירן, -ט	to recommend
רעקל (דאָס), -עך	jacket
רש"י [ראַשע]	Rashi (Rabbi Solomon ben Isaac, 1040–1105)

ש

שאָד (דער)	pity
שאָטלאַנד (דאָס)	Scotland
שאַליקל (דאָס), -עך	scarf
ש. אַנ-סקי	S. An-Ski (Yiddish author and folklorist, 1863–1920)
שאַפֿן, גע-ן	to create; to produce
שאָקאָלאַד (דער), -ן	chocolate
שארית-הפּליטה [שײרעס האַפּלייטע] (די), –	survivors, especially of the Holocaust
שאַרפֿקייט	sharpness
שבת [שאַבעס] (דער), -ים [שאַבאָסים]	the Jewish Sabbath; Saturday
שבֿט [שוואַט] (דער)	January/February
שוואָגער (דער), -ס	brother-in-law
שוואָם (דער/די), -ען; שוועמל (diminutive)	mushroom
שוויגער (די), -ס	mother-in-law
שווײַץ (די)	Switzerland
שווימען, געשווומען (+ זײַן)	to swim
שוועגערין (די), -ס	sister-in-law
שוועדיש (דאָס)	Swedish (adjective); Swedish language

to sleep	שלאָפֿן, גע-ן (+ זײַן)
bedroom	שלאָפֿצימער (דער), -ן
peace	שלום [שאָלעם] (דער)
hello	שלום עליכם [שאָלעם אַלייכעם]
bad	שלעכט, ערגער (comparative), ערגסט (superlative)
to drag	שלעפּן, גע-ט
rag	שמאַטע (די), -ס
to chat	שמועסן, גע-ט
dirty	שמוציק
smile	שמייכל (דער/דאָס), -ען
to smile	שמייכלען, גע-ט
to smell (transitive)	שמעקן, גע-ט
daughter-in-law	שנור (די), -ן/שניר
shoelace	שנורעוואַדלע (די), -ס
snow	שניי (דער), -ען
to cut	שנײַדן, געשניטן
to snow	שנייען, גע-ט
tie	שניפּס (דער), -ן
hour	שעה [שאָ] (די), -ען [שאָען]
to be embarrassed	שעמען זיך, זיך גע-ט
Spanish (adjective); Spanish language	שפּאַניש (דאָס)
walk	שפּאַציר (דער), -ן
to walk	שפּאַצירן, -ט
to save	שפּאָרן, גע-ט
vestige	שפּור (דער/די), -ן
mirror	שפּיגל (דער), -ען
hospital	שפּיטאָל (דער/דאָס), -ן/שפּיטעלער
to act; to play	שפּילן, גע-ט

Sweden	שוועדן (דאָס)
sister	שוועסטער (די), -
cousin	שוועסטערקינד (דאָס), -ער
difficult; hard; heavy	שווער
father-in-law	שווער (דער), -ן
already	שוין
shoe	שוך (דער), שיך; שיכל (diminutive)
school; synagogue	שול (די), -ן
city	שטאָט (די), שטעט
to originate	שטאַמען, גע-ט
to die	שטאַרבן, געשטאָרבן (+ זײַן)
strong; (with ליב האָבן) very much	שטאַרק
house	שטוב (די), שטיבער
to study	שטודירן, -ט
storm	שטורעם (דער), -ס
boot	שטיוול (דער), -
manner	שטייגער (דער), -ס
to stand	שטיין, געשטאַנען (+ זײַן)
to be based (on)	שטיצן זיך, זיך גע-ט (אויף)
piece	שטיקל (דאָס), -עך
shtetl; village	שטעטל (דאָס), -עך
always	שטענדיק
to bother	שטערן, גע-ט
shtreimel, fur hat worn by some Hasidim	שטרײַמל (דאָס), -עך/ען
tights	שטרימפּ (plural)
beautiful	שיין, שענער (comparative)
to shine	שײַנען, גע-ט
bowl	שיסל (די), -ען
ship	שיף (די), -ן

שפּעט	late
שפּראַך (די), -ן	language
שפּרינגען, געשפּרונגען (+ זײַן)	to jump
שקאַרפּעטקע (די), -ס	sock
שקל [שעקל] (דער), -ים [שקאָלים]	shekel
שרײַען, גע-ט	to scream, to shout
שרעק (דער|די), -ן	fright
שרעקלעך	terrible

שׂ

שׂימחה [סימכע] (די), -ות	celebration; joy

ת

תּורה [טוירע] (די), -ות	Torah
תּישרי [טישרע] (דער)	September/ October
תּל-אָבֿיבֿ [טעל-אַוויוו]	Tel Aviv
תּלמיד [טאַלמעד] (דער), -ים	student
תּמוז [טאַמעז] (דער)	June/July
תּנ"ך [טאַנאַך] (דער), -ן	Hebrew Bible
תּפֿילה [טפֿילע] (די), -ות	prayer
תּקופֿה [טקופֿע] (די), -ות	period (of time)

English–Yiddish glossary

Note: refer to the Yiddish–English glossary for plurals, diminutives, comparatives, and past participles.

A

a/an	אַ/אַן
about	וועגן
(to) accept	אָננעמען
after	נאָך
again	נאָך אַ מאָל
(to) agree	מסכּים [מאַסקעם] זײַן
almost	כּמעט [קימאַט]
alone	אַליין
already	שוין
also	אויך
although	כאָטש
always	שטענדיק
amazing	אויסערגעוויינטלעך
and	און
angry	בייז
apartment	דירה [דירע] (די)
apple	עפּל (דער)
approximately	בערך [בעערעך]
arm	אָרעם (דער)
(to) arrive	אָנקומען
(to) ask	פֿרעגן
at	בײַ
at least	לפּחות [לעפּאָכעס]
aunt	מומע (די)
autumn	האַרבסט (דער); אָסיען (דער)

B

back (adverb)	צוריק
back (noun)	רוקן (דער)
bad	שלעכט
bathroom	באָדצימער (דער)
(to) be	זײַן
(to) be able	קענען
beautiful	שיין
because	ווײַל
(to) become	ווערן
bed	בעט (דאָס)
bedroom	שלאָפֿצימער (דער)
before	פֿאַר
bicycle	ראָווער (דער)
big	גרויס
blue	בלוי
body	גוף (דער)
book	בוך (דאָס)
bookshop	ביכערקראָם (די)
boring	נודנע
(to) borrow	באָרגן
bowl	שיסל (די)
boy	ייִנגל (דאָס)
bread	ברויט (דאָס)
breakfast	פֿרישטיק (דער)
(to) bring	ברענגען
brother	ברודער (דער)
brown	ברוין

building	בנין [בּיניען] (דער)
bus	אויטאָבוס (דער)
business	געשעפֿט (דאָס)
busy	פֿאַרנומען
but	אָבער
(to) buy	קויפֿן

C

(to) call	רופֿן
car	אויטאָ (דער)
(to) carry	טראָגן
centre	צענטער (דער)
chair	בענקל (דאָס)
(to) change (transitive)	בײַטן
cheese	קעז (דער)
chicken	הינדל (דאָס)
child	קינד (דאָס)
city	שטאָט (די)
class	קלאַס (דער)
clean	ריין
clever	קלוג
clock	זייגער (דער)
clothes	קליידער (plural)
coat	מאַנטל (דער)
coffee	קאַווע (די)
cold	קאַלט
colour	קאָליר (דער)
(to) come	קומען
comfortable	באַקוועם
completely	אין גאַנצן
computer	קאָמפּיוטער (דער)
(to) cook	קאָכן
correct	גערעכט (person); ריכטיק (thing)
(to) cost	קאָסטן
country	לאַנד (דאָס)
cousin	קוזין (דער); קוזינ(ק)ע (די)
crazy	משוגע [מעשוגע]
(to) cry	וויינען
cup	טעפּל (דאָס)

D

daughter	טאָכטער (די)
day	טאָג (דער)
(to) decide	באַשליסן
die	שטאַרבן
different	פֿאַרשיידן
dirty	שמוציק
(to) discuss	דיסקוטירן
(to) do	טאָן
doctor	דאָקטער (דער)
dream	חלום [כאָלעם] (דער)
dress	קליידל (דאָס)
(to) drink	טרינקען

E

early	פֿרי
east	מיזרח [מיזרעך] (דער)
easy	לײַכט
egg	איי (דאָס)
eight	אַכט
eighty	אַכציק
eleven	עלף
empty	ליידיק
end	סוף [סאָף] (דער)
English	ענגליש
enough	גענוג
even	אַפֿילו [אַפֿילע]
evening	אָוונט (דער)
every	יעדע(ר) (masculine/feminine); יעדעס (neuter)
everywhere	אומעטום
exact(ly)	גענוי
example	בײַשפּיל (דער)
exhausted	אויסגעמוטשעט
expensive	טײַער
eye	אויג (דאָס)

F

face	פּנים [פּאָנעם] (דאָס)
(to) fall	פֿאַלן

family	משפּחה [מישפּאָכע] (די)
famous	באַרימט
far	ווײַט
father	טאַטע (דער)
fifteen	פֿופֿצן
fifty	פֿופֿציק
film	פֿילם (דער)
(to) find	געפֿינען
finger	פֿינגער (דער)
(to) finish	ענדיקן
first	ערשט
fish	פֿיש (דער)
five	פֿינף
foot	פֿוס (דער)
for	פֿאַר
for example	למשל [לעמאָשל]; צום בײַשפּיל
(to) forget	פֿאַרגעסן
fork	גאָפּל (דער)
forty	פֿערציק
four	פֿיר
fourteen	פֿערצן
free	פֿרײַ
free (of charge)	בחינם [בעכינעם]
Friday	פֿרײַטיק (דער)
friend	חבֿר [כאַווער] (דער); פֿרײַנד|פֿרײַנט (דער)
from	פֿון
fruit	פֿרוכט (די)
funny	קאָמיש

G

garden	גאָרטן (דער)
(to) get	באַקומען
girl	מיידל (דאָס)
(to) give	געבן
glass	גלעזל (דאָס)
glasses	ברילן (plural)
go	גיין
good	גוט
grandchild	אייניקל (דאָס)
grandfather	זיידע (דער)
grandmother	באָבע (די)
green	גרין
(to) grow	וואַקסן

H

hair	האָר (plural)
half (adjective)	האַלב
hand	האַנט (די)
(to) happen	געשען; פּאַסירן
happy	גליקלעך
hard	שווער
hat	היטל (דאָס)
(to) hate	פֿײַנט האָבן
(to) have	האָבן
he	ער
head	קאָפּ (דער)
healthy	געזונט
(to) hear	הערן
heart	האַרץ (דאָס)
her (possessive adjective)	איר, ‎-ע
her (pronoun)	זי (accusative); איר (dative)
here	דאָ
him	אים
his	זײַן, ‎-ע
history	געשיכטע (די)
(to) hold	האַלטן
home	היים (די)
(to) hope	האָפֿן
hospital	שפּיטאָל (דער|דאָס)
hot	הייס
hour	שעה [שאָ] (די)
house	הויז (דאָס); שטוב (די)
how many/ much	וויפֿל
hundred	הונדערט (דער)
husband	מאַן (דער)

I

I	איך

idea	אײַנפֿאַל (דער); געדאַנק (דער)
if	אויב
important	וויכטיק
impossible	אוממעגלעך
in	אין
influence	השפּעה [האַשפּאָע] (די)
information	אינפֿאָרמאַציע (די)
instead of	אַנשטאָט
interesting	אינטערעסאַנט
it	עס

J

Jew	ייִד (דער)
Jewish	ייִדיש
joke	וויץ (דער)
(to) jump	שפּרינגען

K

kitchen	קיך (די)
(to) know	וויסן

L

lamp	לעמפּל (דאָס)
language	שפּראַך (די)
last	לעצט
late	שפּעט
(to) learn	לערנען זיך
(to) leave	פֿאַרלאָזן
left (opposite of right)	לינק
lesson	לעקציע (די)
library	ביבליאָטעק (די)
life	לעבן (דאָס)
(to) like	ליב האָבן
(to) live	וווינען; לעבן
living room	סאַלאָן (דער)
long	לאַנג
(to) look	קוקן
(to) look for	זוכן
(to) love	ליב האָבן
luck	מזל [מאַזל] (דאָס)

M

(to) make	מאַכן
man	מאַן (דער)
many	אַ סך [סאַך]
me	מיך (accusative); מיר (dative)
meat	פֿלייש (דאָס)
(to) meet	טרעפֿן
milk	מילך (די)
minute	מינוט (די)
modern	מאָדערן
Monday	מאָנטיק (דער)
month	חודש [כוידעש] (דער)
more	מער
mother	מאַמע (די)
mouth	מויל (דאָס)
music	מוזיק (די)
must	מוזן
my	מײַן, -ע

N

name	נאָמען (דער)
(to) need	דאַרפֿן
never	קיין מאָל ני(ש)ט
new	נײַ
news	נײַעס (די|דאָס)
next	קומענדיק
night	נאַכט (די)
nine	נײַן
nineteen	נײַנצן
ninety	נײַנציק
no	ניין
north	צפֿון [צאָפֿן] (דער)
nose	נאָז (די)
not	ני(ש)ט

O

of	פֿון
office	ביוראָ (דער|דאָס)
often	אָפֿט; אָפֿטמאָל
old	אַלט

one	איין (before noun); איינס (in counting)
only	בלויז; נאָר
open	אָפֿן
(to) open	עפֿענען
or	אָדער
other	אַנדער
our	אונדזער, -ע
outside	אין דרויסן

P

paper	פּאַפּיר (דאָס)
parents	טאַטע-מאַמע (plural)
party	מסיבה [מעסיבע] (די)
(to) pay	באַצאָלן
pen	פּעדער (די)
person	מענטש (דער)
(to) phone	אָנקלינגען; טעלעפֿאָנירן
picture	בילד (דאָס)
piece	שטיקל (דאָס)
place	אָרט (דער/דאָס)
plate	טעלער (דער)
please	ביטע
pocket	קעשענע (די)
poor	אָרעם
problem	פּראָבלעם (די)
(to) push	שטופּן

Q

quick	גיך
quite	גאַנץ

R

rabbi	רבֿ [ראָוו] (דער)
radio	ראַדיאָ (דער)
rain	רעגן (דער)
(to) rain	רעגענען
(to) read	לייענען
really	טאַקע
reason	סיבה [סיבע] (די)
recently	לעצטנס
red	רויט
relative	קרובֿ [קאָרעוו]
restaurant	רעסטאָראַן (דער)
rich	רײַך
right (opposite of left)	רעכט
ring	פֿינגערל (דאָס)
road	וועג (דער)
room	צימער (דער/דאָס)
round	רונד
(to) run	לויפֿן

S

sad	אומעטיק
salt	זאַלץ (די/דאָס)
same	זעלבע(ר)
Saturday	שבת [שאַבעס] (דער)
(to) say	זאָגן
school	שול (די)
(to) scream	שרײַען
sea	ים [יאַם] (דער)
season	סעזאָן (דער)
secretary	סעקרעטאַר (דער); סעקרעטאַרשע (די)
(to) see	זען
seven	זיבן
seventeen	זיבעצן
seventy	זיבעציק
she	זי
shelf	פּאָליצע (די)
ship	שיף (די)
shirt	העמד (דאָס)
shoe	שוך (דער)
shop	קראָם (די)
short	קורץ
should	זאָלן
show	ווײַזן
similar	ענלעך
since	זינט
(to) sing	זינגען
sister	שוועסטער (די)
(to) sit	זיצן
six	זעקס

sixteen	זעכצן
sixty	זעכציק
skirt	ספּודניצע (די)
(to) sleep	שלאָפֿן
small	קליין
(to) smile	שמייכלען
snow	שניי (דער)
(to) snow	שנייען
so	אַזוי; טאָ
some	עטלעכע
something	עפּעס
sometimes	אַ מאָל
son	זון (דער)
soon	באַלד
south	דרום [דאָרעם] (דער)
(to) speak	רעדן
spoon	לעפֿל (דער)
spring	פֿרילינג (דער)
(to) stand	שטיין
(to) start	אָנהייבן
(to) stay	בלײַבן
stomach	בויך (דער)
(to) stop	אויפֿהערן
story	מעשׂה [מײַסע] (די)
strange	מאָדנע
street	גאַס (די)
strong	שטאַרק
student	סטודענט (דער); סטודענטקע (די); תּלמיד [טאַלמעד] (דער); תּלמידה [טאַלמידע] (די)
stupid	נאַריש
suddenly	פּלוצעם
sugar	צוקער (דער)
summer	זומער (דער)
sun	זון (די)
Sunday	זונטיק (דער)
supper	וועטשערע (די)
sure	זיכער
swim	שווימען

T

table	טיש (דער)
(to) take	נעמען
tall	הויך
tasty	געשמאַק
tea	טיי (דער|די)
(to) teach	לערנען
teacher	לערער (דער); לערערקע (די)
telephone	טעלעפֿאָן (דער)
television	טעלעוויזיע (די)
(to) tell	דערציילן
ten	צען
terrible	שרעקלעך
than	ווי; פֿון
thanks	אַ דאַנק
the	דער (masculine); די (feminine); דאָס (neuter); די (plural)
their	זייער, -ע
there	דאָרט(ן)
they	זיי
(to) think	טראַכטן
thirteen	דרײַצן
thirty	דרײַסיק
thousand	טויזנט (דער)
three	דרײַ
through	דורך
Thursday	דאָנערשטיק (דער)
tired	מיד
today	הײַנט
together	צוזאַמען
tomorrow	מאָרגן
too	צו
too much	צו פֿיל
tooth	צאָן (דער)
train	באַן (די)
trousers	הויזן (plural)
true	אמת [עמעס]
(to) try	פּרובירן
Tuesday	דינסטיק (דער)

twelve	צוועלף
twenty	צוואַנציק/צוואָנציק
two	צוויי

U

ugly	מיאוס [מיעס]
uncle	פֿעטער (דער)
under	אונטער
(to) understand	פֿאַרשטיין
until	ביז
us	אונדז
(to) use	ניצן
usual(ly)	געוויינטלעך

V

vacation	וואַקאַציע (די)
vegetable	גרינס (דאָס)
very	זייער
(to) visit	באַזוכן
voice	קול [קאָל] (דאָס)

W

(to) wait	וואַרטן
(to) wake up	אויפֿכאַפּן זיך
(to) walk	גיין; שפּאַצירן
wall	וואַנט (די)
(to) want	וועלן
war	מלחמה [מילכאָמע] (די)
warm	וואַרעם
watch	זייגער (דער)
water	וואַסער (דאָס)
we	מיר
(to) wear	טראָגן
wedding	חתונה [כאַסענע] (די)
Wednesday	מיטוואָך (דער)
week	וואָך (די)
west	מערבֿ [מײַרעוו] (דער)
what	וואָס
when	ווען
where	ווו
which	וואָסער, -ע; וואָס פֿאַר אַ
white	ווײַס
who	ווער
whose	וועמענס
wide	ברייט
wife	ווײַב (דאָס); פֿרוי (די)
wind	ווינט (דער)
window	פֿענצטער (דער/דאָס)
winter	ווינטער (דער)
with	מיט
wonderful	וווּנדערבאַר
word	וואָרט (דאָס)
work	אַרבעט (די)
(to) work	אַרבעטן
(to) worry	זאָרגן זיך

Y

year	יאָר (דאָס)
yellow	געל
yes	יאָ
you (singular)	דו (nominative); דיך (accusative); דיר (dative)
you (plural)	איר (nominative); אײַך (accusative/dative)
young	יונג
your (singular)	דײַן, -ע
your (plural)	אײַער, -ע

Z

zero	נול

Grammatical index

Topic index

Printed in Great Britain
by Amazon

58039753R00183